A Social and Emotional Learning Program for Middle School Students

중학생을 위한

사회정서학습 프로그램 교사용 지도서

신현숙 · 류정희 · 박주희 · 이은정 · 김선미 · 배민영 · 윤숙영 · 강금주 공저

학지사

　요즘 우리 주변에는 중학생들의 부적응에 대해 걱정하는 목소리가 자주 들린다. 학생들이 자신과 타인의 감정과 생각을 잘 파악하고, 분노나 스트레스를 잘 다스리며, 서로 배려하고 존중하는 인간관계를 맺는다면 얼마나 좋을까? 이렇게 할 수 있다면, 그들은 자신과 주변 사람들의 건강과 안전에 유익한 결정을 내릴 수 있을 것이고, 그들의 학업성취도는 향상되며, 문제행동은 감소할 것이다. 이런 학생들이 많을수록 학교 안에서의 폭력은 사라지고 웃음이 그 자리를 대신할 것이다. 아마도 모든 교사와 학부모가 이렇게 되기를 바랄 것이다. 이 책은 그러한 바람을 실현하는 데 필요한 한 가지 방법을 소개한다. 그 방법은 바로 '사회정서학습(social and emotional learning, SEL)'이다.

　일부 독자들에게 사회정서학습이라는 용어가 생소할 수도 있다. 사회정서학습은 교과학습이나 인성교육과 비슷하기도 하지만 조금 다른 특징을 가지고도 있다. 사회정서학습은 교과학습처럼 지식과 기술의 습득, 연습, 피드백을 통한 학습의 과정을 따른다. 그러나 교과학습과 달리 사회정서학습은 학생들이 자기인식, 자기관리, 사회적 인식, 관계기술, 책임 있는 결정에 필요한 지식, 태도, 기술을 배우고 활용하여 몸에 익히도록 돕는 데 초점을 맞춘다. 사회정서학습은 인성교육과 마찬가지로 공동체 안에서 타인과 더불어 사는 데 필요한 역량과 품성의 계발을 중시한다. 그러나 인성교육과 달리 사회정서학습은 학생들에게 효, 예의, 정직과 같은 사람됨의 윤리적 가치를 가르치거나 잘못을 저질렀을 때 죄책감 같은 도덕적 정서를 느끼게 하기보다는 사회성, 정서 이해와 조절, 합리적 결정과 문제해결 같은 구체적이고 실제적인 기술을 향상시키는 데 주력한다.

　이 프로그램의 장점은 일선 학교에서 과중한 업무로 고생하는 교사들이 장시간 훈련을 받거나 별도의 장비나 자료를 준비하지 않아도 손쉽게 실시할 수 있는 지도안을 구성하였다는 데 있다. 이 프로그램은 차시별로 45분 동안 도입 → 전개 → 정리의 단계를 거치면 학습목표에 도달할 수 있도록 구체적이고 체계적인 지도안을 제시한다. 학생들의 삶과 관련된 예시들이 많이 포함되어 있으므로 학생들도 거부감 없이 프로그램에 참여할 수 있다. 또한 학생들이 작성해야 하는 학습지와 과제를 별도의 학생용 워크북으로 제작하여 교사가 학생용 학습지를 따로 복사하거나 준비해야 하는 불편함을 덜었다. 그 밖에 수업자료, 동영상자료 목록, 가정 통신문 양식도 차시별 지도안에 제시하였으며, 학급 게시물과 가정 통신문 PDF 파일을 학지사 홈페이지(www.hakjisa.co.kr)에서 내려받을 수 있도록 준비하였다.

이 프로그램은 총 2부로 구성되어 있다. 제1부에서는 사회정서학습을 소개한다. 본격적으로 프로그램을 실시하기에 앞서 사회정서학습의 발전배경과 프로그램의 개발과정 및 개요에 대해 알고자 한다면 제1부의 숙독을 권장한다. 제2부는 사회정서학습을 실시하는 데 필요한 총 24차시의 교수학습지도안을 4개의 파트로 나누어 제시한다. 파트 1은 선택사항으로서 프로그램의 순조로운 시작과 연결 및 종결에 필요한 4개 차시의 교수학습지도안으로 구성되어 있고, 파트 2~4는 사회정서학습 프로그램의 핵심인 〈나와 너 이해하기〉, 〈나를 다스리기〉, 〈좋은 관계 맺기〉에 해당되는 20개 차시로 구성되어 있다.

파트 1의 '시작' 차시는 사회정서학습 프로그램을 새로 시작할 때 필요한데, 사회정서학습에 대한 기본 내용과 이 프로그램에서 학생들이 배울 다섯 가지 핵심기술을 소개한다. '연결' 차시는 이미 시작한 사회정서학습 프로그램을 중단한 이후에 다시 시작할 때 또는 한 파트를 끝낸 다음에 다른 파트를 시작할 때 필요한 활동을 소개한다. '마무리 1' 차시에서는 이 프로그램을 통해 배운 지식과 기술을 활용하는 목표의 설정과 목표달성 계획의 수립에 필요한 기술을 연습한다. '마무리 2' 차시에서는 이 프로그램을 통해 변화한 자신의 모습을 확인하고 앞으로의 노력을 다짐하는 활동을 한다. 파트 2 〈나와 너 이해하기〉를 통해서 학생들은 자신과 타인의 정서, 생각 오류, 행동을 이해하고 자신의 욕구를 파악한다. 파트 3 〈나를 다스리기〉에서는 자신의 스트레스와 분노를 다스리는 방법을 연습하고, 파트 4 〈좋은 관계 맺기〉에서는 서로 배려하고 존중하며 자신의 생각과 소망을 적절하게 표현하고 대인관계에서 생긴 갈등을 해결하는 방법을 배운다.

이 프로그램을 실시하는 학교에 소통과 배려의 분위기가 조성되고 사회정서학습이 학교교육의 덤이나 액세서리가 아닌 주요 미션으로 채택될 날이 오기를 기대한다. 이렇게 좋은 뜻을 품고 오랜 기간에 걸쳐 프로그램을 준비했지만, 미흡한 점이 남아 있을 것이다. 이 프로그램의 부족한 점이나 잘못된 점을 알려 주시면, 향후 프로그램을 개정하는 데 많은 도움이 될 것이다.

이 프로그램이 세상에 나오기까지 많은 사람이 노고를 아끼지 않았다. 무엇보다도 프로그램 예비실시에 참여한 G광역시 S중학교 교장 선생님과 여러 선생님들 그리고 2학년 학생들에게 깊은 감사의 마음을 전한다. 또한 전남대학교 교육학과 학교심리학 전공 석사과정생 강병은, 학부생 오민근, 노소민, 전진형, 이지연이 프로그램 예비실시를 보조하였다. 이들에게도 고마움을 표한다. 마지막으로, 이 책의 출판을 허락하고 물심양면으로 지원해 주신 학지사 김진환 사장님, 세심하게 편집 작업을 해 주신 백소현 과장님께도 감사드린다.

2015년 11월
전남대학교 학교심리학 연구실에서
저자 일동

차 례

머리말 / 3

제1부
프로그램 개요
1. 사회정서학습 소개 / 9
2. 프로그램 설계 / 16
3. 프로그램 실시를 위한 준비 / 21
4. 프로그램 차시 구성 / 28
참고문헌 / 32

제2부
차시별
교수학습지도안

〈파트 1〉 **시작과 마무리**
1. 시작: 궁금해, SEL! / 39
2. 연결: 반가워, SEL! / 47
3. 마무리1: SEL이 내게 준 꿈 / 53
4. 마무리2: SEL이 내게 준 선물 / 58

〈파트 2〉 **나와 너 이해하기**
1. 정서, 넌 누구? / 71
2. 정서의 두 얼굴 / 82
3. 정서는 변덕쟁이 / 93
4. 생각따라쟁이 정서 / 102
5. 생각, 너 때문이야! / 111
6. 생각 바꿔 입기 / 121
7. 긍정 생각의 달인 / 128
8. 다섯 손가락 욕구 / 137
9. 찰칵! 행복 셀카 / 146

〈파트 3〉 **나를 다스리기**
1. 불편한 친구, 스트레스 / 155
2. 건강한 스트레스 레시피 / 164
3. 나는야 스트레스 요리사 / 173
4. 내 마음에 불이 났어요! / 181
5. 내 마음의 소화기 / 190
6. 내 마음의 소방관 / 198

〈파트 4〉 **좋은 관계 맺기**
1. 네 맘 알아 / 209
2. 이젠 내가 말할게! / 219
3. 우유부단 장벽 넘기 / 228
4. 어디가 꼬인 걸까? / 237
5. 너와 나의 꼬인 마음 풀기 / 246

파트별 참고자료 / 257

제**1**부

프로그램 개요

1) 사회정서학습의 정의

학교에서 학생들의 사회정서능력을 기르기 위해 다양한 교육 활동을 조화롭게 실시하는 방법과 절차를 사회정서학습(social and emotional learning, SEL)이라고 한다. 이 용어는 1994년 미국의 비영리단체 Fetzer Institute 회의에서 처음으로 사용되었다. 아동·청소년의 긍정적 발달, 예방, 정서지능, 적응유연성[1] 등에 관심을 둔 교육자, 학자, 아동권익옹호자들이 모인 이 회의에서 그들의 공통 관심사를 집결하고 대내외에 표명하기 위해 '사회정서학습(SEL)'이란 용어를 채택하였다.

학생들의 사회정서능력을 향상시키는 방법은 다양하므로 이 용어에 대한 정의 역시 다양하다. 그 중에서 '학업 및 사회정서학습 협회(Collaborative for Academic, Social, and Emotional Learning, CASEL)'가 제안한 다음의 정의가 비교적 널리 알려져 있다.

> 사회정서학습은 정서를 이해하고 관리하며, 긍정적 목표를 설정하고 달성하며, 타인을 배려하고 공감하며, 긍정적 인간관계를 형성하고 유지하며, 책임 있는 결정을 내리는 데 필요한 지식, 태도, 기술을 습득하고 효과적으로 활용하는 과정이다.
>
> 출처: Collaborative for Academic, Social, and Emotional Learning (2015b)

정서와 행동의 영역에서 이미 문제가 심각해진 학생을 대상으로 하는 것이 사후치료라면, 사회정서학습은 학교에 있는 대다수 학생들을 대상으로 사전예방과 유능성 증진을 목표로 한다는 점에서 독특하다. 즉, 사회정서학습은 학교에 있는 모든 학생들의 사회정서능력을 향상시키고 문제행동을 예방하며 정신건강을 증진시키고자 한다. 여러 방법을 통해 사회정서학습을 실시할 수 있는데, 이 책에서 소개하는 프로그램은 학교에서 사회정서학습을 실시하는 방법 중 하나다(사회정서학습의 실시 방법 pp. 14~15 참조).

---

1) 적응유연성은 역경을 극복하여 적응상태로 회복하는 과정 또는 회복하게 만드는 메커니즘을 뜻하는 resilience의 번역어다. 탄력성 또는 회복력이라고도 번역하여 쓰고 있다.

2) 사회정서학습의 필요성

우리나라 질병관리본부는 매년 청소년건강행태온라인조사를 실시한다. 2014년 제10차 조사에는 전국 400개 중학교와 400개 고등학교의 재학생 약 7만 2천 명이 참여하였다. 이때 수집된 자료는 중학생들의 심각한 부적응 상태를 경고하였고, 그런 만큼 중학생들을 위한 체계적인 도움이 필요하다는 것을 시사하였다.

- 남자 중학생의 27.7%, 여자 중학생의 39.6%가 스트레스를 대단히 많이 또는 많이 느끼고 있다.
- 남자 중학생의 19.4%, 여자 중학생의 29.9%가 최근 12개월 동안 2주 내내 일상생활을 할 수 없을 정도로 슬픔과 절망감을 느낀 적이 있다.
- 남자 중학생의 10.4%, 여자 중학생의 16.6%가 최근 12개월 동안 자살을 심각하게 생각해 본 적이 있다.

출처: 질병관리본부(2014).

많은 청소년들이 밝은 미래에 대한 꿈과 희망을 가지고 있으며 학교와 가정에서 대체로 잘 적응하고 있다. 그러나 적지 않은 청소년들은 우울, 불안, 괴롭힘 피해와 가해, 반항적이고 공격적인 행동, 정서조절의 실패, 저조한 학습동기, 학업 스트레스, 꿈과 목표의 상실, 건강에 좋지 않은 생활습관(예: 음주, 흡연)으로 인한 문제를 겪고 있다.

이러한 문제가 더 심각해지지 않도록 문제가 발생한 이후에 적절한 도움을 제공하는 것도 필요하다. 그러나 이미 문제가 심각해진 후에만 도움이 제공된다면 도움의 손길이 닿기 전까지 학생, 학부모, 교사 그리고 전체 사회는 크나큰 고통을 겪어야 하고 사후치료에 막대한 시간과 비용을 투자해야 할 것이다.

그러므로 학교에서는 문제의 발생을 미연에 방지하려고 많은 노력을 기울이고 있다. 그런데 문제의 예방보다 더 중요하고 필요한 것은 학생들 스스로가 무엇이 옳은지를 알고 옳은 것을 행하기를 원하며 옳은 행동을 실천하도록 돕는 일이다(Bear, 2012). 우리가 가르치고 기르는 학생들이 어른의 감독이나 상벌이 최소한도로 줄거나 없어져도 올바른 행동을 하기로 스스로 결정하고 실천하며 규칙을 잘 지키고 자신의 선택과 결정이 가져올 결과에 책임지는 사람으로 성장한다면 얼마나 좋을까? 우리 학생들이 이러한 사람으로 성장하는 데 기본이 되는 사회정서능력을 갖추도록 돕는 방법이 바로 사회정서학습이다(Bear, 2012; CASEL, 2015c).

3) 학교기반 사회정서학습의 필요성

사회정서능력은 가정에서 배우는 것이라고 생각하는 사람들이 많다. 우리가 배워야 할 많은 것을 가정에서 배우기는 하지만 학교교육의 주요 미션이 학업성취에만 국한되는 것은 아니다. 일련의 연구가 사회정서학습을 학교에서 실시해야 하는 여러 이유를 설명한다.

첫째, 학생들이 어떤 사회정서적 특징을 가지고 있는지 그리고 학교 환경의 사회정서적 풍토가 어떠한지에 따라 학습에 나타나는 결과가 매우 다르기 때문이다. 한 연구(Wang, Haertel, & Walberg, 1993)에서는 학교학습에 관한 전문도서, 연구보고서, 전문가 의견을 토대로 학교학습에 영향을 주는 요인 228개를 추출하였고, 다시 이들 요인을 30개의 대범주로 분류하였다. 이 가운데 평균 영향력이 상위에 랭크된 범주는 다음과 같다: ① 학급관리, ② 학생의 메타인지능력, ③ 학생의 인지능력, ④ 가정환경과 부모의 지원, ⑤ 학생–교사 간 사회적 상호작용, ⑥ 친사회적 행동, ⑦ 동기와 정서, ⑧ 또래집단, ⑨ 수업의 질, ⑩ 학교문화, ⑪ 학급풍토. 이 중에서 사회적 상호작용, 친사회적 행동, 정서, 또래집단, 수업전략, 학교문화(학교가 학생문제에 관한 규칙을 결정하고 시행하는 방식, 학교구성원들의 협력적 관계를 인정하는 정도, 학교의 전반적 풍토 등), 학급풍토(학급 안에서 협력과 배려를 존중하는 정도)는 사회정서학습의 표적이 되는 영역이다.

둘째, 학교에 주어진 시간과 자원을 교과수업에 투자하기에도 부족하지만, 학교는 사회정서학습을 실시하기에 매우 적합한 장소이기 때문이다. 문제가 심각한 학생 개인을 대상으로 실시하는 사후치료 프로그램을 제외하면, 보편적 예방 프로그램은 다른 어떤 장소보다도 학교에서 실시되었을 때 효과적이다(Catalano, Berglund, Ryan, Lonczak, & Hawkins, 2004). 학교가 학생의 사회정서능력을 향상시키는 모든 노력과 책임을 도맡아야 하는 것도 아니고 유일한 장소도 아니지만, 이러한 노력과 책임의 중심에 있어야 하는 것은 분명하다.

셋째, 사회정서학습 프로그램이 학생의 긍정적 발달에 효과적이기 때문이다. 사회정서학습 프로그램을 학급단위로 실시하고 그 효과를 검증한 결과, 학생들의 정서인식, 정서조절, 관계기술, 공감, 문제해결, 협동적 갈등해결과 같은 사회정서기술의 수준이 향상되었다(신현숙, 2013; Harlacher & Merrell, 2010). 대규모 연구를 통해서도 학교기반 사회정서학습 프로그램이 다음의 영역에서 효과적이라는 것이 입증되었다(CASEL, 2015c; Durlak, Weissberg, Dymnicki, Taylor, & Schellinger, 2011; Zins, Bloodworth, Weissberg, & Walberg, 2004).

- 사회성, 정서, 동기 영역

  (예: 또래관계, 사회적 위축, 우울, 불안, 학교에 대한 태도, 학업동기, 학업 스트레스)

- 행동 영역

  (예: 친사회적 행동, 출결, 교과수업 참여, 학교활동 참여, 공격적 행동, 비행)

- 학업 영역

  (예: 교과별 학업성적, 표준화 학업성취도 검사 점수, 문제해결력, 추론전략의 활용)

4) 사회정서능력의 영역

사회정서학습은 학생들의 사회정서능력을 증진시키는 데 주력한다. 사회정서능력은 자신과 타인의 생각, 정서, 행동을 이해하고 자신의 생각, 정서, 행동을 조절하며 긍정적인 인간관계를 이루고 현명한 판단을 내려서 일상생활의 문제를 해결할 수 있는 능력을 의미한다(CASEL, 2013a, 2013b).

좀 더 구체적으로, 사회정서능력은 크게 다섯 가지로 구분된다(CASEL, 2015a; Zins et al., 2004). [그림 1]에서 볼 수 있듯이, '자기-타인' 차원과 '인식-관리' 차원을 교차하면 네 가지 사회정서능력을 구성할 수 있다. 자기인식, 자기관리, 사회적 인식, 관계기술의 네 가지 사회정서능력을 활용함으로써 책임 있는 결정을 내리는 능력까지 포함하면, 사회정서능

┃그림 1. 다섯 가지 사회정서능력┃

력은 총 다섯 가지다.

첫째, 자기인식(self-awareness)은 자신이 어떤 정서를 느끼고 있는지 그리고 어떤 생각을 하고 있는지를 파악하고, 이러한 정서와 생각이 행동에 미치는 영향을 이해하는 능력을 말한다. 구체적으로, 자신의 성격을 이해하고, 자신의 흥미, 가치, 장단점을 정확하게 파악하고, 자신의 재능을 발견하며, 자신이 선호하는 의사소통 방식을 알고, 자신의 꿈과 포부를 분명하게 진술하며, 높으면서도 안정적인 자존감을 유지하고, 자신의 특징을 수용하며, 자신이 스트레스를 받는 이유를 분석하며, 자신의 정신적 · 신체적 · 정서적 욕구를 알아차리는 능력이 자기인식에 해당된다.

둘째, 자기관리(self-management)는 다양한 상황 안에서 경험하는 자신의 정서, 생각, 행동을 조절하는 능력을 말한다. 구체적으로, 자신의 정서경험과 정서표현을 상황에 맞게 조절하고, 충동을 조절하여 즉각적 만족을 지연시키며, 자신의 말과 행동 그리고 스트레스를 관리하고, 개인생활 · 학업 · 진로에 관한 목표를 설정하고 목표달성을 계획하며, 목표달성의 과정을 점검하는 능력이 자기관리에 해당된다.

셋째, 사회적 인식(social awareness)은 다른 사람들의 정서와 관점을 파악하고 공감하며, 사회적 규범과 바람직한 행동이 무엇인지를 아는 능력을 말한다. 구체적으로, 언어, 신체, 상황을 단서로 타인의 정서경험을 알아차리고 예측하며, 타인의 입장과 처지를 이해하고, 개인 간 및 집단 간 차이와 유사점을 파악하며, 집단 안에서 구성원들이 상호작용하는 방식을 알며, 가족, 학교, 지역사회 등 주변으로부터 얻을 수 있는 자원과 지지를 예측하는 능력을 사회적 인식이라고 한다.

넷째, 관계기술(relationship skills)은 다른 사람들과 긍정적인 관계를 맺고 유지하는 능력을 말한다. 구체적으로, 다른 사람들과 협력적으로 활동하고, 다른 사람의 말을 경청하고, 상대방의 기분을 해치지 않는 방식으로 자신의 주장을 하고 부적절한 사회적 압력에 저항하며, 건설적으로 협상하고, 대인 간 갈등을 해결하며, 필요한 도움을 주고받고, 잘못을 저질렀을 때 사과하며 용서하는 기술이 관계기술에 포함된다.

다섯째, 책임 있는 의사결정(responsible decision-making)은 자신과 타인의 안전과 건강에 도움이 되는 현명한 선택을 하고 사회적 규범과 윤리적 규범에 어긋나지 않는 합리적인 방식으로 문제를 해결하는 능력이다. 구체적으로, 자신이 내린 결정과 선택이 낳을 결과를 예측하여 문제를 해결하는 전략들을 생각해 내고 비교하며 평가하는 기술이 책임 있는 의사결정에 해당된다.

5) 사회정서학습의 실시 방법

사회정서학습은 학교 교육과정의 덤이나 액세서리가 아니라 학교교육의 핵심을 이룬다 (Elias, 2009). 이렇게 되려면, 학교 전체가 합심하여 학생들의 사회정서능력 증진이라는 공동의 목표를 향해 움직여야 한다. 또한 사회정서학습의 시도가 교과활동과 비교과활동을 포함한 모든 학교일과에 조화롭게 어우러져야 한다. 한두 개의 시도를 제한된 시간과 장소에서 단편적으로 실시하는 것은 단지 사회정서학습의 일부분일 뿐이다.

[그림 2]에서 볼 수 있듯이, 네 가지 방법을 통해 학교 전체의 변화를 도모하는 것이 사회정서학습이다. 그런 의미에서 볼 때, 이 책에서 소개하는 프로그램의 실시는 사회정서학습의 한 부분을 차지한다.

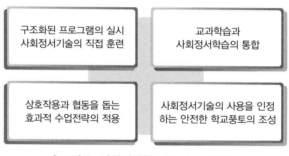

┃ 그림 2. 사회정서학습의 실시 방법 ┃

첫째, 사회정서학습에서는 여러 차시로 구성된 프로그램을 실시하여 학생들에게 사회정서기술을 훈련시킨다. 예를 들면,『Strong Kids』(Merrell, 2007a, 2007b),『Thinking, Feeling, Behaving』(Vernon, 2010), 이 책에서 소개하는 프로그램은 모두 사회정서기술의 집중 훈련에 주력한다(Merrell & Gueldner, 2011).

둘째, 사회정서학습에서는 국어, 사회, 과학 등 교과수업을 진행하는 동시에 사회정서기술을 훈련하고 이런 기술의 사용을 강화한다. 예를 들면, 초등학교 사회 교과의 한 차시 수업목표가 지구 온난화의 원인을 공부하는 것이라고 하자. 수업시간에 학생들은 지구 온난화의 원인에 대한 지식을 얻는 것에 추가하여, 자신의 행동이 지구 온난화에 미친 영향에 대해 생각해 보고 지구 온난화로 삶의 터전을 잃은 사람들의 마음을 헤아려 보는 활동을 한다(신현숙, 2013). 또는 중학교 언어 수업시간에 학생들은『톰 소여의 모험』을 읽고 소설의 내용을 이해하는 동시에 또래의 부당한 요구를 거절하는 방법을 연습해 보기도 한다

(Committee for Children, 2008). 고등학교 국어 수업시간에는 고전수필 『규중칠우쟁론기』를 읽으면서 고전의 의미를 배우는 동시에 상대의 입장을 고려하면서 자신의 감정을 표현하고 의견을 주장하는 방법을 연습할 수도 있다(윤숙영, 2011).

셋째, 사회정서학습에서는 개별학습이나 경쟁학습보다는 학생들이 또래 및 교사와 자연스럽게 협동하고 상호작용하는 수업전략을 사용한다. 짝학습, 협동학습, 역할극, 토론, 스토리텔링, 프로젝트 수업, 게임, 예술 표현 활동을 통해 학생들은 또래 및 교사와 우호적인 방식으로 상호작용할 수 있다. 이러한 분위기 안에서는 새롭거나 다른 관점일지라도 거부당하지 않고 편안하게 표현할 수 있기 때문이다. 예를 들면, 서로의 차이와 유사점을 파악하고 서로 간에 발생하는 갈등의 원인을 이해하며 갈등해결에 필요한 사회정서기술을 자연스럽게 연습할 수 있다(CASEL, 2015d; Johnson & Johnson, 2004).

넷째, 사회정서학습에서는 안전하고 서로 배려하는 긍정적인 학교풍토의 조성을 강조한다. 학생들이 처음에 사회정서기술을 학습한 방법이 무엇이든 간에(예를 들면, 학급 전체가 구조화된 사회정서학습 프로그램에 참여했든, 소집단이 사회정서기술의 집중 훈련을 받았든, 교과수업 시간에 사회정서기술을 연습했든 간에), 일단 습득한 사회정서기술은 여러 장면에서 자주 사용하고 연습할 필요가 있다(CASEL, 2015d). 이를 위하여, 안전하고 배려하는 학교풍토를 조성하는 몇 가지 방법을 예시하면 다음과 같다(Zins et al., 2004).

- 학교가 학업성취만큼 사회정서능력의 발달도 중시한다는 메시지를 모든 학교 구성원과 가족에게 전달한다.
- 교사와 학생들이 함께 행동규칙을 정하고, 이렇게 정한 행동규칙을 모든 교직원에게 공지한다. 행동규칙의 시각적 단서를 학교 곳곳에 게시하여 규칙이 일관성 있게 적용되도록 한다.
- 학생들이 사회정서기술을 사용할 때, 모든 교직원과 부모는 이를 놓치지 않고 칭찬하고 격려한다.
- 학생과 교사가 또는 학생들이 상호작용하기에 적합한 방식으로 좌석을 배치하고 물리적 환경을 조성한다.
- 가정 통신문이나 학교 홈페이지를 통해, 학생들의 사회정서능력 증진을 위해 학교가 하고 있는 일을 학부모에게 공지한다. 이로써 학생은 학교에서 배운 사회정서기술을 가정에서도 활용하고 칭찬받을 수 있으며, 학부모는 학교교육에 대해 더 큰 관심을 가지고 참여하게 된다.

1) 목표

이 프로그램의 일차적 목표는 중학교에서 학급단위로 다섯 가지 사회정서능력(자기인식, 자기관리, 사회적 인식, 관계기술, 책임 있는 의사결정; p. 12 [그림 1] 참조)을 향상키는 것이다.

2) 이론적 토대

이 프로그램은 사회정서학습을 실시하기 위한 하나의 방법이므로 여타의 방법들과 함께 사회정서학습의 이론적 토대를 공유한다. 사회정서학습은 아동-중심 교육철학, 구성주의 학습이론, 사회인지이론, 사회학습이론의 토대 위에서 발전하였다(McCombs, 2004). 이에 추가하여, 인지행동상담, 현실치료 등 상담이론과 기법을 접목하였다. 즉, 이 프로그램은 다음 여섯 가지 사항에 중점을 두어 설계되었다.

첫째, 사회정서학습은 Dewey의 진보주의 교육철학에 근거한다. 따라서 학생이 스스로 옳고 그른 것을 성찰하게 하는 학생-중심의 탐구활동을 하는 데 주안점을 둔다(Bear, 2012). 교사 또는 학교가 정한 규칙을 학생들이 준수하는지 위반하는지에 따라 보상이나 벌을 주는 교사-중심의 훈육은 사회정서학습에서 지양한다.

둘째, 사회정서학습은 Vygotsky(1978)의 사회적 구성주의 이론에 근거한다. 학생은 학습공동체 안에서 언어적 교류와 사회적 상호작용을 통해 다양한 관점과 지식을 접한다. 이러한 갈등은 세상에 대한 자신의 이해를 재평가하고 새로운 앎을 구축하는 데 기여한다. 선진으로서 교사가 아이디어와 의견을 제시하는 것도 좋지만, 중학생들에게는 또래의 아이디어와 의견이 더 큰 개인적인 의미를 준다. 모둠활동과 협동학습을 통해 또래들끼리 교환하는 아이디어와 의견은 덜 위협적이어서 유연한 사고와 자유로운 토론을 촉진할 수 있다(Damon, 1984).

셋째, 여러 사회정서학습 프로그램(예: Merrell, 2007a, 2007b; Vernon, 2010)이 사회인지이론에 기초하여 개발되었다. 사회인지(social cognition)는 타인의 생각, 정서, 의도와 행동 그리고 사람들 사이의 관계를 이해하는 능력을 뜻한다(정옥분, 2008). 이러한 능력이 뛰어난 사람은 긍정적인 관계를 형성하고 유지하는 데 유리하다. 특히 역할수용능력이 잘 발달하면, 상대방의 입장에 서서 그 사람의 감정을 이해할 수 있게 되고, 똑같은 사건에 대해서도 사람들마다 다르게 생각하고 느낀다는 것을 알게 되며, 어떤 한 사람의 관점이 절대로 옳거나 그른 것이 아니라는 점을 수긍하게 된다(Selman, 1980).

Bandura(1997)의 사회인지이론에 의하면, 행동은 학생 자신의 개인적 믿음에 좌우된다. 행동변화에 영향을 주는 개인적 믿음에는 자기효능감(자기가 특정 행동을 잘 해 낼 수 있는 능력을 가지고 있다는 믿음)과 성과기대(특정 행동을 하면 좋은 결과를 얻을 수 있다는 믿음)가 있다. 특히 자기효능감이 행동변화와 수행향상에 더 큰 영향을 미친다. 다음의 네 가지 정보가 자기효능감 형성에 기여한다는 점에 착안하여 사회정서학습 프로그램에서는 학생들이 편안한 분위기 안에서 성공을 경험하고 개인적 의미를 찾을 수 있는 사례, 과제, 활동을 많이 활용한다.

- 숙달경험: 실제로 행동을 해 보고 성공을 직접 경험하는 것
- 대리경험: 자신과 비슷한 모델의 성공경험을 관찰하는 것
- 언어적 설득: 자신의 능력과 성공 가능성에 대한 격려를 받는 것
- 정서적 및 신체적 상태: 불안, 스트레스, 피로, 불편감이 없는 것

넷째, 사회정서학습은 Bandura(1977)의 사회학습이론에 토대를 둔다. 사회학습이론에서는 사람들이 모델링학습, 관찰학습, 대리학습을 통해 주변 사람의 행동을 관찰하고 그렇게 행동한 사람이 보상받는 것을 관찰한다고 가정한다. Bandura의 보보인형 실험에서 성인 모델이 인형에게 했던 공격적 말과 행동을 관찰한 아동이 공격적 언행을 따라 했듯이, 중학생들도 친사회적 행동을 보고 배울 수 있다. 사회정서학습에서 학생들은 친사회적 행동을 직접 시연해 보고 강화받을 뿐만 아니라 영상물이나 주변 사람의 시범을 통해서도 보고 배운다. 특히 또래 모델의 효과가 크기 때문에(Schunk, 1987), 사회정서학습에서는 또래 간 상호작용과 모둠활동이 많이 실시된다.

다섯째, 이 프로그램에서는 인지행동상담 이론의 기본 원리와 기법을 참고하여 다양한 활동을 고안하였다. 인지행동상담 이론에 의하면, 생각이 정서나 행동에 영향을 준다. 왜곡된 생각은 고통스러운 정서경험과 부적절한 행동을 일으키고 지속시킨다. 그러므로 왜곡된 생각을 변화시키면 고통스러운 정서경험과 부적절한 행동을 줄일 수 있다(Beck,

1976). 이를 위해 인지행동상담에서 주로 사용하는 몇 가지 기법(인지적 재구성, 대처기술 훈련, 문제해결 훈련, 과제)이 이 프로그램에서도 사용되었다.

- ● 인지적 재구성:
  - 불편한 감정을 느낄 때 들었던 생각과 좋은 감정을 느낄 때 들었던 생각을 구분한다.
  - 비합리적 생각이 자신의 정서경험과 행동에 주었던 영향을 탐색한다.
  - 잘못된 생각을 긍정적이고 합리적인 생각으로 바꾸는 작업을 한다.
- ● 대처기술 훈련:
  - 불편한 감정을 효율적으로 조절하는 기술을 배운다.
- ● 문제해결 훈련:
  - 문제를 피해야 할 골칫거리가 아니라 해결해야 할 도전으로 보는 태도를 배운다.
  - 문제해결의 단계를 연습한다.
- ● 과제:
  - 매 차시 말미에는 해당 차시에서 배운 사회정서기술을 연습하는 과제를 내 준다.
  - 학습효과의 일반화와 유지를 위해, 학급에서 배운 사회정서기술을 학교 안팎에서 연습하는 과제를 한다.

여섯째, 이 프로그램의 일부 차시는 현실치료 이론과 기법을 토대로 개발되었다. 현실치료 이론에 의하면, 인간은 다섯 가지 기본 욕구(생존의 욕구, 사랑과 소속의 욕구, 힘과 성취의 욕구, 즐거움의 욕구, 자유의 욕구) 중 어느 하나라도 충족시키는 행동을 스스로 선택한다. 인간의 모든 행동은 (그것이 남이 보기에 합리적이든 비합리적이든) 결국 자신이 선택한 것이므로 선택에 대한 책임도 전적으로 자신에게 있다(Glasser, 2000).

이 프로그램에서 다섯 가지 욕구를 구분하는 활동을 통해, 학생들은 자신의 행동 또는 타인의 행동이 어떤 욕구를 충족시키기 위해 일어나는지를 살펴본다. 또한 욕구가 채워지는 행복한 순간을 찾아보는 활동을 함으로써 자신의 행동이 어떤 욕구를 충족시키는지 어떤 욕구를 충족시키지 못하는지를 구분해 본다. 이에 더하여, 타인은 어떤 욕구를 가지고 있는지, 자신의 행동이 타인의 욕구 충족에 방해가 되지 않는지, 타인의 욕구 충족을 위해서 자신이 무엇을 할 수 있는지 등에 관심을 갖게 된다.

3) 개발과정

학교심리학 분야에서 박사학위를 취득한 대학교수 2인, 석 · 박사학위를 취득한 초 · 중등학교 교사 5인, 학교심리학 전공 박사과정생 1인을 포함하여 총 8인이 프로그램 개발에 참여하였다. 2010년부터 문헌조사, 실험연구, 교사면담, 학생관찰 등을 통해 수집한 자료의 분석과 개발진의 협의과정을 거쳐 프로그램을 고안하고 수정·보완하였다.

　프로그램을 설계하기 위하여, 국내외에서 개발된 정서능력 증진 프로그램, 사회성 기술 개발 프로그램, 인성교육 프로그램, 품성계발 프로그램 등을 검토하였다. 또한 학급단위의 사회정서학습 프로그램 중 하나인 『Strong Kids』(Merrell, 2007a, 2007b)의 기본 틀을 참조하였다. 그러나 기존의 프로그램을 답습하거나 일부 내용만 수정하는 방식을 피하고, 우리나라 중학생들의 관심과 흥미를 끌 만한 사례와 활동으로 프로그램을 구성하였다. 또한 프로그램 실시 교사가 학생들의 개인적 관심과 사례를 가급적 많이 활용할 것을 권장하였다.

　2014년 1학기에 G광역시 S중학교에서 학교관리자와 교사들을 대상으로 사회정서학습의 기본 원리와 프로그램의 개요를 소개하였다. 2014년 2학기에는 같은 중학교 2학년 남녀 학생 3개 학급(학급당 대략 20명)을 대상으로 프로그램을 시험실시하면서 추가로 보완하였다.

4) 실시대상

　이 프로그램은 중학생을 대상으로 한다. 주요 대상은 사회정서문제나 행동문제를 보이지 않는 보통의 학생들이다. 이들에게는 보편적 예방의 방법으로 이 프로그램을 실시한다. 두 번째 실시대상은 문제의 발생과 관련된 위험요인을 안고 있거나 문제의 초기증상을 보이기 시작한 소수의 학생들이다. 이들을 선별하여 소집단을 구성하고, 이들에게는 프로그램을 좀 더 자주 좀 더 집중적으로 실시하는 것이 바람직하다.

　부적응 문제가 심각한 학생에게는 이 프로그램을 오랜 시간에 걸쳐 매우 자주 매우 집중적으로 실시할 수도 있다. 그러나 이 프로그램의 목표는 문제의 교정보다는 문제의 예방과 사회정서기술의 증진에 있다. 그러므로 이 프로그램의 단독 실시는 문제가 심각한 학생들의 사후치료나 3차 예방의 방법으로는 불충분하다.

5) 프로그램의 구성

　첫째, 이 프로그램은 총 24차시로 구성된다. 매주 2차시 또는 그 이상의 차시를 실시하는 집중연습보다는 매주 1차시씩 꾸준히 실시하는 분산연습의 방식을 추천한다. 분산연습을 하면 학생들이 수업 중에 배운 사회정서기술을 학교 안팎에서 연습해 보고 피드백 받을 기회를 더 많이 얻을 수 있기 때문이다. 이로써 학습효과가 장기간 유지되고 일반화된다.

둘째, 사회정서능력의 증진을 위한 예방 프로그램 중 효과성이 입증된 프로그램들은 다음의 특징을 공유한다. 따라서 다음의 특징들이 구현되도록 프로그램의 내용과 활동을 구성하였다.

효과적인 사회정서학습 프로그램 및 보편적 예방 프로그램의 공통 특징

● SAFE 방식으로 실시한다.
  S (sequenced activities): 기술 개발 활동들이 순서대로 연결되어 있다.
  A (active forms of learning): 새로운 기술의 학습을 돕는 활동중심 방식으로 진행된다.
  F (focusing on skills training): 추상적인 내용의 습득보다는 기술의 훈련에 초점을 둔다.
  E (explicitly targeting specific social-emotional skills): 일반적인 발달 영역보다는 구체적인 사회정서기술을 목표로 한다.
● 구조화된 커리큘럼과 활동 계획을 가지고 프로그램을 계획대로 충실하게 실시한다.
● 효과적인 프로그램의 80% 이상은 9개월 이상 실시된다. 9개월 미만의 경우, 10~25차시(평균 12차시)로 구성된다.
● 기술의 직접 훈련 요소와 기술의 사용을 격려하고 강화하는 풍토 조성의 요소를 병행한다.

출처: Catalano et al. (2004); Durlak et al. (2011).

셋째, '시작' 차시에서는 프로그램의 취지, 중요성, 다섯 가지 사회정서능력의 의미를 설명하고, 프로그램 중에 지켜야 할 기본 행동규칙을 교사와 학생들이 함께 설정하는 활동을 주로 한다. 이 차시는 프로그램을 새롭게 도입해 실시할 때 가장 먼저 실시되어야 한다. '연결' 차시는 프로그램을 시작하였으나 중간에 중단했다가 재개한 경우나 하나의 파트를 모두 마친 다음에 다른 파트를 시작하기 전에 실시하면 좋다. 사회정서학습에 대한 기억과 중요성 인식을 되살리는 역할을 하기 때문이다. '마무리 1' 차시에서는 한 파트 또는 전체 프로그램의 종결에 앞서 프로그램에서 배운 사회정서능력을 향상시키는 목표를 설정하고 목표달성을 위한 계획을 수립해 본다. '마무리 2' 차시에서는 프로그램에 참여함으로써 자신과 또래들에게 나타난 변화를 확인하고 앞으로 일상생활에서 사회정서기술을 적극적으로 활용해 볼 것을 다짐한다. 나머지 20개 차시에서는 다섯 가지 사회정서능력을 훈련한다. 대체로, 차시마다 여러 사회정서능력을 다루고, 다섯 가지 사회정서능력이 전체 프로그램 안에 빠짐없이 포함되어 있다.

넷째, 각 차시는 개요와 교수학습지도안으로 구성되어 있다. 개요는 프로그램 실시 교사가 차시별 수업 전반을 미리 파악하여 준비할 수 있도록 돕기 위해 한 쪽 분량으로 제시된다. 개요에서는 차시별 수업목표, 해당 차시에서 다루는 주제의 중요성, 사회정서능력의 영역, 학습자료 및 준비물, 활동 흐름도, 핵심 내용, 지도상 유의점을 안내한다. 교수학습지도안에는 학습주제, 학습목표, 도입-전개-정리 단계별 학습과정, 학급 게시물, 학생용 학습지, 과제지, 교사용 수업자료, 가정 통신문이 있다. 이 중에서 학생용 학습지와 과제지는 학생용 워크북으로 별도 제작되었다.

다섯째, 차시별 교수학습활동은 다음의 순서대로 진행된다.

도입 전시학습 상기, 과제 점검[2], 동기유발, 학습목표 및 학습문제 제시
↓
전개 교사의 설명, 시범, 역할극, 학습지 작성, 모둠활동, 동영상 시청 등 활동 전개
↓
정리 이번 차시에서 배운 핵심내용의 정리, 과제 제시, 다음 차시 예고

3. 프로그램 실시를 위한 준비

1) 기본 행동규칙의 설정

학기 초에 기본 행동규칙을 정하고 학기 내내 일관성 있고 공정하게 적용하는 교사는 문제행동의 발생을 미연에 방지하고 수업을 원활하게 진행할 수 있다(Emmer, Evertson, & Worsham, 2000; Osher, Bear, Sprague, & Doyle, 2010). 마찬가지로 이 프로그램을 실시하기에 앞서, 학생들의 기본 생활습관을 살펴보고 학생에게 이를 가르칠 필요가 있다.

또한 학생들이 프로그램에 참여하는 동안에 지켜야 할 구체적인 행동규칙을 설정한다. 프로그램 초기에 행동규칙에 관하여 학생들과 대화를 나누고, 다음과 같이 필수적인 몇 개의 행

---

2) 과제를 점검할 때는 이전 차시에 배운 사회정서기술을 사용해 본 경험, 어려웠던 점, 주변의 반응 등에 대해 묻고, 기술을 사용해 본 것에 대해 칭찬한다.

동규칙을 결정한다. 한 번 결정한 행동규칙을 일관성 있게 시행하는 것이 중요하지만, 행동규칙이 융통성 없이 적용되고 있는지를 가끔 검토하고 이러한 행동규칙을 조정할 필요도 있다.

- 수업 종이 치면 교실에 돌아와 제자리에 앉기
- 학생용 워크북과 필기구를 지참하기
- 프로그램이 진행되는 동안에 나눈 개인적인 내용에 대해 비밀 지키기
- 발언권을 얻어 말하기
- 다른 사람의 의견을 존중하기

행동규칙을 설정할 때는 긍정적 행동 지원(positive behavior support, PBS)[3]의 방법을 활용해 볼 것을 제안한다. 문제행동을 벌하는 대신에 긍정적인 행동을 가르치고 강화함으로써 더욱 효과적으로 행동변화를 일으킬 수 있기 때문이며(Bear, 2012; Crone, Hawken, & Horner, 2004; Merrell & Gueldner, 2011), 이는 다음과 같은 방법으로 실시한다.

- 학생들에게 기대하는 행동을 5개 이내로 정한다.
- 간단하고 긍정적인 글로 행동규칙 목록을 작성한다.
- 기대행동과 후속결과의 관계를 학생들에게 설명한다.
- 기대행동을 가르치고, 이를 반복 연습하게 한다.
- 행동규칙 목록이나 시각적 단서를 여러 곳에 게시하여 행동규칙을 상기시킨다.
- 행동규칙을 지킬 경우에 칭찬하고 강화를 제공한다.

2) 협동학습을 위한 준비

별도의 구조화된 프로그램을 실시하든 교과수업과 병행하든, 사회정서학습에서는 모

---

3) 긍정적 행동 지원은 문제행동에 대한 처벌적이고 사후대책 위주였던 방식에서 벗어나 문제행동을 사전에 예방하기 위한 방법이다. 긍정적 행동 개입 및 지원(positive behavior intervention and support, PBIS)이라고도 한다. 주로, 다음의 절차를 따른다. ① '선행사건'–'문제행동'–'후속결과'의 관계를 분석하고 문제행동의 기능을 파악한다. ② 문제행동의 기능을 대체하는 긍정적 행동을 가르친다. ③ 긍정적 행동을 모델링하는 사람이 많고 긍정적 행동을 칭찬하는 환경 시스템을 조성한다. 긍정적 행동 지원이 확립된 학교 안에서는 사회정서학습을 성공적으로 실시할 수 있다(Bear, 2012).

둠활동과 협동학습(cooperative learning)을 많이 한다(Ee, 2009; Johnson & Johnson, 2004; McCombs, 2004). 협동학습의 효과는 다양하다. 협동학습에 참여한 학생들은 서로 돕고 경청하는 친사회적 태도와 행동을 습득할 수 있으며, 하나의 상황이나 문제를 다양한 관점에서 보고 협상하는 등 메타인지 능력을 개발할 수 있다(Damon, 1984).

그러나 협동학습이 항상 효과적인 것만은 아니다. 높은 점수를 받아 상대적 비교에서 우위를 점하는 데 더 관심을 가진 학생들이 많거나 동료와 협동하지 않고 모둠의 일을 독점하려는 학생이 있거나 모둠활동에 아무런 기여도 하지 않는 무임 승차자가 있을 경우, 협동학습의 효과를 얻기 어렵다. 그러므로 이 프로그램을 실시하기에 앞서, 학생들에게 협동학습의 기본 원칙과 방법을 가르칠 필요가 있다. 협동학습을 제대로 시행하여 효과를 높이는 몇 가지 전략을 제안하면 다음과 같다(Johnson & Johnson, 1991, 2004).

- 가장 효과적으로 상호작용할 수 있는 학생들로 모둠을 구성한다. (간혹 이질집단이 더 효과적일 수 있고, 간혹 동질집단이 더 성공적일 수 있다. 집단구성의 이질성을 조금씩 바꿔가면서 최적의 집단구성을 결정한다.)
- 모둠 안에서 행동하는 방식에 관한 분명한 가이드라인을 제시한다.
- 모둠 안에서 소통하고 협력하는 데 필요한 기본적 기술을 직접 가르친다.
- 모둠원들에게 공동의 목표를 제시한다.
- 모둠원들이 과제 또는 학습자료를 공유하고 상호의존하게 한다. (예를 들면, 새로운 정보나 학습자료를 모둠원들에게 나누어 주고 각 모둠원은 자신이 맡은 부분을 학습하여 나머지 모둠원들을 가르치는 직소(jigsaw) 기법을 사용한다.)
- 서로 돕고 격려하며 상대방의 노력과 장점을 칭찬하게 한다.
- 교사는 협동학습의 진행 과정을 감독하고, 필요에 따라 발문하고 도움을 준다.
- 시험과 과제를 평가할 때 성취에 대한 개인적 책무와 집단 공동의 책무를 각각 인정한다.
- 하나의 협동학습 활동을 끝내면, 모둠원들이 자신들의 협동학습 과정을 돌아보고 잘한 점과 고칠 점을 논의하며 잘한 점을 서로 칭찬한다.

출처: Johnson & Johnson(1991, 2004).

한편, 협동학습을 하기에 편리한 물리적 환경을 조성하는 일도 중요하다. 모든 학생들이 프로그램 실시교사를 잘 볼 수 있어야 하고 모둠원들끼리도 불편하지 않게 상호작용을 할 수 있어야 한다. 이상적으로는 프로그램을 시작하기에 앞서 모둠활동에 적합하도록 좌석을 배치하는 것이 좋다. 그러나 대부분의 중학교 교실에는 책상이 일렬로 배열되어 있기 때문에 모둠활동을 위해 수업 중에 신속하게 좌석배치를 바꾸기는 어렵다. 이런 경우 일렬 배열의 좌석을 바꾸지 않고도 모둠활동을 실시할 수 있도록 2인 또는 4인으로 모둠을 만들고, 이들에게 TPS(Think-Pair-Share) 방법을 실시할 것을 추천한다.

2인 1조 TPS에서 학생들은 각자 주어진 주제에 대해 생각해 보고, 짝과 함께 나눈 내용을 정리한 다음, 자발적으로 또는 교사의 호명을 받아 학급 전체에 발표한다. 4인 1조 TPS에서는 먼저 2인 1조로 각자의 생각을 짝과 나누고 정리한 내용을 바로 앞이나 뒤에 앉은 2인 1조와 공유한 다음, 교사의 지시에 따라 학급 전체에 발표한다. [그림 3]의 TPS 샘플 양식은 학생들이 자신의 생각과 모둠별 나눔 내용을 정리하고 기억하는 데 도움이 된다.

| 내 이름: _____ 짝 이름: _____ 날짜: _____ |

THINK-PAIR-SHARE

주제	내가 생각한 것	짝이 생각한 것	우리의 나눔 내용

∥그림 3. THINK-PAIR-SHARE 샘플 양식∥

3) 예방의 기능

이 책에 소개된 사회정서학습 프로그램은 학교에서 예방교육의 일환으로 실시될 수 있도록 제작되었다. 예방은 새로운 문제의 발생률을 낮추고 정신건강을 증진시키는 방법이다(Caplan, 1964). 보통 [그림 4]와 같은 3단계 예방 모형에 따라 예방 대상자와 실시방법을 결정하는데(Cowen et al., 1996), 사회정서능력을 증진시키기 위한 예방활동도 3단계로 진행될 수 있다(McNamara, 2002).

3단계 예방 모형에서 전체 삼각형은 전교생을 나타내고, 1, 2, 3차 예방이 구분된다. 단계별 예방활동의 대상자가 전체 학생 집단에서 차지하는 비율이 일률적으로 정해져 있지는 않다. 예방해야 할 문제의 중대성과 학교에서 동원할 수 있는 인적 · 물적 자원에 따라 예방 대상자의 수를 결정하기 때문이다. 예를 들면, 사회정서학습 프로그램의 한 종류인

| 그림 4. 3단계 예방 모형 |

『Strong Kids』의 단계별 대상자의 비율과 특징은 다음과 같다(Merrell, 2007a, 2007b; Merrell & Gueldner, 2011).

1차 예방은 보편적 예방(universal prevention)이라고 한다. 현재 중대한 문제를 겪고 있지 않는 학생들이 1차 예방의 대상자다. 이들은 전체 집단의 약 80%를 차지하며, 삼각형의 아래 부분에 해당된다. 사회정서능력을 향상시키기 위한 1차 예방 활동의 예를 들면, 효과성이 입증된 교수법을 활용하여 교과수업 중 문제행동의 발생을 방지하고, 사회적 문제해결 기술을 학생들에게 직접 가르치며, 스트레스 대처 전략을 훈련시키고, 학생들이 스스로 규칙을 설정하고 준수하는 태도를 갖게 하고, 교과수업과 비교과 활동 중에 사회정서기술을 연습하게 하며, 사회정서기술의 사용을 칭찬하는 학교풍토를 만들고, 이에 관한 교직원 연수를 한다(Merrell & Gueldner, 2011).

2차 예방은 선택적 예방(selective prevention)이라고 한다. 이제 문제를 보이기 시작하거나 문제를 발생시킬 위험요인을 안고 있는 위험군이 2차 예방의 대상자다. 이들은 전체 집단의 약 15%를 차지하며, 삼각형의 중간 부분에 해당된다. 2차 예방은 위험군의 조기발견과 조기개입에 주력한다. 1단계에서 보편적으로 활용했던 방법과 전략을 좀 더 자주, 좀 더 오래, 좀 더 집중적으로 실시하거나, 1단계의 보편적 예방활동에 추가하여 (선별된 소수 학생의 문제증상을 표적으로 하는) 특수한 개입(예: 우울감소 훈련, 이완훈련, 부모훈련)을 병행한다(Merrell & Gueldner, 2011).

3차 예방은 지시적 예방(indicated prevention)이라고 한다. 이미 중대한 문제를 겪고 있는 학생들이 3차 예방의 대상자가 된다. 이들은 전체 집단의 약 5% 이내를 차지하고, 삼각형의 윗부분에 해당된다. 3차 예방은 현재 나타나고 있는 문제증상이 더 심각해질 가능성을 줄이고 추가 장애의 발병을 피하는 데 목적이 있다. 3차 예방을 제대로 하려면, 학생이 겪고 있는 중대한 문제를 해결할 수 있는 여러 전문가들의 협업이 필요하고, 지역사회 내 전문기관들의 연계를 통한 포괄적 서비스가 제공되어야 한다. 1차 예방과 2차 예방 대상자에게 사용했던 방법과 전략을 3차 예방 대상자에게는 개별적으로 매우 집중적으로 매우 자주 다년간 지속적으로 실시해야 한다(Merrell & Gueldner, 2011).

이 프로그램은 전체 학생들을 위한 1차 예방(보편적 예방)의 방법으로 사용하는 것이 바람직하다. 또한 문제의 초기 증상을 보이기 시작하는 학생이나 문제발생의 위험에 놓인 학생에게 2차 예방의 방법으로 이 프로그램을 실시할 수도 있다. 그러나 이 프로그램은 원래 보편적 예방을 위해 개발되었으므로 3차 예방 대상자에게 단독 실시하여 의미있는 변화를 가져오기는 어렵다.

4) 효과적인 수업전략의 활용

효과적인 수업전략은 교과학습에서든 사회정서학습에서든 두루 필요하다. 다음은 수업설계 전문가들이 제안한 성공적인 수업설계의 일반적 원리다(변영계, 김영환, 손미, 2005; 조용개, 신재한, 2011). 이 프로그램을 고안할 때도 여기에 나온 일부 원리를 참고하였다. 프로그램 실시 교사는 학급 또는 학교의 상황을 고려하여 나머지 원리들을 적용해 보는 것이 바람직하다.

첫째, 수업목표의 명시
- 수업을 시작할 때 학생에게 수업목표를 분명하게 제시한다.
- 수업목표에 도달하는 절차를 도표로 제시하거나 구두로 설명해 준다.
- 수업목표에 도달한 정확한 행동과 흔한 오류를 예시한다.

둘째, 학습동기의 유발
- 성공을 경험하게 하여 자기효능감을 높인다.
- 수업목표의 달성이 주는 가치를 알려 준다.
- 시청각 보조자료, 실생활과 관련된 사례, 학생의 개인적 경험을 활용한다.
- 게임, 예술활동 등을 활용하여 흥미를 높인다.

셋째, 능동적 참여의 독려
- 발문, 토론, 학습지 작성, 역할극 등을 통해 학습활동에 능동적으로 참여하게 한다.
- 복잡한 개념이나 원리를 다룰 때는 쉬운 사례를 보여 주고 쉽게 설명한다.
- 새로운 내용을 도입할 때는 선행조직자(예: 개념도, 개요)를 제시하고 이전에 배운 내용과의 관련성을 설명한다.

넷째, 풍부한 연습 기회의 제공
- 학습한 내용을 반복적으로 연습할 기회를 제공한다.
- 학습한 내용을 실제 상황에 적용할 기회를 제공한다.

다섯째, 피드백의 제공
- 학습한 내용을 사용한 것에 대해 칭찬하고 강화를 제공한다.
- 오류가 발생하면 학습목표나 행동목표를 상기시킨다.
- 발생한 오류를 교정하고, 이를 개선할 방법을 제안한다.

여섯째, 학습내용의 파지, 전이, 일반화
- 매 차시에서 배운 내용을 교사가 요약해 주거나 학생이 스스로 요약하게 한다.
- 매 차시를 마무리할 때, 앞 차시에서 배운 내용과의 연관성을 설명하거나 학생 스스로 찾아보게 한다.
- 배운 기술 또는 내용을 상징하는 시각적 단서를 교내 여러 곳에 게시한다.
- 배운 기술을 학교 안팎의 실생활 문제에 응용해 보는 과제를 내준다.
- 배운 기술을 학교일과 중에 또는 일상생활에서 사용할 때 칭찬하고 격려한다.
- 프로그램의 진행과정을 학부모에게 안내하여, 학부모의 참여와 관심을 높인다(교수학습지도안 차시별 말미에 수록된 가정 통신문 양식을 참고할 것).

5) 추가예산의 확보와 장애물의 예측

이 책에 있는 사회정서학습 프로그램은 전문적 훈련이나 큰 비용 없이도 교사가 쉽게 배우고 실시할 수 있다. 교사용 지침서에 수록된 학습지, 과제지 등을 별도의 학생용 워크북으로 제작하여, 실시교사가 매번 학습지를 준비해야 하는 불편함도 없다. 또한 차시별 학급 게시물과 사회정서학습(SEL) 통신문은 학지사 홈페이지(www.hakjisa.co.kr)에 PDF 파일로 등록되어 있다.

이러한 장점에도 불구하고 예상치 못한 장애물과 추가 비용이 발생할 수 있다. 예를 들면, 학생들의 동기와 참여도를 높이기 위해 멀티미디어 도구나 수업자료를 추가로 구입할 필요가 생기기도 한다. 프로그램 효과를 검증하기 위해 또는 2차 예방의 대상자를 선별하기 위해 심리검사를 구입할 필요가 생길 수도 있다. 학급단위로 시작한 프로그램을 전체 학교에 확대하기를 원할 수도 있으며, 교사들이 자문이나 연수를 요청할 수도 있다.

이처럼 프로그램을 성공적으로 실시하는 데 필요한 비용과 자원을 정확하게 예측하고 예산을 확보하기란 쉬운 일이 아니다. 그렇지만 학교관리자와 교사는 프로그램 실시의 취지, 프로그램의 내용, 학교의 요구, 동원 가능한 자원을 점검하고 추가 비용의 확보 방안에 대해 미리 논의해 둘 필요가 있다. 또한 프로그램의 성공적 시행을 방해할지도 모르는 장애물을 예측하고 대비방안을 생각해 두는 것도 중요하다. 그래야만 중도에 포기하지 않고 지속적으로 프로그램을 실시할 수 있기 때문이다.

4. 프로그램 차시 구성

이 프로그램은 총 24차시로 구성되어 있다. 학교의 사정과 필요에 따라, 특정 학년에서 또는 중학교 3년 내내 일부 차시를 선별하여 실시하거나, 모든 차시를 실시할 수 있다.

다음은 프로그램의 원활한 시행을 위한 '시작' '연결' '마무리' 차시와 사회정서학습의 차시별 주제와 목표 및 주요 활동이다.

파트 1 시작과 마무리

차시	주제	목표	주요 활동
시작	궁금해, SEL!	SEL 프로그램 참여의 필요성과 목표를 이해하고, 프로그램에서 배울 다섯 가지 핵심기술을 말할 수 있다.	– SEL 프로그램 참여의 필요성과 목표 이해하기 – 프로그램에서 배울 다섯 가지 핵심기술 이해하기 – 다섯 가지 핵심기술을 통해 우리가 배우고 싶은 것 브레인스토밍하기

차시	주제	목표	주요 활동
연결	반가워, SEL!	이전 파트에서 배운 내용을 말할 수 있고, 그 내용을 토대로 사회정서학습 참여의 다짐과 목표를 세울 수 있다.	− 사회정서학습의 핵심기술과 이전 파트에서 배운 내용 다시 이해하기 − 이전 파트에서 배운 용어들로 사회정서학습 참여 다짐글 만들기
마무리 1	SEL이 내게 준 꿈	이 프로그램에서 배운 것을 말할 수 있고, 프로그램에서 배운 사회정서능력을 향상시키는 목표를 설정할 수 있다.	− 특정 파트 또는 전체 프로그램을 통해 배운 내용과 활동 회상하기 − 목표달성을 위한 계획 설정 방법 배우기 − 프로그램에서 배운 것을 활용하는 목표 세우기
마무리 2	SEL이 내게 준 선물	SEL 프로그램에서 배운 것과 앞으로 노력할 것을 말할 수 있다.	− 특정 파트 또는 전체 프로그램을 통해 배운 내용과 활동 회상하기 − 프로그램에 참여한 이후에 변화된 내 모습과 친구의 모습 찾기 − 앞으로 노력할 것을 다짐글로 작성하기

파트 2 나와 너 이해하기

차시	주제	목표	주요 활동
1	정서, 넌 누구?	정서의 의미와 중요성을 설명하고, 상황에 맞는 정서단어를 선택할 수 있다.	− 정서의 의미 알기 − 정서의 중요성 알기 − 상황에 맞는 정서단어 찾기
2	정서의 두 얼굴	정서의 유형을 구별하고, 하나의 정서단어를 다양한 상황에 사용할 수 있다.	− 편안한 정서와 불편한 정서의 의미 알기 − 편안한 정서와 불편한 정서 구별하기 − 하나의 정서단어가 사용되는 다양한 상황 파악하기
3	정서는 변덕쟁이	상황이나 사람에 따라 정서를 경험하는 강도가 다름을 설명할 수 있다.	− 정서강도의 의미 알기 − 상황에 따라 다른 정서강도 파악하기 − 사람에 따라 다른 정서강도 파악하기
4	생각따라쟁이 정서	상황, 생각, 감정, 행동의 의미를 이해하고, 이를 연결할 수 있다.	− 상황, 생각, 정서, 행동의 사전적 의미 이해하기 − 상황에 따른 여러 가지 다른 생각 찾기 − 상황, 생각, 정서, 행동 연결하기

차시	주제	목표	주요 활동
5	생각, 너 때문이야!	자신의 생각 오류를 이해하고, 생각 오류에 이름을 붙일 수 있다.	– 생각 오류 설명하기 – 생각 오류에 맞는 이름 붙이기 – 내 생각 오류 찾기
6	생각 바꿔 입기	자신의 생각 오류를 찾고, 생각 오류를 수정할 수 있다.	– 내 생각 오류 찾기 – 생각 오류 수정하기
7	긍정 생각의 달인	나의 생각 오류를 확인하고 생각을 바꿀 수 있다.	– 생각 오류 찾기 – 부정적 생각을 긍정적 생각으로 바꾸기 – 긍정적 생각 연습하기
8	다섯 손가락 욕구	인간의 다섯 가지 욕구를 말하고, 다섯 가지 욕구를 구분할 수 있다.	– 욕구의 의미와 다섯 가지 욕구 알기 – 다섯 가지 욕구 구분하기
9	찰칵! 행복 셀카	욕구 충족의 중요성을 설명하고, 다섯 가지 욕구가 충족되는 상황을 말할 수 있다.	– 욕구 충족의 중요성 이해하기 – 욕구가 충족되는 상황 파악하기

파트 3 나를 다스리기

차시	주제	목표	주요 활동
1	불편한 친구, 스트레스	스트레스의 개념, 유형, 특징을 이해할 수 있다.	– 스트레스의 개념 설명하기 – 스트레스의 유형 구분하기 – 스트레스의 특징 파악하기
2	건강한 스트레스 레시피	스트레스의 증상과 원인을 파악하고 스트레스 대처방법을 말할 수 있다.	– 스트레스 증상 파악하기 – 스트레스 원인 파악하기 – 스트레스 대처방법 찾기
3	나는야 스트레스 요리사	스트레스에 대처하는 건강한 방법을 선택하고 실천할 수 있다.	– 스트레스 대처방법 실천 소감 나누기 – 건강한 스트레스 대처 방법의 의미 이해하기 – 건강한 스트레스 대처 방법의 실천 선언하기
4	내 마음에 불이 났어요!	분노가 무엇인지를 알고, 분노하게 되었을 때 자신에게 나타나는 신체반응과 분노의 강도를 이해한다.	– 분노의 의미 알기 – 분노의 원인과 신체반응 알기 – 분노의 강도 알기

차시	주제	목표	주요 활동
5	내 마음의 소화기	분노 조절 기법이 무엇인지 알고, 분노를 조절하는 방법을 익힌다.	– 나의 분노 조절 기법 말하기 – 분노 조절 기법 알기 – 분노 조절 기법 연습하기
6	내 마음의 소방관	분노를 해결하기 위한 다양한 대안을 탐색하고 적절한 대안을 선택한다.	– 나의 분노 상황 대처 방법 알기 – 분노 해결을 위한 대안 탐색하기 – 가장 적절한 대안 선택하기

파트 4 좋은 관계 맺기

차시	주제	목표	주요 활동
1	네 맘 알아	경청과 공감의 중요성을 알고, 타인의 감정에 공감할 수 있다.	– 경청의 의미와 중요성 알기 – 공감의 의미와 방법 알기 – 친구와 공감 연습하기
2	이젠 내가 말할게!	자신의 생각과 감정을 솔직하고 분명하게 말하는 방법을 익힌다.	– 나를 읽어 주는 말하기가 필요한 상황 알기 – 나를 읽어 주는 말하기 3단계 방법 알기 – 생활 속에서 나를 읽어 주는 말하기 연습하기
3	우유부단 장벽 넘기	자신의 요구를 말하고 상대방의 요구를 거절하는 방법을 익힌다.	– 요청·거절하는 말하기가 필요한 상황 찾기 – 요청·거절하는 말하기 2단계 알기 – 생활 속에서 요청·거절하는 말하기 연습하기
4	어디가 꼬인 걸까?	다양한 상황에서 발생하는 갈등이 무엇인지 알고, 그 원인을 파악함으로써 갈등에 대한 전반적인 이해를 갖는다.	– 갈등 '마인드맵' 작성하기 – 사례 속 갈등의 원인 찾기 – 갈등의 주요 원인 알아보기
5	너와 나의 꼬인 마음 풀기	긍정적인 갈등해결이 중요함을 알고, 상황에 맞는 적절한 갈등해결 방법을 실시할 수 있다.	– 갈등해결의 중요성 알아보기 – 갈등해결 역할극 시나리오 작성하기 – 갈등해결 역할극 시연 및 피드백하기

참고문헌

변영계, 김영환, 손미 (2005). 교육방법 및 교육공학(2판). 서울: 학지사.

신현숙 (2011). 학업수월성 지향 학교에서 사회정서학습의 필요성과 지속가능성에 관한 고찰. 한국심리학회지: 학교, 8(2), 175-197.

신현숙 (2013). 교과수업과 연계한 학급단위의 사회정서학습: 사회정서적 유능성과 학교관련 성과에 미치는 효과. 한국심리학회지: 학교, 10(1), 83-110.

윤숙영 (2011). 고등학교 국어과 〈규중칠우쟁론기〉 수업의 사회정서학습 지도안. 사회정서학습 프로그램 발표회. 6월 15일. 광주광역시: 전남대학교.

정옥분 (2008). 사회정서발달. 서울: 학지사.

조용개, 신재한 (2011). 교실 수업 전략. 서울: 학지사.

질병관리본부 (2014). 제10차(2014년) 청소년건강행태온라인조사 통계. 충청북도 청주시: 질병관리본부.

Bandura, A. (1977). *Social learning theory*. Englewood Cliffs, NJ: Prentice-Hall.

Bandura, A. (1997). *Self-efficacy: The exercise of control*. New York: Freeman.

Bear, G. G. (2012). *School discipline and self-discipline*. 신현숙, 류정희, 배민영, 이은정 공역. 바르게 훈육하는 학교 스스로 규율을 지키는 학생. 경기: 교육과학사. (원전은 2010년에 출판).

Beck, A. T. (1976). *Cognitive therapy and emotional disorders*. New York: International University Press.

Caplan, G. (1964). *Principles of preventive psychiatry*. New York: Basic Books.

Catalano, R. F., Berglund, M. L., Ryan, J. A., Lonczak, H. S., & Hawkins, J. D. (2004). Positive youth development in the United States: Research findings of evaluation of positive youth development programs. *The Annals of the American Academy of Political and Social Science, 591*, 98-124.

Collaborative for Academic, Social, and Emotional Learning (2013a). *2013 CASEL guide*. Retrieved from *http://casel.org/guide*

Collaborative for Academic, Social, and Emotional Learning (2013b). *CASEL schoolkit: A guide for implementing schoolwide academic, social, and emotional learning*. Chicago, IL: Author.

Collaborative for Academic, Social, and Emotional Learning (2015a). SEL competencies. *http://www.casel.org/social-and-emotional-learning/core-competencies/*

Collaborative for Academic, Social, and Emotional Learning (2015b). SEL defined. *http://www.*

casel.org/social−and−emotional−learning/

Collaborative for Academic, Social, and Emotional Learning (2015c). SEL outcomes. *http://www. casel.org/social−and−emotional−learning/outcomes/*

Collaborative for Academic, Social, and Emotional Learning (2015d). The promotion of students' SEL. *http://www.casel.org/social−and−emotional−learning/promotion/*

Committee for Children (2008). *Second step: Student success through prevention (Grade 7 Stepping In)*. Seattle, WA: Author.

Cowen, E. L., Trost, M. A., Izzo, L. O., Lorion, R. P., Dorr, D., & Isaacson, R. V. (1996). *School−based prevention for children at risk: The primary mental health project*. Washington, DC: American Psychological Association.

Crone, D. A., Hawken, L. S., & Horner, R. H. (2004). *Responding to problem behavior in schools: The behavior education program*. New York: Guilford Press.

Damon, W. (1984). Peer education: The untapped potential. *Journal of Applied Developmental Psychology, 5*, 331−343.

Durlak, J. A., Weissberg, R. P., Dymnicki, A. B., Taylor, R. D., & Schellinger, K. B. (2011). The impact of enhancing students' social and emotional learning: A meta−analysis of school−based universal interventions. *Child Development, 82*(1), 405−433.

Ee, J. (2009). *Empowering metacognition through social−emotional learning: Lessons for the classroom*. Singapore: Cengage Learning Asia.

Elias, M. J. (2009). Social−emotional and character development and academics as a dual focus of educational policy. *Educational Policy, 23*(6), 831−846.

Emmer, E. T., Evertson, C. M., & Worsham, M. E. (2000). *Classroom management for secondary teachers* (5th ed.). Boston: Allyn & Bacon.

Glasser, W. (2000). *Counseling with choice theory: New reality therapy*. New York: Harper & Row.

Greenberg, M. T., Weissberg, R. P., O'Brien, M. U., Zins, J. E., Fredericks, L., Resnik, H., & Elias, M. J. (2003). Enhancing school−based prevention and youth development through coordinated social, emotional, and academic learning. *American Psychologist, 58*, 466−474.

Harlacher, J. E., & Merrell, K. W. (2010). Social and emotional learning as a universal level of student support: Evaluating the follow−up effect of Strong Kids on social and emotional outcomes. *Journal of Applied School Psychology, 26*, 212−229.

Johnson, D. W., & Johnson, R. T. (1991). *Learning together and alone: Cooperative, competitive, and individualistic learning* (3rd ed.). Upper Saddle River, NJ: Prentice Hall.

Johnson, D. W., & Johnson, R. T. (2004). The three Cs of promoting social and emotional learning. In J. E. Zins, R. P. Weissberg, M. C. Wang, & H. J. Walberg (Eds.), *Building academic success on social and emotional learning. What does the research say?* (pp. 40–58). New York: Teachers College Press.

McCombs, B. L. (2004). The learner–centered psychological principles: A framework for balancing academic achievement and social–emotional learning outcomes. In J. E. Zins, R. P. Weissberg, M. Wang, & H. J. Walberg (Eds.), *Building academic success on social and emotional learning: What does the research say?* (pp. 23–39). New York: Teachers College Press.

McNamara, K. (2002). Best practices in promotion of social competence in the schools. In A. Thomas & J. Grimes (Eds.), *Best practices in school psychology IV* (pp. 911–927). Bethesda, MD: The National Association of School Psychologists.

Merrell, K. W. (2007a). *Strong kids (Grades 3–5): A social and emotional learning curriculum.* Baltimore: Paul H. Brookes.

Merrell, K. W. (2007b). *Strong kids (Grades 6–8): A social and emotional learning curriculum.* Baltimore: Paul H. Brookes.

Merrell, K. W., & Gueldner, B. A. (2011). *Social and emotional learning in the classroom: Promoting mental health and academic success.* 신현숙 역. 사회정서학습: 정신건강과 학업적 성공의 촉진. 경기: 교육과학사. (원전은 2010년에 출판).

Osher, D., Bear, G. G., Sprague, J. R., & Doyle, W. (2010). How can we improve school discipline? *Educational Researcher, 39*, 48–58.

Schunk, D. H. (1987). Peer models and children's behavioral change. *Review of Educational Research, 57*, 149–174.

Selman, R. (1980). *The growth of interpersonal understanding.* New York: Academic Press.

Vernon, A. (2010). *Thinking, feeling, behaving — An emotional education curriculum for adolescents. Grades 7–12.* 박경애, 신예덕, 권숙경, 김수형 공역. 생각하기 느끼기 행동하기 — 중·고등학생을 위한 사고 및 정서교육과정. 서울: 시그마프레스. (원전은 1989년에 출판).

Vygotsky, L. S. (1978). *Mind in society: The development of higher psychological processes.* (Translated by M. Cole, V. John–Steiner, S. Scribner, & E. Souberman). Cambridge, MA: Harvard University Press.

Wang, M. C., Haertel, G. D., & Walberg, H. J. (1993). Toward a knowledge base for school learning. *Review of Educational Research, 63*(3), 249–294.

Zins, J. E., Bloodworth, M. R., Weissberg, R. P., & Walberg, H. J. (2004). The scientific base linking social and emotional learning to school success. In J. E. Zins, R. P. Weissberg, M. Wang, & H. J. Walberg (Eds.), *Building academic success on social and emotional learning. What does the research say?* (pp. 3–22). New York: Teachers College Press.

제**2**부

차시별 교수학습지도안

파트 1 시작과 마무리

1차시 시작: 궁금해, SEL!

2차시 연결: 반가워, SEL!

3차시 마무리 1: SEL이 내게 준 꿈

4차시 마무리 2: SEL이 내게 준 선물

1. 시작: 궁금해, SEL!

수업목표	• 프로그램의 목적을 이해한다. • 프로그램의 다섯 가지 핵심기술을 말한다. • 프로그램의 규칙을 정한다.
주제의 중요성	프로그램의 의미와 프로그램이 향상시키고자 하는 다섯 가지 핵심기술에 대한 학습을 통해 프로그램에 대한 흥미와 동기를 유발한다. 학생들은 다섯 가지 핵심기술과 관련하여 배우고 싶은 것이 구체적으로 무엇인지를 생각해 본다. 이러한 활동은 학생의 개인적인 목표설정에 도움을 주며, 교사는 결과물을 추후 활동과 연결할 수 있다.
SEL 영역	☐ 자기인식　　☐ 자기관리　　☐ 사회적 인식　　☑ 관계기술　　☑ 책임 있는 의사결정
학습자료	〈학습지 1-1〉 우리가 배우고 싶은 것들을 알아봐요 〈학습지 1-2〉 규칙을 정해 봐요 〈과　제 1-1〉 다섯 가지 기술을 잘하기 위해 무엇을 배워야 할까요?

활동 흐름도

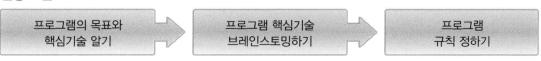

프로그램의 목표와 핵심기술 알기 ➡ 프로그램 핵심기술 브레인스토밍하기 ➡ 프로그램 규칙 정하기

핵심 내용

개념	내용
사회정서학습 프로그램	• 사회정서학습은 정서를 인식하고 관리하며, 타인에 대한 배려와 관심을 발달시키고, 긍정적인 인간관계를 형성하며, 책임 있는 결정을 내리고, 일상생활의 문제를 효과적으로 해결하는 데 필요한 지식, 기술, 행동을 배우는 과정이다.
사회정서능력 핵심기술	• 자기인식: 자신의 정서, 가치, 강점, 욕구를 파악하는 능력 • 자기관리: 목표 달성을 위해 정서, 충동, 행동을 감독하고 통제하는 능력 • 사회적 인식: 타인의 입장, 생각, 정서를 아는 능력 • 관계기술: 만족스러운 대인관계를 위해 의사소통하고 갈등을 관리하는 능력 • 책임 있는 의사결정: 목표설정, 시간관리 등 현명한 선택과 판단을 하는 능력

지도상 유의점

• 모둠원이 이야기를 나눌 때 모둠원 모두가 돌아가며 의견을 낼 수 있도록 지도한다.
• 브레인스토밍의 결과를 이후 차시의 진행에서 예시로 활용한다.
• 다음의 영상은 이번 차시와 관련된 영상으로, 추가 학습자료로 활용할 수 있다.
　① EBS 다큐프라임 〈공부의 왕도〉 2부. 정서가 학습을 지속시킨다.
　② EBS 다큐프라임 〈정서지능〉 2부. 아이의 성적표를 바꾸다.

※ 차시별 학급 게시물과 가정 통신문 PDF 파일은 학지사 홈페이지(www.hakjisa.co.kr)에서 다운로드 받아 사용할 수 있다.

학습 주제	프로그램 개관하기	차시	1/4
학습 목표	• 프로그램의 목적을 말할 수 있다. • 프로그램의 다섯 가지 핵심기술을 말할 수 있다.		
단계	학습과정		

단계	학습과정
도입 (10′)	**◎ 동기 유발하기(6분)** ◆ 문장을 보고 ○, × 표시하기 　– 종이 두 장을 꺼내서 한 장에는 ○표, 다른 한 장에는 ×표를 합니다. 화면에 제시된 문장을 보고 자신에게 해당되면 ○표, 해당되지 않으면 ×표를 듭니다. 선생님이 잘 볼 수 있도록 높게 올려주세요. ① EXO(인기가수 그룹)의 모든 멤버 이름을 말하기 전에 내 장점 5가지를 말할 수 있다. ② 나는 걸스데이(인기가수 그룹) 멤버의 일정보다 내 친구의 감정을 더 잘 말할 수 있다. ③ "중학생이 아직도 그런 게임이나 하고 있냐!"고 놀리는 친구에게 흥분하지 않고 말할 수 있다. ④ 친구와 다투었을 때 화해를 하기 위한 내 나름의 성공전략이 있다. ⑤ 시험을 잘 보기 위해 나만의 목표를 세운 적이 있다. 　– (문장에 대해 ○를 표시한 학생에게 질문을 한다.) 　(첫 번째 문장을 화면에 띄우고) EXO 멤버의 이름 대신 자신의 장점 5가지를 말해 보세요. 　(학생 발표) 　(두 번째 문장을 화면에 띄우고) 친구의 어떤 감정을 알 수 있나요? 무엇을 보고 친구의 감정을 알 수 있나요? (학생 발표) 　(세 번째 문장을 화면에 띄우고) 놀리는 친구에게 흥분하지 않고 말하는 비법은 무엇일까요? (학생 발표) 　(네 번째 문장을 화면에 띄우고) 친구랑 다툴 때 화해하는 방법은 무엇인가요? (학생 발표) 　(다섯 번째 문장을 화면에 띄우고) 시험을 잘 보기 위해 어떤 노력을 기울였나요? (학생 발표) 　– 앞으로 진행될 프로그램에서 우리는 방금 풀었던 문제와 같은 내용에 대해 이야기하고, 고민하며, 해결책을 찾으려 노력할 것입니다. 　유의점: 교사는 ppt 혹은 칠판에 문제를 제시할 수 있다. **◎ 학습문제 제시하기** 　– 이번 시간에는 우리가 함께 진행할 프로그램이 어떤 목적을 가지고 있고, 프로그램을 통해 우리가 배울 수 있는 능력 또는 기술은 무엇인지 구체적으로 알아보도록 하겠습니다. 　　학습문제 　　프로그램의 목적과 핵심기술 다섯 가지를 알아보자.

※ '(학생 발표)' '(학생 활동)' 등은 교사의 질문이나 지시에 따른 학생의 기대 행동을 지칭하므로 이 부분에서는 학생이 반응하는 시간을 주셔야 합니다.

전개 **(30′)**	🎯 **학습순서 알기**(1분) 1. 프로그램의 목표와 핵심기술 알기 2. 프로그램 핵심기술 브레인스토밍하기 3. 프로그램 규칙 정하기 🎯 **프로그램의 목표와 핵심기술 알기**(4분) ◆ 프로그램의 목표 확인하기 – 여러분이 영어와 수학에 시간을 투자해서 성적을 올리거나 기타를 잘 배워서 곡 하나를 연주하거나 친구보다 게임을 더 잘하는 경지에 이르는 것처럼 '오늘의 나'보다 더 능력 있고 행복하고 건강한 사람이 되려면 좀 다른 공부가 필요합니다. 오늘부터 우리는 사회정서학습이라는 공부를 할 것입니다. 가장 먼저 나에 대해서 알고, 내 주변에 있는 사람들에 대해서 알고, 그들과 좋은 관계를 유지하는 데 필요한 기술들을 배우게 됩니다. ◆ 프로그램의 핵심기술 확인하기 〈학습지 1-1〉 – 프로그램에서 배울 핵심기술 다섯 가지는 학습지에 적혀 있는 것처럼 자기인식, 사회적 인식, 자기관리, 관계기술, 책임 있는 의사결정입니다. 〈학습지 1-1〉에 나온 각 기술의 의미를 함께 읽어 보겠습니다. 유의점: 학생들이 각 핵심기술을 읽은 후 교사는 약간의 설명을 한다. 🎯 **프로그램 핵심기술 브레인스토밍하기**(10분) ◆ [모둠] 핵심기술 협의하기 〈학습지 1-1〉 – 여러분이 다섯 가지 핵심기술에 대해 무엇을 배울지, 특히 무엇을 배우고 싶은지 모둠별로 협의해 보고, 그 결과를 학습지에 써 보세요. 예를 들면, 친구 사귀는 방법, 친구랑 싸웠을 때 화해하는 방법, 화를 가라앉히는 방법 등이 있을 수 있겠지요. – 모둠 친구들이 함께 나눈 것들을 발표해 봅시다. (모둠 발표) 유의점: 모둠은 매 차시 활동에서 지정하는 숫자대로 형성한다. 🎯 **프로그램 규칙 정하기**(15분) ◆ [모둠] 프로그램 규칙 협의하기 〈학습지 1-2〉 – 프로그램에서 우리가 꼭 지켜야 할 규칙을 모둠별로 정해 보세요. 규칙을 정할 수 있는 영역은 프로그램 활동, 발표, 과제, 모둠 활동, 개인 활동 등으로 나눌 수 있습니다. 예를 들면, 친구가 발표할 때 주의 깊게 경청하기, 모둠은 서로 돕고 적극적으로 활동하기 등이 있을 수 있겠지요. 자, 지금부터 모둠별로 규칙을 정해서 학습지에 써 봅시다. – 모둠 친구들이 함께 나눈 것들을 발표해 봅시다. (모둠 발표) (학생들이 발표한 내용을 칠판 또는 화면에 기록하며 비슷한 내용은 통합하여 정리한다.) 여러분이 발표한 대로 프로그램 활동을 하는 중에 우리가 지켜야 할 규칙은 ㅇㅇㅇ입니다. 우리 모두 규칙을 잘 지켜서 사회정서능력 핵심기술을 배워 봅시다. 유의점: 교사가 학급의 특성에 따라 미리 몇 개의 규칙을 준비한다. 교사가 준비한 규칙과 학생들이 제안한 규칙을 가지고 학생들과 상의하여, 5개 정도의 행동규칙을 정하고, 이를 프로그램 진행 내내 학급에 게시하고 규칙준수를 강조한다.

정리 (5′)	⊙ 정리하기 ◆ 핵심기술 다섯 가지 이야기하기 　- 오늘 수업에서 배운 핵심기술 다섯 가지를 말해 볼까요? (학생 발표) 　- 네, 그렇습니다. 이 다섯 가지를 다음 시간에 다시 만날 때까지 기억하도록 해요. ⊙ 과제 제시 및 차시 예고하기 ◆ 과제 제시하기 〈과제 1-1〉 　- 가정에서 가족들과 '자기인식, 사회적 인식, 자기관리, 관계기술, 책임 있는 의사결정'을 잘하 　　기 위해서 무엇을 배우면 좋을지 이야기를 나눠 보고 다음 시간에 함께 나누어 봅시다. ◆ 차시 예고하기 　- 다음 시간에는 우리가 느낌, 기분, 감정이라고도 부르는 정서에 대해 공부하겠습니다. 　유의점: 파트별로 진행할 경우 파트별 주제(나와 너 이해하기, 나를 다스리기, 좋은 관계 맺기)에 대해 공지한다.

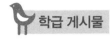 학급 게시물

★ 다음의 내용을 일상생활에서 되새겨 봅시다.

주제	내용
사회정서능력 핵심기술	• 자기인식: 자신의 정서, 가치, 강점, 욕구를 파악하는 능력 • 자기관리: 목표 달성을 위해 정서, 충동, 행동을 감독하고 통제하는 능력 • 사회적 인식: 타인의 입장, 생각, 정서를 아는 능력 • 관계기술: 만족스러운 대인관계를 위해 의사소통하고 갈등을 관리하는 능력 • 책임 있는 의사결정: 목표설정, 시간관리 등 현명한 선택과 판단을 하는 능력

자기인식
자신의 정서, 생각, 행동, 흥미,
장단점, 스트레스 원인을 파악하고
근거있는 자신감을 유지하는 능력

자기관리
스트레스 대처와 목표달성을 위해
자신의 정서, 생각, 행동을
조절하고 목표달성의 과정을
점검하는 능력

책임 있는 의사결정
자신과 타인의 건강과 안전에
도움이 되는 현명한
선택과 결정을 하는 능력

사회적 인식
타인의 입장, 생각, 정서를
이해하고 공감하는 능력

관계기술
다른 사람과 의사소통하고 협력하며
갈등을 해결하고 필요한 도움을
주고받으며 긍정적인 대인관계를
유지하는 능력

우리가 배우고 싶은 것을 알아봐요

학년   반   이름

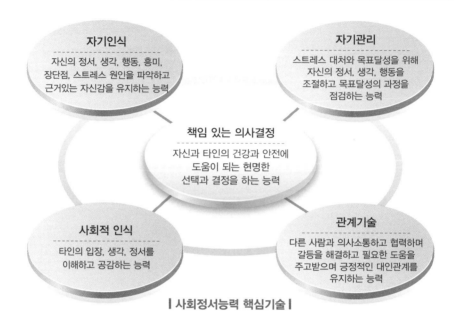

자기인식

자신의 정서, 생각, 행동, 흥미,
장단점, 스트레스 원인을 파악하고
근거있는 자신감을 유지하는 능력

자기관리

스트레스 대처와 목표달성을 위해
자신의 정서, 생각, 행동을
조절하고 목표달성의 과정을
점검하는 능력

책임 있는 의사결정

자신과 타인의 건강과 안전에
도움이 되는 현명한
선택과 결정을 하는 능력

사회적 인식

타인의 입장, 생각, 정서를
이해하고 공감하는 능력

관계기술

다른 사람과 의사소통하고 협력하며
갈등을 해결하고 필요한 도움을
주고받으며 긍정적인 대인관계를
유지하는 능력

❙ 사회정서능력 핵심기술 ❙

🎁 핵심기술을 위해 배워야 할 것과 배우고 싶은 것을 자유롭게 적어 주세요.

규칙을 정해 봐요

학년   반   이름

다섯 가지 기술을 잘하기 위해 무엇을 배워야 할까요?

학년   반   이름

자기인식	
자기관리	
사회적 인식	
관계기술	
책임 있는 의사결정	

건강한 생각과 지혜로운 마음을 키우는 행복한 학교 만들기
사회정서학습(SEL) 통신문

행복한 학교 만들기 프로젝트! SEL 시작합니다!

▶**사회정서학습(SEL)은?**

> 사회정서학습(Social & Emotional Learning)은 아동·청소년의 사회정서능력을 키워서 문제행동을 예방하고 학업수행을 향상시키는 데 효과적인 교육방법입니다.

▶**SEL에서 학생이 배우는 다섯 가지 핵심기술**

자기인식
자신의 정서, 생각, 행동, 흥미, 장단점, 스트레스 원인을 파악하고 근거있는 자신감을 유지하는 능력

자기관리
스트레스 대처와 목표달성을 위해 자신의 정서, 생각, 행동을 조절하고 목표달성의 과정을 점검하는 능력

책임 있는 의사결정
자신과 타인의 건강과 안전에 도움이 되는 현명한 선택과 결정을 하는 능력

사회적 인식
타인의 입장, 생각, 정서를 이해하고 공감하는 능력

관계기술
다른 사람과 의사소통하고 협력하며 갈등을 해결하고 필요한 도움을 주고받으며 긍정적인 대인관계를 유지하는 능력

▶**SEL 운영방식**

• SEL은 나와 너 이해하기, 나를 다스리기, 좋은 관계 맺기를 주제로 3개 파트로 구성되어 있습니다.

• 매 차시 사회정서능력을 기르는 다양한 활동이 진행됩니다.

• 매 차시 배운 내용을 학부모님께 통신문으로 전달해 드릴 예정입니다. 가정에서도 이를 연습할 수 있도록 많은 관심 부탁드립니다.

2. 연결: 반가워, SEL!

수업목표	• 이전 파트의 학습내용을 말한다. • 이전 파트에서 배운 용어들로 새로운 다짐글을 만든다 • 이전에 세웠던 계획을 수정하여 새로운 계획을 세운다.
주제의 중요성	이전 파트에서 배웠던 다섯 가지 핵심적 사회정서기술과 관련된 다양한 활동들을 회상하고, 새로운 활동과의 연계성을 모색하며, 새로운 활동에 대한 동기를 유발한다.
SEL 영역	☐ 자기인식　 ☑ 자기관리　 ☐ 사회적 인식　 ☐ 관계기술　 ☑ 책임 있는 의사결정
학습자료	〈학습지 2-1〉 우리가 배운 것들 〈학습지 2-2〉 다짐과 계획

활동 흐름도

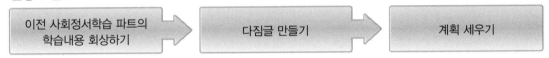

이전 사회정서학습 파트의 학습내용 회상하기 ➡ 다짐글 만들기 ➡ 계획 세우기

핵심 내용

개념	내용
사회정서학습	• 사회정서학습은 자신의 정서경험과 생각을 이해하고 관리하며, 타인에 대한 배려와 관심을 발달시키고, 긍정적인 인간관계를 형성하며, 자신과 타인의 안전을 해치지 않는 선택과 결정을 하고, 일상생활의 문제를 효과적으로 해결하는 데 필요한 지식, 기술, 행동을 배우는 과정이다.
프로그램 핵심기술	• 자기인식: 자신의 정서, 가치, 강점, 욕구를 파악하는 능력 • 자기관리: 목표 달성을 위하여 정서, 충동, 행동을 감독하고 통제하는 능력 • 사회적 인식: 타인의 입장, 생각, 정서를 이해하는 능력 • 관계기술: 만족스러운 대인관계를 위하여 의사소통하고 갈등을 관리하는 능력 • 책임 있는 의사결정: 목표설정, 시간관리 등 현명한 선택과 결정을 하는 능력

지도상 유의점

• 최대한 이전 사회정서학습 파트의 내용을 많이 회상할 수 있도록 프로그램 차시별 목차, 사회정서능력 핵심기술을 열거한 학급 게시물(파트 1의 1차시 교수학습지도안을 참고할 것), 활동할 때 찍었던 사진 등을 보여 준다.

학습 주제	이전 사회정서학습 파트의 프로그램을 회상하고 새로운 다짐과 목표 세우기	차시	2/4

학습 목표	• 이전 사회정서학습 파트의 학습내용을 말할 수 있다. • 이전 사회정서학습 파트에서 배운 용어들로 새로운 다짐을 만들 수 있다. • 이전에 세웠던 계획을 수정하여 새로운 계획을 세울 수 있다.

단계	학습과정

도입
(8′)
	◎ **전시학습 상기하기**
	◆ 공부한 내용 이야기하기
	 – 사회정서학습의 한 파트를 마무리하고 새로운 파트를 시작합시다. 사회정서학습 다섯 가지
	   영역이 무엇이었는지 말해 볼까요? (학생 발표)
	 – 사회정서학습 시간에 지켜야 하는 규칙에는 무엇이 있었을까요? (학생 발표 후 예시 몇 개를
	   든다.) 네, 선생님과 친구들의 이야기를 경청하기, 수업이 시작되기 전에 자리에 앉아 수업
	   준비하기 등이 있었지요.
	 – 이전 사회정서학습 프로그램에서 가장 기억에 남았던 활동은 무엇인가요? (학생 발표)
	
	◎ **학습문제 제시하기**
	 – 이번 차시에는 이전 사회정서학습 파트에서 우리가 어떤 내용을 배웠는지 되돌아보고, 새로
	   운 목표와 다짐을 세우는 시간을 갖도록 하겠습니다.
	
	 ▣ 학습문제
	 이전 사회정서학습 파트를 돌아보고 새로운 목표와 다짐을 세우자.

전개
(30′)
	◎ **학습순서 확인하기(1분)**
	 1. 이전 사회정서학습 파트 학습내용 회상하기
	 2. 새로운 다짐 만들기
	 3. 새로운 계획 세우기
	
	◎ **이전 사회정서학습 파트 학습내용 회상하기(14분)**
	◆ 이전 사회정서학습 파트 학습내용 회상하기 〈학습지 2-1〉
	 – 우리는 사회정서능력의 핵심기술 다섯 가지를 배웠습니다. 자기인식, 사회적 인식, 자기관
	   리, 관계기술, 책임 있는 의사결정이 바로 사회정서능력의 핵심기술입니다. (이전 파트의 차시
	   제목을 학생들에게 불러주고 받아적게 한다.) 선생님이 불러주는 차시제목을 〈학습지 2-1〉
	   의 차시제목 아래에 적습니다. 그리고 각자 각 수업에서 배운 내용이나 단어를 생각나는 대
	   로 〈학습지 2-1〉의 내가 생각한 것 아래에 있는 빈 칸에 적어 보세요. 이제, 둘씩 짝을 지어
	   짝과 이야기를 나누어 봅시다. (학생 활동)

※ '(학생 발표)' '(학생 활동)' 등은 교사의 질문이나 지시에 따른 학생의 기대 행동을 지칭하므로 이 부분에서는 학생이 반응
하는 시간을 주셔야 합니다.

	– 짝과 함께 이전 파트의 학습내용에 대해 이야기 나누면서 적은 것을 발표해 봅시다. (2~3명 학생 발표)
전개 (30′)	**◎ 다짐 만들기(5분)** ◆다짐 작성하기 〈학습지 2-2〉 – 이전 사회정서학습 파트에서 배웠던 단어들을 사용해서 새로운 다짐을 써 보세요. (예시를 몇 개 들어 준다.) '친구가 경험하는 정서에 관심을 가지겠습니다. 부모님과 대화하겠습니다. 내 욕구를 고려하여 목표를 세우겠습니다. 목표를 세우면 실천하려고 노력하겠습니다.' **◎ 계획 세우기(10분)** ◆이전 계획을 회상하고 새로운 계획 세우기(계획 책갈피) 〈학습지 2-2〉 – 이전에 세웠던 계획을 떠올려 보세요. 잘 실천했나요? 100점 만점으로 점수를 매긴다면 몇 점 정도 계획을 실천했나요? (학생 발표) – 이전 계획을 떠올리며 새로운 계획을 세워 보겠습니다. 이전의 계획을 이어서 실천하고 싶은 학생은 이전 계획을 계획 책갈피에 적으면 됩니다. 목표를 달성한 학생들은 새로운 계획을 세워 봅니다. (학생 활동) – 계획은 이전에 배웠던 계획 세우기 원칙을 따릅니다.

〈계획을 세우는 방법〉

① **S**imple   간단한 계획을 세워라.
② **A**ttainable   실현 가능한 계획을 세워라.
③ **M**easurable   측정 가능한 계획을 세워라.
④ **I**mmediate   즉시 시행할 수 있는 계획을 세워라.
⑤ **C**ontrollable   자신의 힘으로 할 수 있는 계획을 세워라.

◎ 배울 내용 소개하기(2분)
◆배우게 될 내용 살펴보기
– 이 파트에서는 우리가 경험하는 스트레스, 분노, 갈등을 다루는 방법과 자신의 생각을 표현하는 방법에 대해서 배울 것입니다.
유의점: 파트의 각 차시 제목을 알려줄 수 있다.

정리 (5′)	**◎ 정리하기** ◆공부한 내용 확인하기 – 다짐글을 다함께 큰 소리로 세 번씩 읽어 봅니다. – 오늘은 이전에 배웠던 내용을 생각해 봤고 새로운 파트에서 어떤 내용을 공부할지를 살펴보았습니다. 이전에 배웠던 내용도 잊지 말고 일상생활에서 자주 사용해 봅시다. **◎ 과제 제시 및 차시 예고하기** ◆과제 제시하기 〈학습지 2-2〉 – 오늘 여러분이 각자 세운 계획을 일주일 동안 얼마나 실행했는지 표시하는 것이 이번 주 과제입니다. 계획을 실행한 요일에는 동그라미를 쳐 주세요. ◆차시 예고하기

학습지 2-1	우리가 배운 것들

학년   반   이름

🎁 내 짝: [   ]

🎁 모둠원: [   ]

질문: 차시별로 배운 내용과 관련해 생각나는 단어는?			
차시 제목	내가 생각한 것	짝이 생각한 것	우리의 나눔 내용

다짐과 계획

학년　　　반　　　이름

🎁 나의 다짐: (다짐을 쓰세요.)

🎁 나의 계획: (각 영역과 관련된 계획을 세우고, 계획을 실천한 요일에 ○표 하세요.)

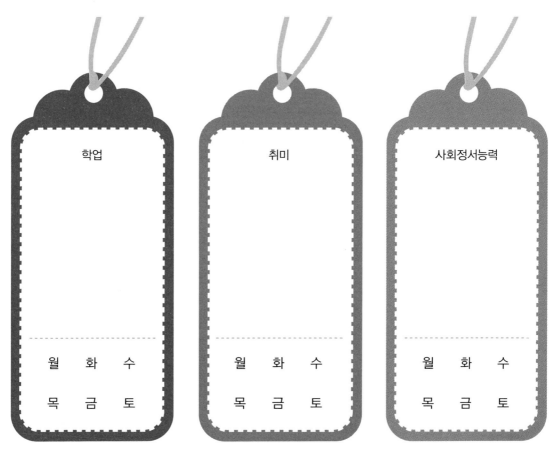

학업

월　　화　　수

목　　금　　토

취미

월　　화　　수

목　　금　　토

사회정서능력

월　　화　　수

목　　금　　토

사회정서학습(SEL) 통신문

행복한 학교 만들기 프로젝트! SEL 시작합니다!

▶사회정서학습(SEL)은?

사회정서학습(Social & Emotional Learning)은 아동·청소년의 사회정서능력을 키워서 문제행동을 예방하고 학업수행을 향상시키는 데 효과적인 교육방법입니다.

▶SEL에서 학생이 배우는 다섯 가지 핵심기술

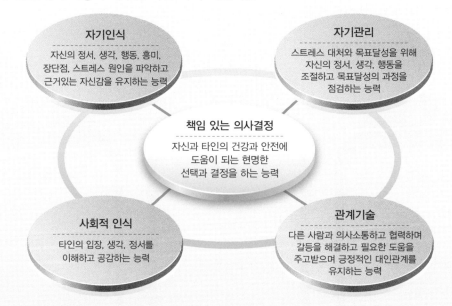

자기인식
자신의 정서, 생각, 행동, 흥미, 장단점, 스트레스 원인을 파악하고 근거있는 자신감을 유지하는 능력

자기관리
스트레스 대처와 목표달성을 위해 자신의 정서, 생각, 행동을 조절하고 목표달성의 과정을 점검하는 능력

책임 있는 의사결정
자신과 타인의 건강과 안전에 도움이 되는 현명한 선택과 결정을 하는 능력

사회적 인식
타인의 입장, 생각, 정서를 이해하고 공감하는 능력

관계기술
다른 사람과 의사소통하고 협력하며 갈등을 해결하고 필요한 도움을 주고받으며 긍정적인 대인관계를 유지하는 능력

▶SEL 운영방식

• 학생들이 사회정서학습 프로그램의 한 파트를 마쳤습니다.

• 이제 새로운 파트를 시작합니다.

• 이번에도 배운 내용을 학부모님께 통신문으로 전달해 드릴 예정입니다. 가정에서도 이를 연습할 수 있도록 많은 관심 부탁드립니다.

3. 마무리 1: SEL이 내게 준 꿈

수업목표	• 프로그램에서 배운 것을 말한다. • 프로그램에서 배운 것을 활용하는 목표와 계획을 세운다.
주제의 중요성	목표를 성취했을 때 우리는 성취감을 경험한다. 성취감을 많이 경험하기 위해서 목표와 계획은 구체적이고 실현 가능해야 한다. 학생들은 이 차시 학습을 통해 진행되었던 프로그램을 돌아보고, 프로그램에서 배운 것을 활용하여 인생의 목표를 세운다. 이 주제는 프로그램의 내용을 자신의 삶에 적용해보는 구체적 계획을 세워 학생들의 삶에 있어서 변화를 이루게 한다.
SEL 영역	☐ 자기인식 ☑ 자기관리 ☐ 사회적 인식 ☐ 관계기술 ☑ 책임 있는 의사결정
학습자료	〈학 습 지 3-1〉 우리가 배웠던 것들 〈학 습 지 3-2〉 목표와 계획을 세워요

활동 흐름도

배운 내용과 활동 회상하기 ➡ 목표 세우기 ➡ 계획 세우기

핵심 내용

개념	내용
바람직한 목표설정 (SAMIC)	• 간단한 계획을 세워라. (Simple) • 실현 가능한 계획을 세워라. (Attainable) • 측정 가능한 계획을 세워라. (Measurable) • 즉시 시행할 수 있는 계획을 세워라. (Immediate) • 자신의 힘으로 할 수 있는 계획을 세워라. (Controllable)

지도상 유의점

• 프로그램의 내용을 최대한 떠올릴 수 있도록 교사는 힌트가 될 만한 사건이나 내용을 말한다. 수업에서 다루었던 단어 혹은 수업 중에 했던 활동, 수업 중 발생했던 학생들과의 에피소드를 다양하게 제시해 준다.
• 다음의 영상은 이번 차시와 관련된 영상으로, 추가 학습자료로 활용할 수 있다.
  ① KBS 다큐 〈습관 1, 2부〉

학습 주제	프로그램 주제 회상과 목표 및 계획 세우기	차시	3/4
학습 목표	• 프로그램에서 배웠던 것을 말할 수 있다. • 프로그램에서 배웠던 것을 활용하는 목표와 계획을 세울 수 있다.		
단계	학습과정		
도입 (5′)	◉ **전시학습 상기하기** ◆ 공부한 내용 확인하기 　－ 지난 시간에 무엇을 공부했는지 말해 볼까요? (자유롭게 전체 발표) ◆ 과제 확인하기 　－ 이전 시간에 제시한 과제가 있었지요. 과제에 대해 이야기 나눠 볼게요. (학생 발표) ◉ **학습문제 제시하기** 　－ 지금까지 배운 사회정서학습 프로그램은 여러분의 어떤 욕구를 채워 주었나요? (학생 발표) 　오늘은 프로그램에서 우리가 어떤 내용을 배웠는지 되돌아보고 이를 토대로 새로운 목표를 　세워 보는 시간을 갖도록 하겠습니다. 　　학습문제 　　프로그램에서 배웠던 내용을 토대로 목표를 세워 보자.		
전개 (35′)	◉ **학습순서 확인하기(1분)** 　1. 배운 내용과 활동 회상하기　　2. 목표 세우기　　3. 계획 세우기 ◉ **배운 내용과 활동 회상하기(14분)** ◆ [모둠] 배운 내용 적어보기 〈학습지 3-1〉 　－ 우리가 사회정서능력에 대해 배운 내용 중에서 머리에 떠오르는 단어들을 〈학습지 3-1〉에 　적어 보세요. 　－ 모둠 대표가 내용을 발표해 보세요. (모둠 발표) 　유의점: 모둠별 발표가 끝나면 교사는 학생들이 발표한 단어를 차시별로 묶어 정리해 준다. ◉ **목표 세우기(10분)** ◆ 목표와 계획의 정의와 중요성 확인하기 　－ 꿈을 날짜와 함께 적어 놓으면 그것은 목표가 되고, 목표를 잘게 나누면 그것은 계획이 되며, 　그 계획을 실행에 옮기면 꿈은 실현된다고 합니다. 목표는 우리가 인생을 살아가는 데 있어 　서 이정표 역할을 해 줍니다.		

※ '(학생 발표)' '(학생 활동)' 등은 교사의 질문이나 지시에 따른 학생의 기대 행동을 지칭하므로 이 부분에서는 학생이 반응
하는 시간을 주셔야 합니다.

전개 **(35′)**	– 목표는 행동을 하게 만드는 원동력이고, 방향을 정해 주며, 동기를 부여하고 우선순위를 결정할 수 있게 해 준답니다. 또한 나의 현재 모습, 내가 원하는 것, 내가 원하는 미래의 모습을 더욱 확실하게 살펴볼 수 있도록 해 줍니다. ◆ 목표 세우기 〈학습지 3-2〉 – 프로그램에서 배운 내용을 가지고 앞으로 여러분의 삶의 목표를 세워 봅시다. – 이번 방학 중에 달성하고자 하는 목표를 세워 보겠습니다. 학업 목표와 취미활동 목표도 세우겠지만, 프로그램에서 배운 다섯 가지 사회정서능력(자기인식, 자기관리, 사회적 인식, 관계기술, 책임 있는 의사결정)을 활용하거나 이를 더욱 향상시킬 목표를 영역별로 최소 세 가지씩 적어보세요. (학생 활동) 🎯 **계획 세우기(10분)** ◆ 계획을 세우는 방법 알아보기 – 계획을 잘 세우면, 목표를 달성할 수 있게 됩니다. 계획을 세우는 방법을 알아볼까요? 〈계획을 세우는 방법〉 ① Simple　　　　간단한 계획을 세워라. ② Attainable　　실현 가능한 계획을 세워라. ③ Measurable　　측정 가능한 계획을 세워라. ④ Immediate　　즉시 시행할 수 있는 계획을 세워라. ⑤ Controllable　자신의 힘으로 할 수 있는 계획을 세워라. – 인간은 성취감을 느껴야 근면해집니다. 계획 세우기의 목표는 성취경험을 하는 것, 즉 나에게 칭찬할 일을 많이 만드는 것입니다. 그렇게 하기 위해서 우리는 이러한 원칙에 따라 계획을 세워야 합니다. ◆ 계획 세우기 〈학습지 3-2〉 – 방금 배운 계획 세우기 방법을 생각하면서 목표 달성을 위한 계획을 세워 봅시다. 이전 활동에서 세웠던 목표를 성취하기 위해 어떤 계획을 세워야 할 것인지 고민해 보고, 각 영역별로 최소한 3개의 방학 계획을 〈학습지 3-2〉에 씁니다. (학생 활동) – (계획을 작성한 후) 자신이 세운 계획 중에서 친구들에게 공개할 수 있는 계획을 한 가지씩 돌아가면서 발표해 봅시다. (학생 발표) 유의점: 계획 세우기 방법에 맞지 않는 계획은 수정해 준다. 예: 열심히 공부한다. → 하루 2시간씩 공부한다. 영어 단어를 10개씩 외운다.
정리 **(5′)**	🎯 **정리하기** ◆ 공부한 내용 확인하기 – 오늘 작성한 목표와 계획 세 가지를 큰 소리로 낭독해 봅시다. (학생 발표) – 오늘 작성한 계획을 꼭 실천하기 바랍니다. 또 사회정서학습 수업시간에 배운 것을 자주 사용해야 합니다. 학교에서든 집에서든 어디에서나 쓸 수 있을 때 한번 시도해 보기로 해요. 유의점: 시간 여유가 있으면 학급 학생들을 한 명씩 호명하여 개별적으로 낭독하게 하는 것도 좋다. 공개발표는 책임감 증진에 도움이 된다.

우리가 배웠던 것들

학년   반   이름

자기인식

자신의 정서, 생각, 행동, 흥미,
장단점, 스트레스 원인을 파악하고
근거있는 자신감을 유지하는 능력

자기관리

스트레스 대처와 목표달성을 위해
자신의 정서, 생각, 행동을
조절하고 목표달성의 과정을
점검하는 능력

책임 있는 의사결정

자신과 타인의 건강과 안전에
도움이 되는 현명한
선택과 결정을 하는 능력

사회적 인식

타인의 입장, 생각, 정서를
이해하고 공감하는 능력

관계기술

다른 사람과 의사소통하고 협력하며
갈등을 해결하고 필요한 도움을
주고받으며 긍정적인 대인관계를
유지하는 능력

목표와 계획을 세워요

학년   반   이름

영역	목표	계획
공부		
취미활동		
사회정서능력 • 자기인식 • 자기관리 • 사회적 인식 • 관계기술 • 책임 있는 의사결정		

수업목표	• 각 차시에서 했던 활동과 배운 내용을 회상한다. • 프로그램에 참여한 이후에 변화된 내 모습과 친구의 모습을 찾는다. • 지속적인 변화를 위한 노력을 약속한다.
주제의 중요성	프로그램을 정리하는 차시로 프로그램을 통해 배운 내용을 복습한다. 프로그램 내용을 복습함으로써 지금까지 배운 내용과 기술을 연습할 기회를 갖는다. 이로써 학습 효과의 유지와 일반화가 가능해진다. 또한 프로그램에 참여한 이후에 변화된 나의 모습과 친구의 모습을 찾아봄으로써 자기강화의 기회로 삼는다. 그리고 최종 다짐글 작성은 프로그램 종료 후 효과의 지속에 도움을 준다.
SEL 영역	☐ 자기인식 ☑ 자기관리 ☐ 사회적 인식 ☐ 관계기술 ☑ 책임 있는 의사결정
학습자료	〈수업자료 4-1〉 우린 이런 내용을 배웠어요 〈학 습 지 4-1〉 변화된 나와 친구의 모습 찾기

활동 흐름도

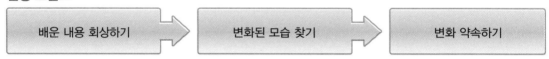

배운 내용 회상하기 → 변화된 모습 찾기 → 변화 약속하기

핵심 내용

개념	내용
사회정서학습 프로그램	• 사회정서학습은 정서를 인식하고 관리하며, 타인에 대한 배려와 관심을 발달시키고, 긍정적인 인간관계를 형성하며, 책임 있는 결정을 내리고, 일상생활의 문제를 효과적으로 해결하는 데 필요한 지식, 기술, 행동을 배우는 과정이다.
프로그램 핵심기술	• 자기인식: 자신의 정서, 가치, 강점, 욕구를 파악하는 능력 • 자기관리: 목표 달성을 위해 정서, 충동, 행동을 감독하고 통제하는 능력 • 사회적 인식: 타인의 입장, 생각, 정서를 아는 능력 • 관계기술: 만족스러운 대인관계를 위해 의사소통하고 갈등을 관리하는 능력 • 책임 있는 의사결정: 목표설정, 시간관리 등 현명한 선택과 판단을 하는 능력

지도상 유의점

• 프로그램 내용을 최대한 많이 회상할 수 있도록 많은 자료를 보여 줄 수 있다. 이전의 학습지 혹은 학급 게시물 등은 프로그램 내용에 대한 회상을 돕는 자료로 사용 가능하다.

학습 주제	프로그램 회상과 변화된 내 모습 찾기	차시	4/4
학습 목표	• 이 프로그램의 각 차시에서 했던 활동과 배운 내용을 말할 수 있다. • 프로그램에 참여한 이후에 변화된 내 모습과 친구의 모습을 찾을 수 있다. • 지속적인 변화를 다짐하는 글을 작성할 수 있다.		
단계	학습과정		
도입 (15′)	⊙ 전시학습 상기하기 ◆ 공부한 내용 이야기하기 – 지난 시간에 무엇을 공부했는지 말해 볼까요? (자유롭게 전체 발표) ◆ 과제 확인하기 – 이전 시간에 제시한 과제가 있었지요? 과제에 대해 이야기 나눠 볼게요. (학생 발표) ⊙ 학습문제 제시하기 – 이 시간에는 프로그램에서 우리가 어떤 내용을 배웠는지를 살펴보고 그 사이 우리는 어떻게 변했는지 알아보는 시간을 가지려고 합니다. ┌─ 학습문제 ─────────────────────┐ │ 프로그램을 돌아보고 변화된 내 모습을 알아보자. │ └────────────────────────────┘		
전개 (28′)	⊙ 학습순서 확인하기(1분) 1. 프로그램 내용 이해 심화 2. 변화된 내 모습과 친구의 모습 찾기 3. 변화 약속하기 ⊙ 프로그램 내용 이해 심화 ◆ 프로그램 내용 단어 스피드 게임(15분) – 프로그램을 통해 접했던 단어를 맞추는 스피드 게임을 하려고 합니다. 게임방법을 설명하도록 하겠습니다. ┌──────────────── 〈게임방법〉 ────────────────┐ │ 1. 5~7명의 모둠을 만든다. │ 2. 문제를 풀 모둠원의 순서를 정한다. │ 3. 단어를 설명할 모둠 대표가 모둠원 모두에게 단어의 뜻을 설명한다. 모를 경우 '통과'가 가능하다. │ 4. 정해진 시간 동안 많은 단어를 맞추는 모둠이 승리한다. └────────────────────────────────────┘ 유의점: 스피드 게임이 끝난 후, 학생들이 단어를 설명하면서 들었던 예시들을 다시 한 번 검토하고, 어떤 차시에서 다루었던 단어인지를 학생들과 함께 확인한다. '통과'한 단어는 다른 모둠에 속한 학생들이 단어의 뜻을 설명할 수 있는 기회를 제공한다.		

※ '(학생 발표)' '(학생 활동)' 등은 교사의 질문이나 지시에 따른 학생의 기대 행동을 지칭하므로 이 부분에서는 학생이 반응하는 시간을 주셔야 합니다.

전개
(28′)
	✿◉ 변화된 내 모습과 친구의 모습 찾기 〈학습지 4-1〉 (10분)
	◆ [모둠] 변화된 서로의 모습 적어 주기
	  – 먼저 〈학습지 4-1〉에 프로그램에 참여하면서 변한 자신의 모습을 구체적으로 적습니다. (학
	    생 활동)
	    예: 내 감정을 더 잘 표현할 수 있게 되었다. 화가 난 이유에 관심을 가진다.
	  – 이제, 자신의 학습지를 왼쪽에 앉은 모둠원에게 줍니다. 모둠원 친구는 학습지 주인의 변화
	    된 모습을 적어 줍니다. 그 다음, 계속해서 왼쪽으로 학습지를 돌려가며 서로의 변화된 모습
	    을 적어 줍니다. 가능한 한 모둠원 친구의 긍정적 변화를 찾아 쓰도록 노력합니다. (학생 활동)
	    유의점: 부정적인 변화를 쓰기보다는 긍정적인 변화를 찾아 친구의 변화된 모습을 응원해 주도록 격려한다.
	
	✿◉ 변화 약속하기(2분)
	◆ 변화 약속하기
	  – 학습지를 작성하면서 우리가 프로그램을 통해 알게 모르게 많은 변화를 이루었음을 알았습
	    니다. 이런 변화가 오늘로 끝나지 않고 앞으로 우리 생활에서 계속될 수 있도록 노력하겠다
	    고 약속해 봅시다.
	  – 다함께 오른손을 들고 〈학습지 4-1〉 맨 아래에 있는 다짐을 큰 목소리로 외칩니다. "우리는
	    배운 것을 잊지 않겠습니다. 나를 이해하고 관리하겠습니다. 주변 사람들을 이해하고 원만한
	    관계를 유지하겠습니다. 나와 주변 사람들에게 해가 되지 않도록 현명한 선택과 결정을 하겠
	    습니다."

정리
(2′)
	✿◉ 정리하기
	◆ 공부한 내용 확인하기
	  – 오늘은 우리가 프로그램에서 배웠던 내용들을 정리하고, 우리가 프로그램을 통해 어떻게 변
	    화했는지도 살펴보았습니다. 사회정서능력의 핵심기술과 관련하여 배웠던 여러 가지 내용들
	    을 잊지 않고 실생활에서 자주 사용할 수 있기를 바랍니다.

우린 이런 내용을 배웠어요

〈파트 1〉

사회정서학습	사회적 인식	목표
자기관리	관계기술	계획 세우는 방법
자기인식	책임 있는 의사결정	구체적 계획

〈파트 2〉

정서	개인화	사랑과 소속의 욕구
정서강도	흑백사고	생존의 욕구
편안한 정서	재앙화	힘 성취의 욕구
불편한 정서	과잉일반화	자유의 욕구
얼굴표정	점술	즐거움의 욕구
정서신호등	선택적 주의	행복
생각 오류	긍정적 생각	욕구

〈파트 3〉

스트레스	스트레스 대처	혼잣말하기
이로운 스트레스	분노	복식호흡
해로운 스트레스	분노조절	이완훈련
스트레스 레시피	숫자 거꾸로 세기	분노 소화기

〈파트 4〉

경청	갈등	요청하기
공감	갈등해결 3단계	거절하기
마음통장	나를 읽어 주는 말하기	

변화된 나와 친구의 모습 찾기

학년   반   이름

🎁 나   : [   ]

🎁 모둠원: [   ]

나는 이런 점이 달라졌어요.

(이름: _____)은 이렇게 달라졌어요.	

※ 위의 (이름: _____)에는 자신의 이름을 쓰세요.

❝ 우리는 배운 것을 잊지 않겠습니다.
나를 이해하고 관리하겠습니다.
주변 사람들을 이해하고 원만한 인간관계를 유지하겠습니다.
나와 주변 사람들에게 해가 되지 않도록 현명한 선택과 결정을 하겠습니다. ❞

마무리 차시를 실시한 이후에 학부모님께 발송하는 통신문은 다음 페이지에 있습니다.

아래와 같이 사회정서학습 프로그램의 일부 파트와 마무리 차시를 실시한 경우 또는 모든 파트와 마무리 차시를 실시한 경우를 구분하여 통신문을 사용하십시오.

◈ 파트 2와 마무리 차시를 실시한 이후에 발송하는 통신문 → 64쪽
◈ 파트 3과 마무리 차시를 실시한 이후에 발송하는 통신문 → 65쪽
◈ 파트 4와 마무리 차시를 실시한 이후에 발송하는 통신문 → 66쪽
◈ 모든 파트와 마무리 차시를 실시한 이후에 발송하는 통신문 → 67쪽

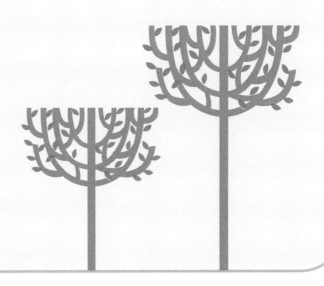

사회정서학습(SEL) 통신문

행복한 학교 만들기 프로젝트! SEL

사회정서학습 파트 2 '나와 너 이해하기'를 마쳤습니다.

▶사회정서학습 파트 2 '나와 너 이해하기'에서 우리는…

1. 정서를 이해하고, 조절하고, 표현하는 방법을 배웠습니다.
2. 생각 오류를 살펴보고, 부정적 생각을 긍정적 생각으로 바꾸는 방법을 배웠습니다.
3. 자신과 타인의 욕구를 이해하고, 욕구를 현명하게 채우는 방법을 생각해 보았습니다.

▶나의 정서, 생각, 욕구에 관심을 가지면…

1. 자신을 더욱 잘 이해하고 근거 있는 자신감을 유지할 수 있습니다.
2. 충동을 억제하고 개인적 목표나 학업성취의 목표를 달성하기 위해 행동을 잘 관리할 수 있습니다.
3. 타인의 입장이나 관점에서 상황을 바라보고, 좋은 관계를 유지할 수 있습니다.

▶가정에서
• 긍정적 사건이든 부정적 사건이든 사건이 발생했을 때 자녀가 어떤 정서를 경험하고, 어떤 생각을 하며, 어떤 욕구를 채우지 못했는지에 대해 질문해 주세요. 부모님의 관심 어린 질문은 자녀가 자신에 대해 돌아보는 계기를 만들어 줄 것입니다.
• 자녀가 학업, 취미, 사회정서능력과 관련된 삶의 목표와 계획을 세웠습니다. 계획을 실천할 수 있도록 도와주십시오.
• 사회정서학습에서 배웠던 내용을 방학 중에도 꾸준히 사용할 수 있도록 부모님의 지속적인 관심을 부탁드립니다.

사회정서학습(SEL) 통신문

행복한 학교 만들기 프로젝트! SEL

사회정서학습 파트 3 '나를 다스리기'를 마쳤습니다.

▶사회정서학습 파트 3 '나를 다스리기'에서 우리는…

> 1. 스트레스란 무엇이며, 스트레스의 원인과 스트레스에 대처하는 건강한 방법을 배웠습니다.
> 2. 분노란 무엇이며, 분노의 원인과 분노를 조절하고 분노상황에 대처하는 방법을 배웠습니다.

▶스트레스 대처와 분노조절에 관심을 가지면…

> 1. 원만한 또래관계를 유지할 수 있습니다.
> 2. 정신건강에 도움이 됩니다.
> 3. 나와 타인에게 도움이 되는 문제해결 방법을 선택할 수 있습니다.

▶가정에서

- 스트레스를 받거나 화가 나는 상황에서 자녀가 적절하게 대처하지 못하는 경우, 사회정서학습에서 배웠던 내용들에 대해 이야기를 나눠주세요. 자녀가 적절한 대처 또는 적절한 행동을 하면, 놓치지 말고 칭찬해 주세요.
- 자녀가 사회정서학습에서 배웠던 스트레스 대처기법과 분노조절 기법을 가정에서 부모님과 함께 연습할 수 있도록 격려해 주세요.
- 부모님께 도움이 되었던 스트레스 대처방법이나 분노조절 방법이 있다면, 자녀에게 이야기해 주세요.

사회정서학습(SEL) 통신문

행복한 학교 만들기 프로젝트! SEL

사회정서학습 파트 4 '좋은 관계 맺기'를 마쳤습니다.

▶**사회정서학습 파트 4 '좋은 관계 맺기'에서 우리는…**

1. 경청과 공감의 의미와 그 방법에 대해 배웠습니다.
2. 나를 읽어주는 말하기가 필요한 상황과 나를 읽어주는 말하기의 방법을 배웠습니다.
3. 요청하는 말하기와 거절하는 말하기의 방법을 배웠습니다.
4. 갈등의 의미와 상황에 맞는 갈등해결 방법을 배웠습니다.

▶**적절한 의사소통과 갈등해결방법에 관심을 가지면…**

1. 경청과 공감을 통해 원만한 대인관계를 유지할 수 있습니다.
2. 자신의 마음을 솔직하게 표현하여 진정한 친구관계, 가족관계를 유지할 수 있습니다.
3. 나와 타인에게 도움이 되는 문제해결 방법을 선택할 수 있습니다.

▶**가정에서**

- 자녀의 말을 귀 기울여 들어주시고 공감해 주세요.
- 가정에서 기회가 될 때마다, 자녀가 학교에서 배운 나를 읽어주는 말하기, 요청하는 말하기, 거절하는 말하기를 연습하도록 격려해 주세요.
- 부모님이 자녀와 대화를 나눌 때도 나를 읽어주는 말하기, 요청하는 말하기, 거절하는 말하기를 사용해 보세요.
- 부모님이 자녀와 갈등에 휩싸여 있을 때에도 최선의 문제해결 방법을 위해 자녀와 대화하고 상의해 주세요.

사회정서학습(SEL) 통신문

행복한 학교 만들기 프로젝트! SEL

사회정서학습을 끝마쳤습니다.

▶우리는 배웠습니다!

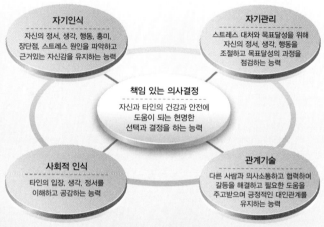

| 사회정서능력 핵심기술 |

▶사회정서능력을 더욱 기르려면…

1. 자신과 타인의 감정, 생각, 욕구에 꾸준한 관심을 가져야 합니다.
2. 일상생활에서 스트레스와 분노를 잘 관리해야 합니다.
3. 적절한 의사표현과 갈등해결 방법을 실천해야 합니다.

▶가정에서

• 사회정서학습 프로그램은 폭력예방, 정신건강 증진, 청소년기의 긍정적 발달, 학업 성취도 향상, 집단괴롭힘 감소에 효과적입니다.
• 프로그램 종료 후에도 자녀가 학교와 가정 안팎에서 사회정서능력의 핵심기술을 꾸준히 사용하도록 부모님의 많은 관심 부탁드립니다.

파트 2 나와 너 이해하기

1차시   정서, 넌 누구?

2차시   정서의 두 얼굴

3차시   정서는 변덕쟁이

4차시   생각따라쟁이 정서

5차시   생각, 너 때문이야!

6차시   생각 바꿔 입기

7차시   긍정 생각의 달인

8차시   다섯 손가락 욕구

9차시   찰칵! 행복 셀카

1. 정서, 넌 누구?

수업목표	• 정서의 의미와 중요성을 설명한다. • 상황에 맞는 정서단어를 선택한다.
주제의 중요성	정서를 정확하게 인식하고 이름을 붙이는 과정을 통해 우리는 정서를 새로운 관점에서 볼 수 있게 된다. 혼란스러운 정서에 이름을 붙이면 정서적 안정감을 얻을 수 있고 정서조절을 위한 중요한 발판을 마련할 수도 있다. 정서문제를 가진 아동 · 청소년들은 자신의 정서경험을 정확하게 인식하지 못하는 경우가 많다. 따라서 학생들이 자신의 정서를 정확하게 인식하고 그에 적절한 단어를 선택하여 이름을 붙이는 활동은 중요하다.
SEL 영역	☑ 자기인식　　☑ 자기관리　　☐ 사회적 인식　　☐ 관계기술　　☐ 책임 있는 의사결정
학습자료	〈학 습 지 1-1〉 정서에 대해 알아봐요 〈학 습 지 1-2〉 내가 아는 정서단어 〈학 습 지 1-3〉 정서단어 Think! Think! Think! 〈과　　　제 1-1〉 이럴 때 나는 이런 기분이야! 〈수업자료 1-1〉 정서단어 목록

활동 흐름도

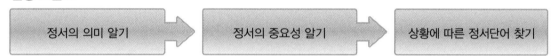

정서의 의미 알기　➡　정서의 중요성 알기　➡　상황에 따른 정서단어 찾기

핵심 내용

개념	내용
정서의 의미	• 상황에 대해 생리적, 신체적으로 각성하게 하고 감정을 느끼게 하며 행동을 하도록 만드는 마음상태 • 감정은 어떤 상황에 대해 느끼는 일시적 기분 • 우리는 일상생활에서 정서를 감정, 느낌, 기분이라고도 부름
정서의 중요성	• 정서에 이름을 붙이는 것은 정서를 바라보는 관점을 만들어 준다. • 자신의 정서인식은 자기관리를 위한 주춧돌이 된다. • 같은 정서단어만 반복 사용하면, 정서표현도 단순해진다.

지도상 유의점

• 〈수업자료 1-1〉 정서단어 목록에 있는 정서단어 중 몇 개만 골라 학급 게시물의 빈 박스에 예시합니다.
• 학생들이 정서라는 말보다 감정이라는 말에 더 익숙하다면, 학생들과 활동을 할 때 정서 대신에 감정이라는 말을 쓸 수도 있다. 단, 이 프로그램에서는 감정보다 포괄적 의미를 가진 정서를 주로 사용하였다.
• 수업시간 이외의 일상생활에서도 상황에 맞는 정서단어를 사용하도록 독려한다.
• 다음의 영상은 이번 차시와 관련된 영상으로, 추가 학습자료로 활용할 수 있다.
　① EBS 다큐프라임 〈정서지능〉
　② 국제아동인권센터 인권교육-감정읽기
　③ EBS 포커스 〈1회 감정의 재발견〉

교수학습지도안

학습 주제	정서의 의미 이해하기	차시	1/9
학습 목표	• 정서의 의미와 중요성을 설명할 수 있다. • 상황에 맞는 정서단어를 선택할 수 있다.		
단계	학습과정		

단계	학습과정
도입 (5′)	**⏺ 전시학습 상기하기** ◆ 사회정서학습 영역 말하기 　– 사회정서학습의 핵심기술에는 어떤 것이 있었나요? (학생 발표) 네. 사회정서학습의 핵심기 　　술에는 자기인식, 자기관리, 사회적 인식, 관계기술, 책임 있는 의사결정이 있습니다. ◆ 과제 확인하기 　– 가족들과 '자기인식, 사회적 인식, 자기관리, 관계기술, 책임 있는 의사결정'을 잘하기 위해서 　　무엇을 배우면 좋을지 이야기를 나눠 보았나요? 말해 볼까요? (학생 발표) **⏺ 동기 유발하기** ◆ 자주 사용하는 정서단어 말하기 　– 여러분이 주로 사용하는 정서단어에는 무엇이 있나요? (학생 발표, 교사는 학생이 말한 정서 　　단어를 칠판에 판서한다.) 　– 그렇군요. 그러면 여러분은 이 단어를 보면 어떤 느낌이 드나요? (학생 발표) 　유의점: 학생들이 사용하는 정서단어가 어법이나 언어예절에 맞지 않더라도 제시해 주고, 다른 표현으로 바꿀 　수 있는지 학생들에게 다시 질문한다. **⏺ 학습문제 제시하기** 　– 여러분들 중에는 정서단어를 많이 알고 있는 친구들도 있고 그렇지 않은 친구들도 있을 거예 　　요. 정서는 무엇이고, 왜 중요할까요? 오늘은 정서의 의미와 중요성에 대해 알아보도록 하겠 　　습니다. 　　**학습문제** 　　정서의 의미와 중요성을 알아보자.
전개 (35′)	**⏺ 학습순서 확인하기(2분)** 　1. 정서의 의미 알기 　2. 정서의 중요성 알기 　3. 상황에 따른 정서단어 찾기 **⏺ 정서의 의미 알기(3분)** ◆ 정서의 의미 확인하기 〈학습지 1-1〉

※ '(학생 발표)' '(학생 활동)' 등은 교사의 질문이나 지시에 따른 학생의 기대 행동을 지칭하므로 이 부분에서는 학생이 반응하는 시간을 주셔야 합니다.

– 정서는 우리를 생리적, 신체적으로 각성시키고 어떤 상황에 대해 감정을 느끼고 행동을 하게 만드는 마음상태입니다. 우리는 일상생활에서 감정, 느낌, 기분이라는 용어도 많이 쓰는데, 감정은 상황에 대해 느끼는 일시적 기분이지요.

🎯 정서의 중요성 알기(10분)

◆ 정서의 중요성 알아보기 〈학습지 1-1〉

– 정서가 무엇인지 알아보았습니다. 그렇다면 정서가 우리에게 왜 중요할까요? 네. 사람은 일상생활에서 다양한 정서를 경험합니다. 그리고 살면서 정서의 영향을 많이 받지요. 자신이 경험하는 정서를 알아차리고 적절하게 표현할 줄 아는 것은 자기관리의 주춧돌이 된답니다. 그래서 정서에 대해 아는 것이 매우 중요하지요.

– 그렇다면 내 정서나 남의 정서를 어떻게 알 수 있을까요? 학습지에 그 방법을 적어보세요. (학생 활동)

– 내 정서나 남의 정서를 어떻게 알 수 있는지 발표해 볼까요? (학생 발표)

유의점: 학생들이 정서라는 단어보다 감정이라는 단어에 더 익숙하다면, 학생들과 실제 활동을 할 때 감정이라는 단어를 쓸 수도 있다. 단, 정서와 관련된 이론을 학습할 때는 '정서'라는 단어를 사용한다.

◆ 표정에 맞는 정서단어 연결하기 〈학습지 1-1〉

– 네. 여러분이 발표한 것처럼 얼굴표정이나 신체반응을 잘 살펴보면 우리가 어떤 정서를 느끼고 있는지를 알아차릴 수 있어요. 이러한 정서에는 이름을 붙일 수 있습니다. 학습지에 있는 표정에 적절한 정서단어를 연결하세요. (학생 활동)

– (학습지 활동 후) 초코파이 광고의 '말하지 않아도 알아요'처럼 우리는 얼굴표정만으로도 정서를 표현할 수 있어요. 목젖이 드러날 정도로 크게 웃는 표정은 약간 미소 짓는 표정보다는 기분 좋다는 표현을 더 잘 나타낼 수 있겠죠?

🎯 [모둠] 상황에 따른 정서단어 찾기(20분)

◆ 짝과 나누고, 모둠과 나누기 〈학습지 1-2〉

– 오늘 배운 정서단어나 배우지 않았지만 생각나는 정서단어들을 빠르게 적어 보겠습니다. 먼저 학습지에 개인별로 생각나는 정서단어를 쓰세요. (학생 활동) 이번에는 자신이 쓴 정서단어를 짝과 함께 이야기 나누고, 짝이 쓴 정서단어를 자신의 학습지에 쓰세요. (학생 활동) 마지막으로, 작성한 내용에 대해 모둠 친구들과 함께 이야기를 나누고, 모둠 친구들이 생각하는 정서단어를 자신의 학습지에도 기록합니다.

◆ 상황에 적절한 정서단어 적기 〈학습지 1-3〉

– 학습지의 상황을 읽고, 떠오르는 정서단어를 적어 보세요. (학생 활동)

유의점: 집중도를 높이기 위해 학생들이 많이 보는 TV 프로그램이나 게임 등을 활용하여 지문을 고안해도 좋다. 정서와 상황이 맞지 않을 경우, 해당 정서단어의 의미에 대해서 교사가 보충·설명한다.

전개
(35′)

정리 (5′)	ⓢ **정리하기** ◆ **공부한 내용 확인하기** – 오늘은 정서가 무엇인지, 왜 정서가 중요한지 공부했어요. 자신의 감정을 적절한 단어로 표현할 줄 아는 사람이 되는 것은 중요합니다. 상황에 맞는 정서단어를 많이 알고 쓸수록 자신의 감정을 정확하게 알고 적절하게 표현할 수 있기 때문이지요. 자주자주 쓰면서 자신의 감정을 알아차려 보고 표현해 보세요. – 오늘 배웠던 정서단어 중에서 기억나는 것을 말해 보세요. (학생 발표) 유의점: 내용을 정리할 때는 교사가 질문을 하면 전체 학생들이 자연스럽게 답하도록 한다. ⓢ **과제 제시 및 차시 예고하기** ◆ **과제 제시하기 〈과제 1-1〉** – 오늘 과제는 정서단어를 읽고, 그러한 정서를 경험했던 상황을 적어 보는 거예요. 자신에게 가장 적절한 상황을 잘 생각하면서 적어 보세요. 각자 다른 경험을 할 수 있으니까 자신이 경험했던 것을 쓰면 된답니다. 또 다음 시간에 다시 만날 때까지 오늘 배운 정서단어를 연습해 보세요. 학교에서든 집에서든 어디에서나 쓸 수 있을 때 한번 시도해 보기로 해요. ◆ **차시 예고하기** – 다음 시간에는 정서를 구별하는 활동을 할 거예요.

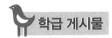 학급 게시물

정서

- 상황에 대해 각성하고 어떤 감정을 느끼며 행동을 하게 만드는 마음상태
- 감정은 어떤 상황에 대해 느끼는 일시적 기분
- 우리는 일상생활에서 정서를 감정, 느낌, 기분이라고도 부름

★ 수업시간에 배웠던 정서단어를 활용하여 오늘의 기분을 잘 나타내는 단어를 적어 봅시다.

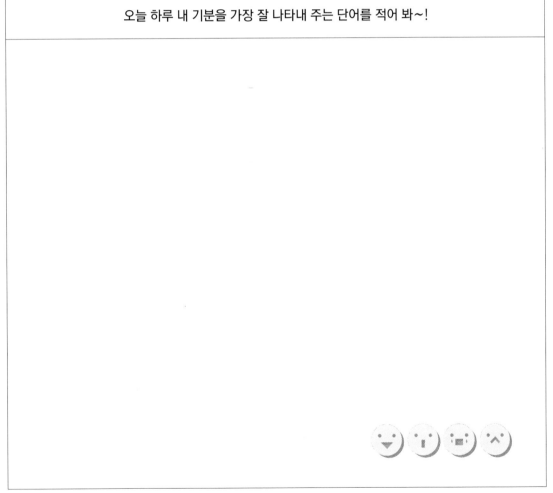

오늘 하루 내 기분을 가장 잘 나타내 주는 단어를 적어 봐~!

친구들이 이미 적었다면 그 단어에 ☆를 해 주세요!

학습지 1-1	정서에 대해 알아봐요
	학년 　 반 　 이름

정서는?

우리가 처한 상황이나 상대방에 대해 어떤 감정을 느끼게 하고 어떤 행동을 하게 만드는 마음상태를 정서라고 합니다. 우리는 일상생활에서 감정, 느낌, 기분이라는 말도 많이 사용합니다. 감정은 상황에 대해 느끼는 일시적 기분을 말합니다.

정서를 알고, 적절한 이름을 붙이는 과정은 중요합니다. 내 정서나 남의 정서를 어떻게 알 수 있을까요? 한번 적어 보세요.

얼굴표정을 통해서도 어떤 정서를 느끼고 있는지 알 수 있습니다. 다음의 얼굴표정을 잘 살펴보고, 정서단어와 연결해 보세요.

기쁘다 •

설레다 •

편안하다 •

화나다 •

슬프다 •

짜증나다 •

내가 아는 정서단어

학년   반   이름

🎁 내 짝: [   ]

🎁 모둠원: [   ]

질문: 내가 아는 정서단어는?		
내가 생각한 것	짝이 생각한 것	우리의 나눔 내용

정서단어 Think! Think! Think!

학습지 1-3

학년   반   이름

📚 여러분이 다음과 같은 상황에 놓이게 된다면 어떤 정서를 느낄까요? 여러분 마음속에 떠오르는 정서단어를 적어 보세요.

- 사랑을 고백할 때
  (   )
- 엄마가 안아줄 때
  (   )
- 성적표 받았을 때
  (   )
- 학교 빨리 끝날 때
  (   )
- 프로야구 경기 볼 때
  (   )
- 길 가다 돈 주웠을 때
  (   )
- 아기가 나를 보고 웃을 때
  (   )
- 공부한 과목의 성적이 안 좋았을 때
  (   )
- 형제/자매에게 무시당했을 때
  (   )
- 찍었는데 시험성적이 좋을 때
  (   )
- 친구가 더 열심히 공부할 때
  (   )
- 일요일 밤이 되었을 때
  (   )
- 일본에 대지진이 났을 때
  (   )
- 내 마음을 몰라 줄 때
  (   )
- 이성친구 사귈 때
  (   )
- 친구가 놀릴 때
  (   )

- 매우 잘생긴 이성친구를 만났을 때
  (   )
- 친구가 시험을 잘 봤을 때
  (   )
- 게임 레벨 업이 되었을 때
  (   )
- 노력으로 내 실력이 쌓일 때
  (   )
- 뜻밖의 좋은 말을 들었을 때
  (   )
- 밥상에 고기가 없을 때
  (   )
- 오디션 프로그램을 볼 때
  (   )
- 희귀 아이템을 손에 넣었을 때
  (   )
- 한국은행에 쌓인 돈뭉치를 볼 때
  (   )
- 급식실에서 디저트를 2개 먹었을 때
  (   )
- 생일 날 12시에 축하 문자를 받을 때
  (   )
- 주말 오전에 친구들과 만나 놀 때
  (   )
- 부모님께서 지쳐보일 때
  (   )
- 수업시간에 자다가 깼는데 수업이 끝나 있을 때
  (   )
- 다른 사람들은 잘 하는데 나만 못하는 것 같을 때
  (   )
- 자기는 잘하지도 못하면서 잘난 척하는 사람을 볼 때
  (   )

- 친구가 내 물건을 가져가서 아무렇지도 않게 쓰고 있을 때 (   )

제2부 차시별 교수학습지도안(파트 2)

학년   반   이름

🎁 어떤 상황에서 다음과 같은 기분을 느끼는지, 자신의 경험을 떠올리며 써 보세요.

─── • 보 기 • ───

나는 (시험 볼) 때, 긴장된다.

나는 _____ 할 때, 행복하다.

나는 _____ 할 때, 정말 화가 난다.

나는 _____ 할 때, 신난다.

나는 _____ 할 때, 외롭다.

나는 _____ 할 때, 감사하다.

나는 _____ 할 때, 창피하다.

나는 _____ 할 때, 무섭다.

나는 _____ 할 때, 좌절을 느낀다.

나는 _____ 할 때, 슬프다.

나는 _____ 할 때, 정말 기쁘다.

나는 _____ 할 때, 지루하다.

나는 _____ 할 때, 속상하다.

나는 _____ 할 때, 난처하다.

나는 _____ 할 때, 평화롭다.

정서단어 목록

🎁 다음 정서단어 중에서 필요한 단어를 골라 수업자료로 활용하시기 바랍니다.
또한 몇 개 정서단어를 학급 게시물의 예시로 제시할 수 있습니다.

감동스럽다	자신만만하다	안쓰럽다	지루하다
고맙다	당당하다	걱정스럽다	마음 아프다
감사하다	여유롭다	겁나다	섭섭하다
만족스럽다	포근하다	의기소침하다	속상하다
기분 좋다	행복하다	답답하다	당혹스럽다
기쁘다	흐뭇하다	불쌍하다	고통스럽다
기운차다	편안하다	초조하다	혐오스럽다
힘이 넘치다	평화롭다	혼란스럽다	수치스럽다
재미있다	시원하다	불안하다	실망스럽다
뿌듯하다	쑥스럽다	우울하다	후회하다
반갑다	고요하다	슬프다	싫증나다
정답다	희망차다	외롭다	억울하다
다정하다	난처하다	그립다	냉담하다
친밀하다	궁금하다	허전하다	재미없다
좋아하다	어리둥절하다	허무하다	조급하다
사랑하다	무심하다	서운하다	불만스럽다
흥미롭다	죄송스럽다	부끄럽다	배신감을 느끼다
신기하다	심심하다	미안하다	부담스럽다
즐겁다	지겹다	의심스럽다	무섭다
흥겹다	예민하다	귀찮다	샘나다
짜릿하다	조심스럽다	밉다	심술이 난다
신나다	망설이다	짜증나다	절망하다
열정적이다	아쉽다	한심하다	경멸스럽다
자랑스럽다	놀라다	두렵다	화나다

사회정서학습(SEL) 통신문

행복한 학교 만들기 프로젝트! SEL 계속합니다!

▶이번 주 우리는 배웠습니다!

1. 정서는 자신이 처한 상황에 대해 신체적, 생리적으로 각성하게 하고 어떤 기분을 느끼고 행동을 하게 만드는 마음상태입니다.
2. 우리는 일상생활에서 정서, 감정, 느낌, 기분이라는 용어를 사용합니다.
3. 정서단어를 많이 알면 자신의 정서상태를 적절하게 표현하는 데 도움이 됩니다.

▶정서에 적절한 이름을 붙이면…

1. 자신의 정서상태를 좀 더 분명히 알 수 있게 됩니다.
2. 자신의 정서상태를 아는 것은 자기관리의 주춧돌이 됩니다.

▶가정에서

• 자녀가 자신의 정서를 단어로 표현할 수 있도록 도와주세요.
  (예: 오늘 많이 속상했구나. 엄마가 화낼까 봐 걱정했니?)
• 부모님의 정서를 단어로 적절하게 표현해 주세요.
  (예: 엄마가 오늘 많이 당황했어.)
• '행복해' '감사해' '기쁘다'와 같은 정서단어를 사용해서 자녀와 대화해 보세요.

2. 정서의 두 얼굴

수업목표	• 편안한 정서와 불편한 정서의 의미를 설명한다. • 편안한 정서와 불편한 정서를 구별한다. • 하나의 정서단어가 사용되는 다양한 상황을 말한다.
주제의 중요성	편안한 정서와 불편한 정서를 구별하면, 정서에 대한 이해의 폭을 넓힐 수 있고 자신을 깊이 이해할 수 있게 된다. 편안한 정서나 불편한 정서가 일어나는 상황을 찾는 연습을 통해, 예상치 못한 자신의 정서반응에 당황하지 않고 상황을 돌아볼 수 있다. 우리가 자신의 정서를 깊이 이해하면 정서적 안정감을 유지할 수 있고 정서를 충동적으로 표출하는 행동을 줄일 수 있다.
SEL 영역	☑ 자기인식 ☑ 자기관리 ☐ 사회적 인식 ☐ 관계기술 ☐ 책임 있는 의사결정
학습자료	〈학 습 지 2-1〉 이런 상황에서 내 기분은? 〈수업자료 2-1〉 학습지 2-1에 대한 답안지 〈학 습 지 2-2〉 다른 상황, 같은 정서단어 〈과 제 2-1〉 나의 정서일기

활동 흐름도

편안한 정서와 불편한 정서의 의미 알기	⇨	편안한 정서와 불편한 정서 구별하기	⇨	하나의 정서단어가 사용되는 다양한 상황 파악하기

핵심 내용

개념	내용	
편안한 정서 (긍정적, 쾌)	• 좋은 기분을 느끼게 하는 감정 • 즐거운 삶을 살게 하는 감정	• 재미를 느끼게 하는 감정
불편한 정서 (부정적, 불쾌한)	• 기분을 나쁘게 만드는 감정 • 편안한 감정을 느낄 수 있게 해 주는 감정	• 성장하고 더 좋은 상태로 변화시키는 감정 • 편안한 감정에 감사하게 해 주는 감정

다양한 상황에
사용되는
하나의 정서단어
	• 긴장되다 – 긍정적인 상황: 새로운 친구를 만났을 때
	            – 부정적인 상황: 무서운 영화를 볼 때
	• 놀라다 – 긍정적인 상황: 생각지 못한 선물을 받았을 때
	            – 부정적인 상황: 나쁜 행동을 하다가 걸렸을 때	

지도상 유의점

• 모든 정서가 편안한 것과 불편한 것으로 분명히 나뉘는 것은 아니다.
• 불편한 감정(화나다, 슬프다 등)의 부정적 이미지 때문에 이런 정서를 표현하는 것이 나쁜 것이라고 생각하는 학생들이 있다. 따라서 불편한 감정이 가지는 긍정적 기능을 충분히 설명한다.
• 수업시간 이외의 일상생활에서도 학생들의 대화 속 정서단어에 관심을 가진다.
• 다음의 영상은 이번 차시와 관련된 영상으로, 추가 학습자료로 활용할 수 있다.
  ① SBS 스페셜 389회-자신의 감정과 마주한 부모들(불편한 감정 관련 자료)
  ② EBS 포커스 〈1회 감정의 재발견〉

학습 주제	정서의 유형 구별하기	차시	2/9
학습 목표	• 편안한 정서와 불편한 정서의 의미를 설명할 수 있다. • 편안한 정서와 불편한 정서를 구별할 수 있다. • 하나의 정서단어가 사용되는 다양한 상황을 말할 수 있다.		
단계	학습과정		
도입 (5′)	🎯 **전시학습 상기하기** ◆ 공부한 내용 확인하기 – 오늘 수업을 시작하기 전에 지난 수업에서 배운 것을 다 같이 말해 볼까요? 네, 정서가 무엇인지 공부했어요. 정서단어를 알면 자신의 정서를 적절히 표현할 수 있다고 했지요. ◆ 과제 확인하기 – 좋아요. 지난 시간에 과제가 있었지요? 정서단어를 읽고 상황을 적어 보는 것이었는데 과제를 잘 했는지, 어려웠는지 한번 말해 볼까요? 작성해 온 과제를 발표해 봅시다. (학생 발표) 🎯 **동기 유발하기** ◆ 같은 정서단어 비교하기 – 웃으면서 '아쉽다'라고 말하는 친구와 인상을 쓰면서 '아쉽다'라고 말하는 친구가 있다고 상상해 봐요. – '아쉽다'라는 정서단어를 똑같이 썼는데 느낌이 어떤가요? 그렇지요? 한 친구는 조금 편안하고 긍정적인 의미로 '아쉽다'라는 말을 썼고, 다른 친구는 조금 불편하면서 부정적인 의미로 썼어요. 🎯 **학습문제 제시하기** – 어떤 정서는 참 편안하지만, 어떤 정서는 참 불편해요. 왜 그럴까요? 오늘은 편안한 정서와 불편한 정서를 구별해 봅시다. **학습문제** 편안한 정서와 불편한 정서를 구별해 보자.		
전개 (35′)	🎯 **학습순서 확인하기(1분)** 1. 편안한 정서와 불편한 정서의 의미 알기 2. 편안한 정서와 불편한 정서 구별하기 3. 하나의 정서단어가 사용되는 다양한 상황 파악하기		

※ '(학생 발표)' '(학생 활동)' 등은 교사의 질문이나 지시에 따른 학생의 기대 행동을 지칭하므로 이 부분에서는 학생이 반응하는 시간을 주셔야 합니다.

	⁂◎ 편안한 정서와 불편한 정서의 의미 알기(2분) ◆ 편안한 정서와 불편한 정서 이해하기 – 이처럼 정서는 편안한 정서와 불편한 정서 두 가지로 나눌 수 있어요. – 편안한 정서는 좋은 기분을 느끼게 하는 감정, 재미를 느끼게 하는 감정, 즐거운 삶을 살게 하는 감정이랍니다(예: 감사합니다, 기쁘다, 행복하다). – 그렇다면 불편한 정서는 무엇일까요? 기분을 나쁘게 만드는 감정입니다(예: 슬프다, 화나다, 언짢다). 불편한 감정은 기분을 나쁘게 하지만, 우리를 성장시키고 더 좋은 상태로 변화시키기도 하죠. 또 우리는 불편한 감정이 있기 때문에 상대적으로 편안한 감정을 느낄 수 있어요. **⁂◎ 편안한 정서와 불편한 정서 구별하기(12분)** ◆ 편안한/불편한 정서 구별 연습하기 〈학습지 2-1〉 – 학습지에서 여러분이 정서를 느끼게 만드는 상황에 밑줄을 그어 보세요. (학생 활동) – 다음으로 그 정서에 이름을 붙이고, 상황과 정서단어를 함께 생각하면서 편안한 정서와 불편한 정서로 구분해 보세요. (학생 활동) – 자신이 찾은 정서를 한번 말해 볼까요? (학생 발표)

전개 (35′)	**⁂◎ 하나의 정서단어가 사용되는 다양한 상황 파악하기(20분)** ◆ [모둠] 정서단어 하나의 다양한 활용 알기 〈학습지 2-2〉 – 우리는 앞에서 편안한 정서와 불편한 정서에 대해 공부했어요. 그런데 모든 정서단어가 이렇게 분명하게 두 가지로 구분되는 것은 아니에요. "당혹스럽다"를 볼까요? 시험지를 풀다가 시험시간이 3분 남았는데 밀려 썼어요. 손을 쓸 수 없어 불안한 마음에 당혹스러울 수 있어요. 반대로 생각지도 못한 상을 받았는데 소감을 말한다면, 기분은 너무 좋은데 당혹스러울 수 있어요. – 이렇게 학습지에 정서단어를 하나 적고, 긍정적 상황과 부정적 상황을 적어 보세요. (학생 활동) 예: 사랑을 고백할 때 – 설레서 두근거린다(불안) vs. 차일까 봐 두근거린다(불안) – 다 했으면 자신이 찾은 다양한 상황을 모둠 친구들과 함께 돌아가며 설명해 봅시다. (학생 활동) 예: 하나의 정서단어가 사용되는 다양한 상황

정서단어	긍정적인 상황	부정적인 상황
긴장되다	새로운 친구를 만날 때	무서운 영화를 볼 때
놀라다	생각지 못한 선물을 받았을 때	나쁜 행동을 하다가 걸렸을 때

유의점: 이 활동을 어려워하는 학생들에게는 개별적으로 예시를 들어주고 피드백을 해 준다. 전체적으로 피드백을 하면 학생들이 작성한 예시가 단조로워질 수 있다.

정리 (5′)	**⁂◎ 정리하기** ◆ 편안한 정서와 불편한 정서 구분하기 – 오늘은 편안한 정서와 불편한 정서를 공부했어요. 감정은 좋다 나쁘다가 아니라 편안하고 불편할 수 있어요. 그리고 불편한 감정은 나쁜 것이 아니라 나의 마음이 많이 힘들다는 것을 보여 주는 거예요. 오늘 배웠던 정서단어 중에서 기억나는 것을 말해 보세요. (학생 발표) 자, 그 단어는 편안한 정서일까요? 불편한 정서일까요? 유의점: 내용을 정리할 때, 교사가 질문을 하면 모든 학생들이 자연스럽게 대답하도록 한다.

정리 (5')	**◎ 과제 제시 및 차시 예고하기** ◆ 과제 제시하기 〈과제 2-1〉 – 오늘 과제는 정서단어를 활용하여 일기를 써 보고 편안한 정서와 불편한 정서를 나누어 보는 거예요. 그리고 오늘 배운 것을 학교에서든 집에서든 어디에서나 쓸 수 있을 때 한번 시도해 보기로 해요. 다음 시간에 다시 만날 때까지 오늘 배운 것을 연습해 보세요. ◆ 차시 예고하기 – 다음 시간에는 정서의 높낮이, 즉 정서강도에 대해 배우겠습니다.

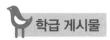

★ 아래 박스 안에 불편한 정서단어와 편안한 정서단어를 나누어 적어 봅시다.

우리 정서단어를 나누어 볼까?	
불편한 정서	편안한 정서
화나다	행복하다
슬프다	기쁘다

친구들이 적은 정서단어를 읽고, 없는 정서단어를 적어 보세요.

이런 상황에서 내 기분은?

학년   반   이름

📋 다음을 읽고 감정이 일어나는 상황에 밑줄을 그으세요.

봉사 동아리 회장인 유진이는 오늘 오후 학교에서 기부 캠페인을 할 것입니다. 그런데 이렇게 중요한 날 아침부터 늦게 일어났습니다. 어제 캠페인 활동 홍보지와 전시물을 보완할 자료를 만드느라 늦게 자서 그런 것 같습니다. 아침부터 부랴부랴 물건을 챙기고 준비하는 유진이에게 엄마는 아침부터 방이 더럽다고, 늦게 일어났다고, 쓸데없는 동아리 활동 한답시고 공부는 안 한다고 잔소리를 하십니다. 헐레벌떡 자료를 들고 학교로 뛰어갔습니다.

학교 정문에서 동아리 회원인 영서가 짐을 같이 들어주면서, 교실 입구에 붙일 안내판은 잘 만들었냐고 물어봅니다. 불현듯이 검정 비닐봉투에 안내판을 따로 싸놓고 책상 위에 두고 온 것이 떠오릅니다. 이대로 집으로 갔다 오면 지각이고, 차라리 담임 선생님께 말씀드리고 외출을 하는 것이 나을 것 같아서 교실로 뛰어갑니다. 담임 선생님은 그래도 중요한 학교 행사인데 준비를 미리미리 안 했다고 꾸중하시며, 미술 선생님께 가서 재료를 구해서 쉬는 시간에 만들라고 하십니다. 유진이는 미술 선생님께 재료를 구해서 화장실도 안 가고 쉬는 시간에 열심히 안내판을 만들었습니다.

유진이는 점심을 먹고 조원들과 함께 교실로 가서 기부 캠페인을 위한 전시자료를 배치했습니다. 그런데 평소에도 뺀질대며 일도 잘 안 하는 조원 희준이가 전시자료를 집에서 안 가져왔다고 합니다. 그때 영서가 전시장 마지막 부분에 전지를 붙여 방명록 쓰는 공간을 만들자고 제안합니다. 다른 조원들이 다른 전시자료를 조금씩 당겨서 마지막 공간을 남기고, 방명록 공간으로 만듭니다. 평소에 손재주가 많은 승주가 그 공간을 리본으로 예쁘게 꾸미자 조원들이 구경을 하며 잘했다고 박수를 쳐 줍니다.

행사가 시작되자 교장 선생님과 많은 선생님들이 전시장에 오셔서 잘했다고 칭찬해 주십니다. 순간 마음이 울컥했는데, 담임 선생님이 눈을 찡긋하시며 미소를 지으십니다. 여러 선생님들이 방명록에 소감을 적으시고, 친구들도 사진을 찍는 모습을 보니 마음이 뿌듯합니다. 유진이에게 오늘 하루는 정말 정신없는 하루였습니다.

📋 밑줄 그은 부분에 번호를 매기고, 정서에 이름을 붙이세요. 다음, 그것이 편안한 정서인지 불편한 정서인지 구별하고, 빈 칸에 √ 표 하세요.

	정서에 이름 붙이기	정서 구별하기	
		편안한 정서	불편한 정서
1			
2			
3			
4			
5			

학습지 2-2	다른 상황, 같은 정서단어

학년   반   이름

🎁 내가 느낀 정서는 [   ]

• 보 기 •

떨리다, 설레다, 두근거리다, 긴장되다, 놀라다 등

긍정적인 상황	부정적인 상황
나의 이야기	나의 이야기

🎁 내 친구가 느낀 정서는 [   ]

긍정적인 상황	부정적인 상황
나의 이야기	나의 이야기

🎁 나눔 후 느낀 점

〈학습지 2-1〉에 대한 답안지

💠 학생들이 〈학습지 2-1〉을 작성할 때 참고하세요. 밑줄 친 부분은 학생들이 정서를 경험할 만한 상황이고, 각 상황에서 경험할 수 있는 정서를 아래에 예시하였습니다.

유의점: 학생의 대답이 아래 예시에 포함되어 있지 않더라도 경청해 주시고, 교사와 여러 학생들이 수긍할 만한 대답이라면 공감해 주세요.

봉사 동아리 회장인 유진이는 오늘 ①오후 학교에서 기부 캠페인을 벌일 것입니다. 그런데 이렇게 중요한 날 ②아침부터 늦게 일어났습니다. 어제 캠페인 활동 홍보지와 전시물을 보완할 자료를 만드느라 늦게 자서 그런 것 같습니다. ③아침부터 부랴부랴 물건을 챙기고 준비하는 유진이에게 엄마는 아침부터 방이 더럽다고, 늦게 일어났다고, 쓸데없는 동아리 활동 한답시고 공부는 안 한다고 잔소리를 하십니다. ④헐레벌떡 자료를 들고 학교로 뛰어갔습니다.

학교 정문에서 동아리 회원인 ⑤영서가 짐을 같이 들어주면서, 교실 입구에 붙일 안내판은 잘 만들었냐고 물어봅니다. ⑥불현듯이 검정 비닐봉투에 안내판을 따로 싸놓고 책상 위에 두고 온 것이 떠오릅니다. 이대로 집으로 갔다 오면 지각이고, 차라리 담임 선생님께 말씀드리고 외출을 하는 것이 나을 것 같아서 교실로 뛰어갑니다. ⑦담임 선생님은 그래도 중요한 학교 행사인데 준비를 미리미리 안 했다고 꾸중하시며, 미술 선생님께 가서 재료를 구해서 쉬는 시간에 만들라고 하십니다. 유진이는 미술 선생님께 재료를 구해서 ⑧화장실도 안 가고 쉬는 시간에 열심히 안내판을 만들었습니다.

유진이는 점심을 먹고 조원들과 함께 교실로 가서 기부 캠페인을 위한 전시자료를 배치했습니다. 그런데 평소에도 뺀질대며 일도 잘 안 하는 조원 ⑨희준이가 전시자료를 집에서 안 가져왔다고 합니다. 그때 ⑩영서가 전시장 마지막 부분에 전지를 붙여 방명록 쓰는 공간을 만들자고 제안합니다. 다른 조원들이 다른 전시자료를 조금씩 당겨서 마지막 공간을 남기고, 방명록 공간으로 만듭니다. 평소에 손재주가 많은 ⑪승주가 그 공간을 리본으로 예쁘게 꾸미자 조원들이 구경을 하며 잘했다고 박수를 쳐 줍니다.

행사가 시작되자 ⑫교장 선생님과 많은 선생님들이 전시장에 오셔서 잘했다고 칭찬해 주십니다. 순간 마음이 울컥했는데, ⑬담임 선생님이 눈을 찡긋하시며 미소를 지으십니다. ⑭여러 선생님들이 방명록에 소감을 적으시고, 친구들도 사진을 찍는 모습을 보니 마음이 뿌듯합니다. ⑮유진이에게 오늘 하루는 정말 정신없는 하루였습니다.

---

① [편안한 정서] 신나다, 설레다.   [불편한 정서] 걱정스럽다.
② [불편한 정서] 초조하다, 놀라다.
③ [불편한 정서] 조급하다, 섭섭하다, 화나다.
④ [불편한 정서] 두렵다.
⑤ [편안한 정서] 고맙다, 다정하다, 감동스럽다.
⑥ [불편한 정서] 놀라다, 불안하다, 짜증나다.
⑦ [불편한 정서] 답답하다, 서운하다, 귀찮다, 짜증나다.
⑧ [편안한 정서] 뿌듯하다.   [불편한 정서] 짜증나다, 초조하다.
⑨ [불편한 정서] 당황스럽다, 화나다, 배신감을 느낀다.
⑩ [편안한 정서] 고맙다, 다행이다.
⑪ [편안한 정서] 고맙다, 감사하다, 감동스럽다, 뿌듯하다.
⑫ [편안한 정서] 만족스럽다, 자랑스럽다, 뿌듯하다, 기분 좋다.
⑬ [편안한 정서] 친밀하다, 다정하다.
⑭ [편안한 정서] 만족스럽다, 자랑스럽다, 뿌듯하다, 기분 좋다.
⑮ [편안한 정서] 만족스럽다, 기쁘다, 뿌듯하다, 자랑스럽다.   [불편한 정서] 실망스럽다, 불만스럽다.

과제 2-1	나의 정서일기
	학년 반 이름

📑 오늘 있었던 일들을 떠올리며 내가 경험한 정서상태에 대해 적어 봅니다.

_____

_____

_____

_____

_____

_____

_____

_____

_____

_____

📑 일기의 내용을 다시 읽어 보면서, 정서단어에 밑줄을 긋고 편안한 정서와 불편한 정서로 나누어 봅시다.

편안한 정서	불편한 정서

정서빙고게임

*오늘 학습내용을 바탕으로 학습활동을 더 하고 싶을 때 사용하세요.

██ 정서빙고게임 방법

- 교사는 학생들에게 정서단어 목록(앞 차시 수업자료)을 모둠별로 나눠 줍니다.
- 학생들은 정서단어 목록에서 단어를 골라 빙고판에 적습니다.
- 빙고게임을 하듯이 돌아가면서 정서단어를 하나씩 말합니다.
- 다섯 줄을 가장 먼저 지운 사람은 큰 소리로 '빙고'를 외칩니다.

██ 정서단어를 아래 칸에 넣고 빙고게임을 시작합니다.

TIP! 긍정적 정서단어로 한 줄을 만들면 보너스 점수가 있습니다!

● 빙고게임을 하고 난 소감

● 오늘 가장 많이 내 마음에 드는 정서단어는?

● 그 이유는?

사회정서학습(SEL) 통신문

행복한 학교 만들기 프로젝트! SEL

▶이번 주 우리는 배웠습니다!

1. 편안한 정서와 불편한 정서를 구분할 수 있습니다.
2. 편안한 정서는 좋은 기분을 느끼게 하고 삶을 즐겁게 합니다.
3. 불편한 정서는 기분을 나쁘게 만드는 감정이지만 우리가 적응하고 더 좋은 상태로 성장하는 데 도움을 주는 감정이기도 합니다.
4. 불편한 정서는 나쁜 것이 아니라 우리에게 필요한 정서입니다.

▶편안한 정서와 불편한 정서를 구별하면…

1. 정서 이해의 폭이 넓어져 자신을 깊이 있게 이해할 수 있습니다.
2. 자신의 정서를 적절하게 표현할 수 있습니다.
3. 자신의 정서를 돌아보며 정서적 안정감을 가질 수 있습니다.

▶가정에서

• 가족들이 사용하는 정서단어가 편안한 정서에 해당하는지 불편한 정서에 해당하는지 주의 깊게 살펴주세요. 그리고 그 감정이 편안한지 불편한지를 표현해 주세요.

　　예: 동생이 화가 많이 났어. 마음이 불편하겠어.
　　　　오늘 기분이 좋아 보이네. 오늘은 마음이 편안한가 보구나.
　　　　엄마는 오늘 좀 슬퍼. 마음이 좀 불편해.

• '사랑해' '고마워' '흐뭇해'라는 단어를 사용해서 자녀와 대화해 주세요.

3. 정서는 변덕쟁이

수업목표	• 상황에 따라 느끼는 정서의 강도가 다르다는 것을 안다. • 똑같은 상황이라도 사람에 따라 느끼는 정서의 강도가 다름을 안다.
주제의 중요성	정서강도란 편안한 정서든 불편한 정서든 정서를 얼마나 강렬하게 경험하고 표현하는지를 나타낸다. 정서강도는 사람에 따라, 상황에 따라 다를 수 있지만 정서를 강렬하게 느낄수록 정서조절이 어려울 수 있다. 또한 불쾌한 정서를 강하게 경험할 때 개인은 숙고하거나 문제 해결을 계획하기보다는 정서를 즉각적으로 해소하거나 회피하는 방법을 더 많이 선택한다. 따라서 정서강도를 이해하는 것은 정서를 더 깊이 이해하고 적절한 문제해결 방법을 생각해 내는 밑거름이 된다.
SEL 영역	☑ 자기인식　☑ 자기관리　☑ 사회적 인식　☐ 관계기술　☐ 책임 있는 의사결정
학습자료	〈준　비　물〉나무젓가락, 도화지, 색종이(빨강, 노랑, 파랑), 가위, 풀, 테이프, 색연필 〈학습지 3-1〉 내 마음은 그때그때 달라요 〈학습지 3-2〉 사람마다 다른 정서강도 〈과　제 3-1〉 나의 정서강도

활동 흐름도

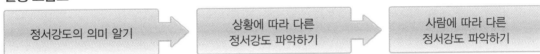

정서강도의 의미 알기 ➡ 상황에 따라 다른 정서강도 파악하기 ➡ 사람에 따라 다른 정서강도 파악하기

핵심 내용

개념	내용
정서강도	• 편안한 정서든 불편한 정서든 정서를 경험하거나 표현하는 정도
정서강도 특징	• 정서강도는 정서마다 다르다. • 정서표현이나 신체적 반응이 강렬할수록 정서강도가 높다.

지도상 유의점

• 정서 신호등 활동을 위해 학생 전체가 칠판을 향해 반원 모양으로 둘러앉을 수 있도록 수업 전에 자리를
배치한다.
• 사람마다 느끼는 정서와 정서의 강도가 다르고, 정서마다 정서강도가 다르다는 것을 설명한다.
• 다음의 영상은 이번 차시와 관련된 영상으로, 추가 학습자료로 활용할 수 있다.
　① EBS 다큐프라임 〈퍼펙트 베이비〉 2부. 감정조절능력
　② 삼성사회정신건강연구소 교육용 플래시 애니메이션 1편. 감정

학습 주제	정서강도의 의미 이해하기	차시	3/9

학습 목표	• 사람마다 정서강도가 다름을 말할 수 있다. • 똑같은 상황이라도 정서강도가 다름을 말할 수 있다.

단계	학습과정
도입 (5′)	🎯 **전시학습 상기하기** ◆ 공부한 내용 확인하기 　– 지난 시간에 배운 것을 말해 볼까요? (학생 발표) 네. 그렇습니다. 지난 시간에는 편한 정서와 불편한 정서를 공부했어요. 편한 정서와 불편한 정서 모두 우리가 살아가는 데 필요한 정서입니다. ◆ 과제 확인하기 　– 정서단어를 활용하여 일기를 써 보고 편안한 정서와 불편한 정서로 나누어 보기로 했어요. 일기에 어떤 편안한 정서단어와 불편한 정서단어를 썼는지 누가 말해 볼까요? (학생 발표) 🎯 **동기 유발하기** ◆ 정서의 강도 생각해 보기 　– TV에서 병든 강아지에 관한 방송이 나올 때 모든 사람은 똑같은 정도로 슬퍼할까요? 아주 나쁜 사람이 영화에 나올 때 모든 사람이 똑같은 정도로 화가 날까요? 🎯 **학습문제 제시하기** 　– 우리는 같은 정서일지라도 다른 정도로 정서를 표현하기도 합니다. 오늘은 사람마다 다른 정도로 경험하고 표현하는 정서의 강도에 대해서 살펴봅시다. 　　**학습문제** 　　사람마다 다른 정서강도에 대해 알아보자.
전개 (35′)	🎯 **학습순서 확인하기(2분)** 　1. 정서강도의 의미 알기 　2. 상황에 따라 다른 정서강도 파악하기 　3. 사람에 따라 다른 정서강도 파악하기 🎯 **정서강도의 의미 알기(2분)** ◆ 정서강도의 의미 알아보기 〈학습지 3-1〉 　– 정서강도는 정서를 경험하거나 표현하는 정도를 말합니다. 정서강도는 정서마다 다르고, 정서표현이나 신체적 반응이 강렬할수록 정서강도도 높아집니다.

※ '(학생 발표)' '(학생 활동)' 등은 교사의 질문이나 지시에 따른 학생의 기대 행동을 지칭하므로 이 부분에서는 학생이 반응하는 시간을 주셔야 합니다.

◎ 상황에 따라 다른 정서강도 파악하기(5분)

◆ 상황에 따라 다른 정서강도 알기 〈학습지 3-1〉

– 학습지에 나온 『마음의 집』 일부 글을 읽은 후에, 해당 계단에 자신의 상황을 적어 보세요. (학생 활동)

유의점: 〈학습지 3-1〉의 정서계단 내용은 이후 활동에서 사용할 예정이므로 성실하게 적도록 한다.

◎ 사람에 따라 다른 정서강도 파악하기(28분)

◆ 같은 사물에도 다른 정서, 다른 정서강도 알기 〈학습지 3-2〉

– 다음 제시된 두 그림을 보고, 해당되는 정서와 그 강도에 동그라미를 쳐 보세요. (학생 활동)

– 짝과 함께 자신은 어디에 동그라미를 쳤는지, 그 이유에 대해 이야기를 나누어 보세요. (학생 활동)

유의점: 사람마다 느끼는 정서와 정서의 강도가 다르다는 것을 설명한다. 친구들이 느끼는 정서의 강도가 각기 다른 이유를 들어보면서 정서에 대한 이해를 넓힌다.

◆ 정서 신호등 만들기

– 지금부터 정서 신호등을 만들어서 자신의 정서강도를 표현해 보는 활동을 해 봅시다. 신호등은 세 가지 색깔을 가지고 있습니다. 나무젓가락 3개에 각각 빨간색, 노란색, 파란색의 색종이를 붙여서 손으로 들 수 있는 정서 신호등을 만드세요. (학생 활동)

유의점: 교사는 학생들이 신호등을 만드는 사이 학생들의 〈학습지 3-1〉을 걷어서 교탁에 둔다. 또한 색깔의 의미를 미리 판서하거나, PPT 자료로 제시하여도 좋다. (빨간색-정서강도 높음, 노란색-정서강도 중간, 파란색-정서강도 낮음)

◆ 정서 신호등으로 정서강도 판단하기

– 이제 들려주는 친구들의 이야기를 듣고 정서강도가 높은 편이면 빨간색, 중간 정도이면 노란색, 낮은 편이면 파란색을 들어 보세요. 그리고 선생님이 하는 질문에 반대하면 빨간색, 찬성이면 파란색, 중립이면 노란색을 들어 주세요. 같은 상황에서도 사람들은 다른 정서강도를 경험할 수 있으니, 친구들의 눈치를 보지 말고 솔직하게 들어 주세요.

> 〈활동 순서〉
> 1. 교사가 학생들이 작성한 〈학습지 3-1〉 마음속 집에 있는 계단의 내용을 골라 하나 읽어 준다.
> 2. 학생들에게 들려주는 이야기를 듣고, 어떤 감정이 드는지 생각해 보도록 한다.
> 3. (생각할 시간을 준 후) 학생들에게 어떤 감정이 들었는지를 질문한다.
> 4. (학생들의 감정을 들은 후) 관련 정서단어를 제시하고, 어느 정도나 강렬하게 느꼈는지를 팻말로 들어본다.
>   – 빨간색: 해당 정서를 느끼는 정도(상), 의견 반대
>   – 노란색: 해당 정서를 느끼는 정도(중), 의견 중립
>   – 파란색: 해당 정서를 느끼는 정도(하), 의견 찬성
> 5. 가장 많이 나온 팻말의 색깔에 대해 이야기하고, 다른 생각을 가진 친구들의 이야기를 들어 본다.

유의점: 교사는 활동 순서에 따라 학생들에게 발문하고, 팻말을 들어 보게 한다.

전개 (35′)

정리
(5′)
	◎ 정리하기
	
	◆ 공부한 내용 확인하기
	  – 오늘은 무엇에 대하여 공부했나요? (학생 발표)
	  – 네, 정서강도의 의미를 알아보았고, 같은 상황이라도 사람마다 느끼는 정서의 강도가 다르다는 것을 공부했어요. 만약 여러분이 어떤 정서를 매우 강렬하게 자주 경험한다면, 불편한 정서를 조절하는 데 어려움을 겪을 수도 있어요. 그렇게 되면 친구들과 사이좋게 지내기가 어려워질 수도 있고, 부모님이나 선생님들과도 갈등을 겪을 수 있을 거예요. 그렇기 때문에 자신의 정서강도를 잘 파악하고, 이를 적절히 조절하는 것은 중요합니다.
	
	◎ 과제 제시 및 차시 예고하기
	
	◆ 과제 제시하기 〈과제 3-1〉
	  – 오늘 과제는 상황에 따른 나의 정서와 그때의 정서강도를 살펴보는 거예요. 그리고 다음 시간에 다시 만날 때까지 오늘 배운 것을 연습해 보세요. 학교에서든 집에서든 어디에서나 쓸 수 있을 때 한번 시도해 보기로 해요.
	
	◆ 차시 예고하기
	  – 다음 시간에는 여러분이 느끼는 정서가 생각이나 행동과 어떻게 관련되는지를 알아보겠습니다.

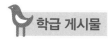학급 게시물

★ 정서단어와 정서강도를 적어 봅시다.

이럴 때 내가 느끼는 정서의 강도는?

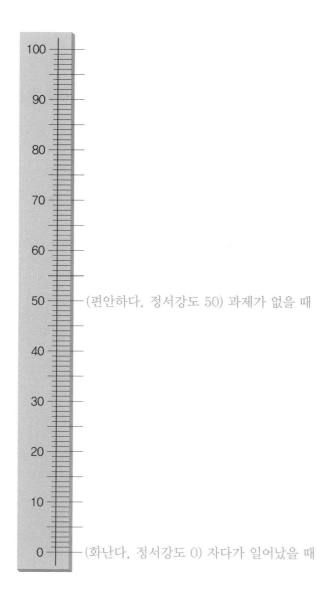

(편안하다, 정서강도 50) 과제가 없을 때

(화난다, 정서강도 0) 자다가 일어났을 때

친구들이 이미 적었다면 그 내용에 ☆를 해 주세요!

학습지 3-1	내 마음은 그때그때 달라요
	학년 반 이름

🎁 정서강도는?

- 정서를 경험하고 표현하는 정도를 말한다.
- 정서강도는 상황과 사람에 따라 다르다.
- 정서강도는 정서표현이나 신체적 반응이 강렬할수록 높아진다.

🎁 우리가 정서를 경험하고 표현하는 정도는 상황에 따라 다릅니다. 다음의 글을 읽어 봅시다.

마음의 집에는 계단도 있어.

친구와 다투면 10계단
엄마한테 혼나면 100계단
더 힘든 일을 만나면 1000계단

아무리 아무리 올라가도
끝이 안 보이는 계단도 있지.

-『마음의 집』(김희경 지음, 창비, 2010) 중에서 일부 발췌 -

🎁 위의 글에서는 나의 마음에 집이 있다고 표현했습니다. 그리고 올라갈수록 힘든 계단으로 나의 마음을
표현했지요. 자, 이제 여러분의 마음의 집을 살펴봅시다. 여러분의 마음속 집에 있는 계단은 어떤 때
10계단, 100계단, 1000계단이 되는지 적어 보세요.

1000계단: ....

100계단: ....

10계단: ....

학습지 3-2	사람마다 다른 정서강도

학년   반   이름

📖 다음은 곶감에 대한 두 친구의 생각입니다. 우리는 같은 사물이라도 바라보는 관점에 따라 편안한 정서를 느끼기도 하고, 불편한 정서를 느끼기도 합니다. 또 그 정서의 강도도 다릅니다. 친구들이 곶감을 어떻게 생각하는지 짐작해 보세요.

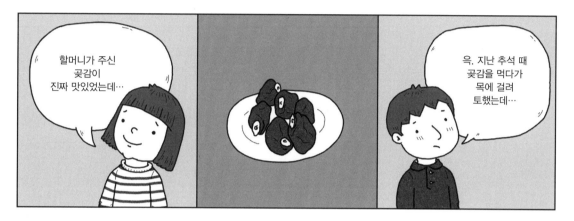

📖 위 그림을 보고, 해당되는 정서와 그 강도에 동그라미를 쳐 보세요.

	불편한 정서 ←									→ 편안한 정서
나영이	5	4	3	2	1	0	1	2	3	4	5
수호	5	4	3	2	1	0	1	2	3	4	5

📖 짝과 함께 어디에 동그라미 쳤는지, 왜 그렇게 했는지 이야기해 보세요.

<table>
<tr><td>과제
3-1</td><td colspan="2" align="center"><h1>나의 정서강도</h1></td></tr>
<tr><td></td><td colspan="2" align="center">학년　　　반　　　이름</td></tr>
</table>

🎁 다음 예시처럼 자신의 이야기를 적고, 정서를 유발하는 상황, 그때 나의 표정이나 몸의 반응을 적으세요. 이를 바탕으로 정서에 이름을 붙이고 정서강도를 적으세요.

"엄마는 나와 내 친구 혜준이를 데리고 근교의 박물관으로 체험학습을 갔습니다. 가는 길에 엄마는 친구 혜준이에게 내가 학교에서 잘 지내는지 공부는 제대로 하는지 쉬지 않고 질문을 하셨습니다. 혜준이는 처음에는 대답을 잘하다가 점점 내 눈치를 봤습니다. 그리고 엄마는 나에게 학원 과제는 다 했는지 중간고사 준비는 잘 하고 있는지 시시콜콜한 잔소리를 하셨습니다."

정서를 유발하는 상황	나의 표정과 몸의 반응	정서에 이름 붙이기	정서강도 (100)
혜준이에게 쉬지 않고 질문하는 엄마	엄마의 눈치를 보는 나	부담스럽다	70
	혜준이의 눈치를 보는 나	미안하다	80

🎁 나의 이야기: _____

_____

_____

_____

_____

_____

정서를 유발하는 상황	나의 표정과 몸의 반응	정서에 이름 붙이기	정서강도

사회정서학습(SEL) 통신문

행복한 학교 만들기 프로젝트! SEL

▶이번 주 우리는 배웠습니다!

1. 정서강도란 우리가 정서를 얼마나 강렬하게 느끼고 표현하는지를 나타냅니다.
2. 정서강도는 상황과 사람에 따라 다를 수 있습니다.
3. 정서표현이나 신체적 반응이 강렬할수록 정서강도는 높아집니다.

▶적절한 강도로 정서를 표현하면…

1. 불쾌한 정서를 조절하고, 정서적 안정을 유지할 수 있습니다.
2. 즉각적으로 정서를 해소시키기보다 숙고하거나 문제해결을 계획하는 방법을 사용할 수 있습니다.

▶가정에서

• 자녀와 정서강도에 대해서 이야기해 보세요.

  * 정서를 느낄 수 있는 최대의 크기를 100이라고 했을 때

  1. '행복'을 90만큼 느낄 때는 언제인가요?
  2. '화'를 50만큼 느낄 때는 언제인가요?
  3. '슬픔'을 80만큼 느낄 때는 언제인가요?
  4. '외로움'을 50만큼 느낄 때는 언제인가요?

4. 생각따라쟁이 정서

수업목표	• 상황, 생각, 정서, 행동의 의미를 안다. • 상황, 생각, 정서, 행동을 연결한다.
주제의 중요성	우리가 경험하는 사건에 대해 어떻게 생각하는지에 따라 우리의 정서와 행동이 결정된다. 어떤 상황에서 우리가 웃기도 하고 때로는 울기도 하는 것은 우리에게 일어나는 일 그 자체 때문이 아니다. 어떤 상황에서 발생한 일에 대해 우리가 어떻게 해석하고 생각하는지에 따라 우리의 삶이 즐거워질 수도 있고 괴로워질 수도 있다. 그러므로 자신의 생각을 점검할 필요가 있다. 더 나아가 부정적인 결과를 가져오는 생각을 수정하면, 적절한 정서경험과 행동을 할 수 있게 되고 즐거운 생활을 할 수 있다.
SEL 영역	☑ 자기인식　　☑ 자기관리　　☐ 사회적 인식　　☐ 관계기술　　☐ 책임 있는 의사결정
학습자료	〈학습지 4-1〉 우산 장수와 짚신 장수 〈학습지 4-2〉 어떤 생각? 이런 모습 〈과　제 4-1〉 이런 상황 이런 생각

활동 흐름도

상황, 생각, 정서,
행동의 의미 이해하기 ➡ 상황, 생각, 정서,
행동 확인하기 ➡ 상황, 생각, 정서,
행동 연결하기

핵심 내용

개념	내용
상황, 생각, 정서, 행동	• 상황: 일이 일어나는 과정이나 상태 • 생각: 사건이나 상황을 보는 관점, 사건이나 상황에 대한 판단 • 정서: 어떤 사건이나 상황에 대한 느낌 • 행동: 자신이 어떠한 목적을 가지고 하는 것

지도상 유의점

• 상황, 생각, 정서, 행동이 서로 연결되어 있다는 것을 강조하여 설명한다.
• 상황, 생각, 정서, 행동의 사전적 의미는 학생들이 이해할 수 있도록 쉬운 용어로 바꾸어 사용할 수 있다.

교수학습지도안

학습 주제	상황, 생각, 정서, 행동의 연결고리 찾기		차시	4/9
학습 목표	• 상황, 생각, 정서, 행동의 의미를 이해할 수 있다. • 상황, 생가, 정서, 행동을 연결할 수 있다.			
단계	학습과정			

단계	학습과정
도입 (8′)	**◈ 전시학습 상기하기** 　◆ 공부한 내용 확인하기 　－ 오늘 수업을 시작하기 전에 지난 수업에서 배운 것을 다 같이 말해 볼까요? (학생 발표) 그렇지요. 지난 시간에는 사람에 따라 그리고 상황에 따라 정서의 강도가 다르다는 점에 대해 배웠어요. 　◆ 과제 확인하기 　－ 상황에 따라 내가 경험하는 정서와 그 강도를 살펴보기로 했는데 어땠는지 말해 볼까요? (학생 발표) **◈ 동기 유발하기** 　◆ 글을 읽고 생각과 정서의 연결고리 찾기 〈학습지 4-1〉 　－ '우산 장수와 짚신 장수'를 읽고, 어머니의 생각을 정리해 봅시다. 또 어머니의 생각을 근거로, 어머니가 어떤 정서를 느낄 것인지 앞(파트 2의 1차시)에서 배운 정서단어를 활용해 적어 봅시다. 그리고 어머니가 어떻게 행동하실지를 추측해서 써 봅시다. (학생 활동) 　유의점: 이 단계에서는 이야기에 제시된 내용을 파악하여 어머니의 생각을 찾아낸다. 학생들이 어머니의 생각을 추측해서 작성하지 않도록 주의시킨다. 어머니의 정서와 행동은 추측하여 작성할 수 있다. 　－ 어머니는 어떤 생각을 했나요? (학생 발표) 　－ 어머니는 어떤 정서를 느꼈나요? (학생 발표) 　－ 어머니가 한 행동은 무엇인가요? (학생 발표) **◈ 학습문제 제시하기** 　－ 오늘은 '우산 장수와 짚신 장수' 이야기에 나온 어머니의 생각, 정서, 행동을 참고하여 상황, 생각, 정서, 행동을 연결해 보겠습니다. 　**학습문제** 　　상황, 생각, 정서, 행동을 연결해 보자.
전개 (32′)	**◈ 학습순서 확인하기** 　1. 상황, 생각, 정서, 행동의 의미 알기 　2. 생각, 정서, 행동 찾기 　3. 상황, 생각, 정서, 행동 연결하기

※ '(학생 발표)' '(학생 활동)' 등은 교사의 질문이나 지시에 따른 학생의 기대 행동을 지칭하므로 이 부분에서는 학생이 반응하는 시간을 주셔야 합니다.

	⚑◎ 상황, 생각, 정서, 행동의 의미 알기(5분) ◆ 상황의 사전적 의미 알기 〈학습지 4-1〉 　– 상황이란 일이 일어나는 과정이나 상태를 말합니다. 　　예: 우산 장수와 짚신 장수 이야기에서 어머니는 우산을 파는 아들과 짚신을 파는 아들 두 명이 있다. ◆ 생각의 사전적 의미 알기 　– 생각이란 사건이나 상황을 보는 관점 또는 사건이나 상황에 대한 판단이나 믿음을 말합니다. 　　자신의 생각은 사건이나 상황 그 자체가 아니기 때문에 객관적이지 않을 수도 있습니다. 　　예: 어머니는 맑은 날이면 우산을 파는 아들이 망할 거라고 생각했고, 비가 오는 날이면 짚신을 파는 아들이 망 　　할 거라고 생각했다. ◆ 정서의 사전적 의미 알기 　– 정서란 어떤 사건이나 상황에 대하여 마음속에서 느끼는 기분을 말합니다. 우리는 어떤 사건 　　이나 상황에 대해 먼저 생각을 하고, 그에 따라 정서를 느낍니다. 　　예: 1. 어머니는 두 아들이 망할 거라고 생각했기 때문에 매우 슬퍼했을 것이다. 　　　　2. 장사가 안 되는 아들을 도와주어야 한다는 부담을 느낄 것이다. ◆ 행동의 사전적 의미 알기 　– 행동이란 자신이 어떠한 목적을 가지고 행하는 것입니다. 　　예: 1. 장사가 안 되는 아들을 붙들고 울 것이다. 　　　　2. 장사가 안 되는 아들을 도와주려고 시장에서 다른 물건을 팔 것이다.
전개 **(32′)**	**⚑◎ 생각, 정서, 행동 찾기 〈학습지 4-2〉 (10분)** ◆ 학습지에 주어진 상황에서 여러 가지 다른 생각이 있을 수 있음을 이해하기 　– 〈학습지 4-2〉를 펴고, 강건이의 상황을 다 함께 읽어 봅시다. (다 함께 읽은 후) 이런 상황 　　에서 강건이는 어떤 생각을 할 수 있을까요? 학습지에 있는 두 가지 생각 이외에 강건이가 또 　　할 수 있는 생각을 빈 칸에 씁니다. 그리고 강건이의 생각이 달라지면 강건이의 정서와 행동 　　이 어떻게 달리질지 상상하면서 학습지의 나머지 부분을 써 봅시다. (학생 활동) 　– 강건이에게 어떤 일이 일어날 수 있을지 우리 함께 이야기해 봅시다. (학생 발표) **⚑◎ 상황, 생각, 정서, 행동 연결하기 〈학습지 4-2〉 (17분)** ◆ 나의 경험을 통해 상황, 생각, 정서, 행동 연결하기 　– 강건이의 예에서 살펴보았듯이 생각이 달라졌을 때 정서와 행동이 달라진다는 것을 알 수 있 　　었습니다. 나도 그럴까요? 　– 최근에 자신에게 일어난 일을 한 가지 골라 〈학습지 4-2〉 아래쪽에 있는 상황 동그라미 안 　　에 써 보세요. 그리고 그 상황에서 여러분이 했던 생각, 느꼈던 정서, 했던 행동을 생각 그물 　　로 연결합니다. (학생 활동) 　– 이번에는 모둠 활동을 해 볼 거예요. 우리가 각자 이미 가지고 있는 생각을 갑자기 바꾸기는 　　어렵습니다. 그래서 모둠 친구들의 도움을 받아 어떤 다른 생각을 할 수 있을지 찾아봅시다. 　　모둠원 4명이 각각 학습지를 돌려가면서 친구가 써 놓은 생각과는 다른 생각을 추가로 적어 　　보세요. 달라진 생각에 따라 정서와 행동이 어떻게 바뀔지도 적어 봅시다. 혹시 친구들이 쓴 　　내용이 잘 이해되지 않으면, 그 친구에게 보충설명을 부탁해도 됩니다. (학생 활동)

104 제2부 차시별 교수학습지도안(파트 2)

전개 (32′)	– 모둠 친구들이 쓴 생각, 정서, 행동을 보고 어떤 생각이 들었나요? (학생 발표) – 네, 그렇죠? 사람들은 같은 상황에 처해 있어도 각기 다른 생각을 할 수 있답니다. 그리고 그 사람이 어떤 생각을 하느냐에 따라서 각자에게 다른 결과가 나타날 수 있어요. 이처럼 우리의 생각과 정서와 행동은 서로 연결되어 있습니다.
정리 (5′)	◎ 정리하기 ◆ 공부한 내용 확인하기 – 자신이 느끼는 정서와 자신이 하는 행동이 생각과 연결되어 있다는 것을 아는 것은 매우 중요합니다. 왜냐하면 자신의 생각을 바꾸면 자신의 정서와 행동이 바뀔 수 있기 때문입니다. 기분이 나쁘거나 바르지 못한 행동을 하려고 할 때 잠깐 멈추어서 자신이 어떤 생각을 했는지 떠올려 보세요. 그 밖에 내가 할 수 있는 다른 생각은 없는지 찾아보세요. ◎ 과제 제시 및 차시 예고하기 ◆ 과제 제시하기 〈과제 4-1〉 – 내가 기분이 나쁘거나 화가 나는 상황을 쓰고, 그때 어떤 생각을 했었는지를 적어 오세요. ◆ 차시 예고하기 – 다음 시간에는 우리들이 자주 하게 되는 생각의 오류에 대해 알아보겠습니다.

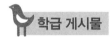

★ 일상생활에서 생각, 정서, 행동의 관계를 되새겨 봅시다.

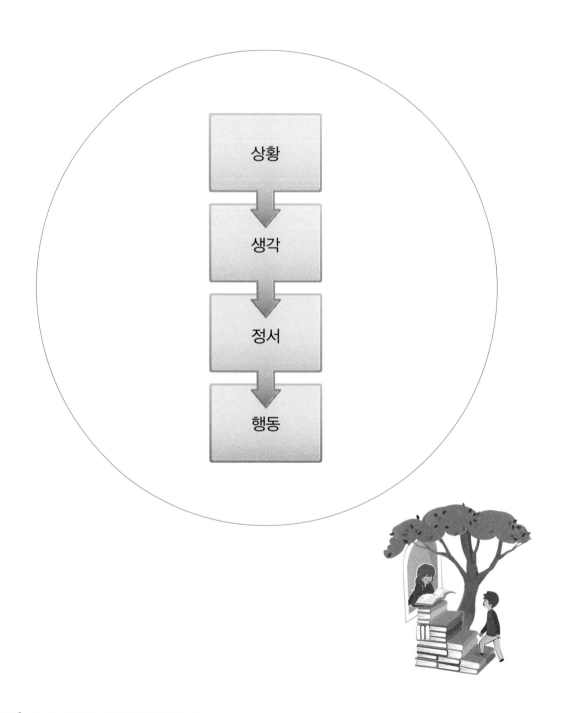

우산 장수와 짚신 장수

학년   반   이름

옛날 어떤 어머니가 두 아들을 두고 있었다. 아이들은 잘 자라서 한 아들은 우산 장수 또 한 아들은 짚신 장수가 되었다. 그러나 어머니는 날이 개이고 햇볕이 내리쬐는 날이면 우산을 파는 아들의 장사가 안 될 것을 걱정해야 했고, 비가 쏟아지는 날이면 짚신을 파는 아들의 장사를 걱정해야 했다. 그 어머니는 비가 오라고 빌 수도 없고, 그렇다고 날이 맑으라고 빌 수도 없었다.

🎁 어머니의 생각:

🎁 어머니의 정서:

🎁 어머니의 행동:

🔳 다음은 주인공이 처한 상황과 그 상황에서 한 생각입니다. 이런 생각을 하는 주인공이 어떤 정서를 느낄지, 어떻게 행동할지를 추측해 보세요.

상황	내 절친 강건이에게 말을 걸었는데 강건이가 다른 아이들하고만 이야기할 때		
	생각 1	생각 2	생각 3
생각	'강건이가 일부러 내 말을 못 듣는 체하는군.'	'강건이에게 무슨 일이 있을까? 나쁜 일이 아니어야 할 텐데.'	
정서			
행동			

🔳 최근에 나에게 일어난 일 중에서 한 가지를 골라 어떤 상황이었는지 써 보세요. 그리고 그 상황에서 다른 어떤 생각을 할 수 있을지, 그런 생각을 하면 내 정서와 행동에 어떤 변화가 나타날지를 상상하면서 생각그물로 정리해 보세요.

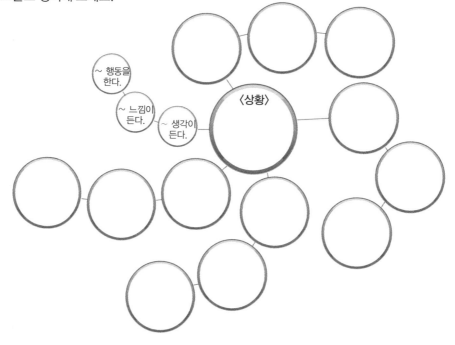

이런 상황 이런 생각

학년   반   이름

🎁 일어난 상황이 아니라 상황에 대한 우리의 생각이 우리를 기분 나쁘게 하거나 화나게 합니다. 기분 나빴거나 화났던 상황을 쓰고, 그때 어떤 생각을 했는지도 써 보세요.

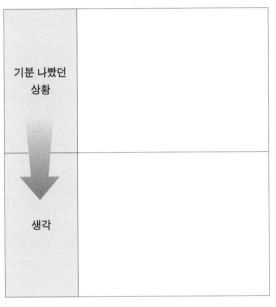

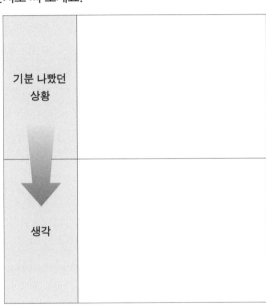

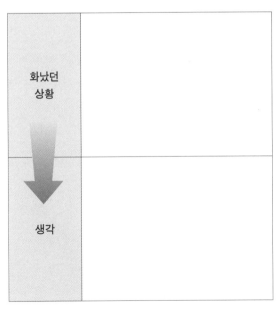

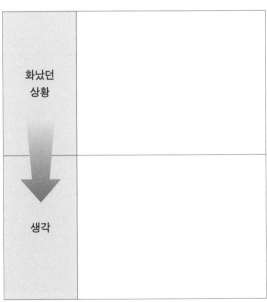

사회정서학습(SEL) 통신문

행복한 학교 만들기 프로젝트! SEL

▶이번 주 우리는 배웠습니다!

1. 상황, 생각, 정서, 행동은 서로 연결되어 있습니다.
2. 한 가지 상황에서 사람들은 여러 가지 생각을 할 수 있습니다.
3. 내가 처한 상황에 대해 어떻게 생각하느냐에 따라 정서와 행동의 방향이 결정됩니다.

▶내 생각을 알면…

1. 내가 한 행동의 원인을 알 수 있습니다.
2. 부정적인 내 생각을 되돌아볼 수 있습니다.
3. 내가 어떤 사람인지 생각해 보는 기회를 갖게 됩니다.

▶가정에서

• '오늘은 어떤 일이 있었니?' '그때 어떤 생각이 들었니?'라는 질문을 해 주세요.
• 자녀의 생각을 들어보고 자녀의 생각이 긍정적인지 부정적인지 함께 이야기 나누어 주세요.
• 자녀가 화를 낼 때, '화가 났구나' '방금 무슨 생각을 했었니?'와 같은 질문을 통해 생각과 정서의 관계를 알려주세요.

5. 생각, 너 때문이야!

수업목표	• 생각 오류를 이해한다. • 생각 오류에 이름을 붙인다.
주제의 중요성	생각 오류의 뜻 알고 생각 오류의 종류를 구분하고, 자신의 생각 오류를 찾는 활동을 통해 학생들은 자신의 생각에도 오류가 있음을 인식할 수 있다. 이는 학생들의 생각 오류를 수정하는 출발점이 된다. 학생들 스스로가 자신의 생각을 되돌아보는 기회를 통해 생각 오류를 감소시킬 수 있다.
SEL 영역	☑ 자기인식 ☑ 자기관리 ☐ 사회적 인식 ☐ 관계기술 ☐ 책임 있는 의사결정
학습자료	〈그림자료 5-1〉 급식실에서 〈학 습 지 5-1〉 생각 오류 파헤치기 〈학 습 지 5-2〉 네 생각의 오류를 밝혀 주지 〈수업자료 5-1〉 학습지 5-2 정답 〈과 제 5-1〉 나에게 이런 일이…

활동 흐름도

생각 오류 이해하기 → 생각 오류에 이름 붙이기 → 내 생각의 오류 찾기

핵심 내용

개념	내용
생각 오류	• 논리상 맞지 않는 잘못된 생각, 나를 기분 나쁘게 하는 근거 없는 부정적 생각 　예: 개인화, 점술, 재앙화, 선택적 주의, 흑백사고, 과잉일반화

지도상 유의점

• 어떤 상황에서 논리상 맞지 않는 잘못된 생각이 결국 부정적인 정서와 행동으로 이어지지만, 자신이 스스로 생각을 바꿀 수 있고, 생각을 바꾸면 정서와 행동이 변할 수 있다는 점에 중점을 둔다.

학습 주제	생각 오류 찾기	차시	5/9
학습 목표	• 생각 오류를 이해할 수 있다. • 생각 오류에 이름을 붙일 수 있다.		
단계	학습과정		

도입 (10′)

🎧 **전시학습 상기하기**

◆ 상황, 생각, 정서, 행동이 연결되어 있음을 확인하기
 – 지난 수업에서는 우리가 한 상황에서 여러 가지 다른 생각을 할 수 있다는 것을 공부했습니다. 그리고 개인의 생각이 달라지면 그 사람의 정서와 행동 또한 달라진다는 것을 알았습니다.

🎧 **동기 유발하기**

◆ [모둠] 그림자료를 보고 든 생각을 이야기 나누기 〈그림자료 5-1〉
 – 그림자료에 있는 '급식실에서'는 어떤 장면입니까? (학생 발표)
 – 두 친구가 싸우게 된 이유는 무엇입니까? (학생 발표)
 – 친구들이 발표한 이유 중 잘못된 이유를 찾아서 모둠끼리 이야기 나누어 보세요. (모둠 나눔)
 – 어떤 이유가 잘못되었다고 생각하는지 모둠에서 토의한 내용을 말해 보세요. (모둠 발표)

🎧 **학습문제 제시하기**

 – 이처럼 우리가 하는 생각 중에는 잘못된 생각들이 있습니다. 오늘은 이러한 잘못된 생각, 즉 생각 오류가 무엇인지 알아보고, 생각 오류에 이름을 붙여 보겠습니다.

> **학습문제**
> 생각 오류를 이해하고, 생각 오류에 이름을 붙여 보자.

전개 (30′)

🎧 **학습순서 확인하기**

1. 생각 오류 이해하기
2. 생각 오류에 이름 붙이기
3. 내 생각의 오류 찾기

🎧 **생각 오류 이해하기(10분)**

◆ 생각 오류의 의미 알기
 – 생각 오류란 논리상 맞지 않는 잘못된 생각, 나를 기분 나쁘게 하는 근거 없는 부정적인 생각을 말합니다. 예를 들면, 조금 전에 살펴본 '급식실에서' 친구에게 확인하지 않고, 친구가 나를 때렸다고 생각하는 것은 '나를 기분 나쁘게 하는 부정적인 생각'입니다.
 – 생각 오류에는 또 어떤 경우가 있을까요? (학생 발표)
 예: 부모님께서 나를 걱정해서 하시는 말씀이 내 귀에는 내 단점을 콕콕 찝어내는 것처럼 들린다.

※ '(학생 발표)' '(학생 활동)' 등은 교사의 질문이나 지시에 따른 학생의 기대 행동을 지칭하므로 이 부분에서는 학생이 반응하는 시간을 주셔야 합니다.

전개 (30′)	◆ 생각 오류 설명하기 〈학습지 5-1〉 – 생각 오류에는 여러 종류가 있는데 개인화, 점술, 재앙화, 선택적 주의, 흑백사고, 과잉일반화로 구분해 볼 수 있어요. (학생을 지명하여 여섯 가지 생각 오류를 순서대로 큰 소리로 읽게 한다.) – 〈학습지 5-1〉을 읽어 볼까요? (학생 활동) 유의점: 교사가 추가 설명을 할 수 있다(예: "개인화는 자신과 관련되지 않은 일까지도 자신이 잘못했다고 생각하는 오류를 말합니다."). 각각의 생각 오류에 대한 추가설명 이후에 학생들에게 "이와 비슷한 상황을 겪은 적이 있으면 말해 볼까요?"라고 질문하여 학생들이 생각 오류의 예를 생각해 보게 한다. 🎯 **생각 오류에 이름 붙이기(10분)** ◆ 글을 읽고, 알맞은 생각 오류를 써 넣기 〈학습지 5-2〉 – 학습지에 제시된 상황과 주인공의 생각을 읽고, 알맞은 생각 오류를 써 넣으세요. (학생 활동) 유의점: 생각 오류 찾기를 어려워하는 학생들은 짝과 상의할 수 있다. – 생각 오류를 찾았나요? 친구들과 생각이 같은지 확인해 봅시다. 첫 번째 상황의 생각 오류는 무엇인가요? (학생 발표) 예: • 〈학습지 5-2〉의 첫 번째 상황은 엄마가 동생을 사랑하기 때문에 나를 사랑하지 않는 것은 아니므로 흑백사고의 오류라고 생각합니다. • 〈학습지 5-2〉의 두 번째 상황은 엄마, 아빠가 싸우는 이유는 나와 관련되지 않은 것일 수도 있는데 무조건 나 때문이라고 생각하는 것은 개인화인 것 같습니다. 유의점: 생각 오류의 이름에 익숙하지 않은 학생은 〈학습지 5-1〉을 보면서 생각 오류 이름을 써 넣게 한다. 🎯 **내 생각의 오류 찾기** ◆ 적용하기 〈과제 5-1〉 – 지난 차시에 내가 기분이 나쁘거나 화가 나는 상황과 그때 떠올랐던 자신의 생각을 쓰는 과제를 했지요? 그 과제를 꺼내 보세요. 과제를 보면서 내 생각 중에서 생각 오류가 있는지 찾아보고, 거기에 밑줄을 그은 뒤 생각 오류의 이름을 써 보세요. – 여러분의 생각 중에도 오류가 있나요? 여러분뿐만 아니라 모든 사람의 생각에는 오류가 있을 수 있습니다.
정리 (5′)	🎯 **정리하기** ◆ 공부한 내용 확인하기 – 내 생각 중에서 오류가 있다는 것을 알고 인정하는 것은 중요합니다. 왜냐하면 자신의 생각에 오류가 있다는 것을 알아야 자신의 생각을 바꾸어야겠다는 각오를 하기 때문입니다. 나에게 기분 나쁜 일이 있을 때나 화가 나는 일이 있을 때 자신의 생각을 먼저 점검해 보세요. 🎯 **과제 제시 및 차시 예고하기** ◆ 과제 제시하기 〈과제 5-1〉 – 내가 기분이 나쁘거나 화가 나는 상황과 그때 들었던 생각, 느꼈던 정서, 그리고 자신이 했던 행동을 기록해 오세요. 윗부분의 표에만 기록하고 '생각이 달라지면' 부분은 기록하지 않습니다. ◆ 차시 예고하기 – 다음 시간에는 생각 오류를 합리적이고 긍정적인 생각으로 바꿔 보도록 하겠습니다.

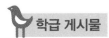 학급 게시물

생각 오류

논리상 맞지 않는 잘못된 생각 또는 나를 기분 나쁘게 하는 근거 없는 부정적인 생각

〈개인화〉

〈점술〉

〈재앙화〉

〈선택적 주의〉

〈흑백사고〉

〈과잉일반화〉

급식실에서

생각 오류 파헤치기

학년   반   이름

1. 개인화

자신의 실수가 아닌 것에 대해서도 모두 자신의 잘못 때문이라고 생각하고 스스로 비난하는 오류. 주변 사람들의 말이나 행동이 나에 대한 것이라고 생각하는 오류

예: 문구점 입구에서 몇몇 여학생들이 자기 반 담임 선생님 흉을 보면서 크게 웃었다. 충수가 문구점에 들어가다가 그 여학생들을 보고, 여학생들이 자신을 비웃었다고 생각했다. 얼굴이 빨개져서 문구점을 나와 집으로 가 버렸다.

2. 점술(점쟁이)

일어나지 않은 일에 대해서 충분한 근거 없이 미루어 짐작하는 오류. 아무런 증거 없이 다른 사람이 무슨 생각을 하는지 안다고 생각하거나 어떤 일이 발생했다고 믿는 오류

예: 준서 어머니는 준서의 생일에 파티를 열어 반 친구들을 초대하면 어떻겠냐고 준서에게 물었다. 준서는 친구들에게 물어보지는 않았지만 자신의 생일파티에 아무도 오지 않을 거라고 생각한다. 그래서 생일파티를 아예 안 하는 게 낫다고 생각한다.

3. 재앙화

어느 하나의 사건이 발생했을 때, 자신이 피할 수 없었던 불행한 사건이라고 생각하고 사건의 결과를 지나치게 확대하여 두려워하는 것

예: 엄마, 아빠가 부부싸움을 하시는 모습을 보고, 우리 가족은 곧 뿔뿔이 흩어져 살게 될 것이고 결국 가족 모두 불행해질 것이라고 걱정한다.

4. 선택적 주의

상황의 여러 측면 중에서 부정적인 특징에 대해서만 선택적으로 집중하는 경향

예: 현담이는 중간평가에서 전체 평균이 5점 올랐다. 수학만 3점이 떨어지고 다른 과목은 모두 점수가 올랐다. 평균이 올랐으니 현담이의 기분이 좋을 것 같았지만, 현담이는 점수가 떨어진 수학 생각으로 머리가 아파오기 시작했다.

5. 흑백사고(이분법적 사고)

모든 일에는 긍정적인 경우와 부정적인 경우 두 가지만 있다고 생각하고 제3의 다른 경우들을 생각하지 않는 오류. 즉, 다양한 상황을 좋다, 나쁘다 딱 둘로 나누어 생각하는 오류

예: 이 세상에는 인생 낙오자와 인생 성공자가 있다. 공부를 잘하는 아이는 인생 성공자이고, 공부를 못하는 아이는 인생 낙오자다. 나는 공부를 잘 못하니까 인생 낙오자다.

6. 과잉일반화

하나의 사건이 발생했을 때, 그 사건 하나에 근거해서 자신에 대한 전체적인 판단을 내리거나 부정적 사건이 끊임없이 생길 것이라고 결론을 내리는 것

예: 학급에서 수행평가를 위한 발표를 하면서 한 번 실수를 했는데 '나는 발표 무능자야, 난 앞으로 계속해서 발표를 망칠 거야.'라고 생각한다.

네 생각의 오류를 밝혀 주지

학년   반   이름

상황	생각 오류
(엄마가 어린 동생을 보고 미소 짓는 상황) 이 세상에는 부모의 사랑을 받는 자식과 사랑을 받지 못하는 자식이 있어. 엄마가 항상 예뻐하는 자식은 동생이고, 엄마가 항상 미워하는 자식은 나야.	
(엄마, 아빠가 부부싸움을 하는 상황) 엄마, 아빠가 싸우시는 것은 분명히 내가 공부도 못하고 부모님 말씀을 안 들어서야. 모두 다 내 잘못 때문이야.	
(빗물에 내 옷과 신발이 젖는 상황) 미영이가 생각하기에, 친구들에게는 항상 좋은 일만 일어나고 자신에게는 늘 우울한 일만 생긴다. 오늘도 지나가던 차가 빗물을 튀겨서 옷과 신발이 모두 젖었다. 그러나 미영이는 무거운 책가방을 메고 있었기 때문에 피할 힘조차도 없었다. 미영이는 주위를 잘 살피면서 걸어야겠다고 생각하는 대신 자신의 운명은 이 세상에서 일어나는 불행한 일을 모두 겪는 것이라고 생각한다.	
(외모에 자신이 없는 상황) 키가 크고 축구를 잘하는 기철이. 그러나 기철이는 여드름 때문에 고민이 많다. 여드름 때문에 좋아하는 여자 친구에게 고백도 못하고, 여드름이 악화될까 봐 축구도 안 한다. 또 여드름 걱정에 공부에도 집중이 안 된다. 여드름 생각만 하면 배가 뒤틀려서 밥도 먹을 수 없다.	

〈학습지 5-2〉 정답

1. 흑백사고

2. 개인화

3. 재앙화

4. 선택적 주의

<table>
<tr><td>과제
5-1</td><td colspan="2" align="center">나에게 이런 일이…</td></tr>
<tr><td></td><td colspan="2" align="center">학년   반   이름</td></tr>
</table>

🎁 내가 기분 나쁘거나 화가 나는 상황과 그때 들었던 자신의 생각, 느꼈던 정서, 했던 행동을 차례로 써 보세요.

상황	

생각	정서	행동

생각 오류:

생각이 달라지면…	정서	행동

사회정서학습(SEL) 통신문

행복한 학교 만들기 프로젝트! SEL

▶이번 주 우리는 배웠습니다!

> 1. 논리적으로 맞지 않거나 근거 없는 잘못된 생각이 생각 오류입니다.
> 2. 생각 오류에는 개인화, 점술, 재앙화, 선택적 주의, 흑백사고, 과잉일반화가 있습니다.
> 3. 내 생각에도 오류가 있을 수 있습니다.

▶내 생각의 오류를 찾고, 인식하면…

> 1. 내가 기분이 나쁘거나 화가 난 이유를 알 수 있습니다.
> 2. 화가 날 때, 내 생각을 점검할 수 있습니다.
> 3. 생각을 바꿀 수 있는 출발점이 됩니다.

▶가정에서

- 자녀의 실수가 아닌 일에 대해서 '그건 네 잘못이 아니야.'라고 분명하게 말해 주세요.
- 자녀가 어떤 상황에서 부정적인 생각만 한다면 자녀와 함께 그 상황의 긍정적인 측면을 찾아보세요.
- 부모님이 생각의 오류 때문에 부정적 결과를 초래했던 경험을 공유해 주세요.

6. 생각 바꿔 입기

수업목표	• 생각 오류를 찾는다. • 생각 오류를 수정한다.
주제의 중요성	논리적으로 맞지 않는 자신의 생각 오류를 찾는 활동을 통해 자신의 생각만이 옳다는 태도를 버리고 다른 사람의 생각도 존중할 수 있다. 또한 학생들의 생활에서 발생한 상황과 생각을 점검하고 생각 오류를 수정하는 활동을 통해 학생들이 앞으로 하게 될지도 모르는 생각 오류를 수정해 보겠다는 의욕을 북돋아 적극적이고 즐거운 생활을 하도록 도울 수 있다.
SEL 영역	☑ 자기인식 ☑ 자기관리 ☐ 사회적 인식 ☐ 관계기술 ☐ 책임 있는 의사결정
학습자료	〈학 습 지 6-1〉 나는 오늘 〈과 제 6-1〉 생각 오류 버리기 리스트

활동 흐름도

내 생각 오류 찾기 ⇒ 생각 오류 수정하기

핵심 내용

개념	내용
생각 오류	• 논리상 맞지 않는 잘못된 생각, 나를 기분 나쁘게 하는 근거 없는 부정적 생각 • 개인화, 점술, 재앙화, 선택적 주의, 흑백사고, 과잉일반화

지도상 유의점

• 자신을 포함한 모든 사람들의 생각에 오류가 있을 수 있다는 점을 강조하여, 자신의 생각에만 오류가 있다고 판단하지 않도록 주의한다.
• 생각 오류를 바꿀 수 있다는 점에 중점을 둔다.

학습 주제	내 생각 오류 찾고 수정하기		차시	6/9
학습 목표	• 내 생각의 오류를 찾을 수 있다. • 생각 오류를 수정할 수 있다.			
단계	학습과정			
도입 (10′)	🕐 **전시학습 상기하기** ◆생각 오류의 뜻과 종류 확인하기 　– 생각 오류는 논리상 맞지 않는 잘못된 생각 또는 나를 기분 나쁘게 하는 근거 없는 부정적인 생각을 말합니다. 　– 생각 오류의 종류에는 무엇이 있었지요? 누가 발표해 볼까요? (학생 발표) 네, 그래요. 생각 오류에는 개인화, 점술, 재앙화, 선택적 주의, 흑백사고, 과잉일반화가 있었습니다. 　– 지난 수업에서는 생각 오류가 무엇인지 살펴보고, 생각 오류의 종류를 알아보았습니다. 그리고 여러분들의 생각 중에 오류가 있는지도 찾아보았습니다. 🕐 **동기 유발하기** ◆화가 났던 경험 발표하기 〈과제 5-1〉 　– (4명씩 모둠 구성) 작성해 온 과제를 보면서 모둠원이 돌아가며 최근에 기분 나빴거나 화가 났던 경험과 그때 했던 생각을 말해 보세요. (모둠 활동) 🕐 **학습문제 제시하기** 　– 오늘은 여러분이 해 온 과제를 활용하여 여러분의 생각 중에서 생각 오류를 찾고 수정해 봅시다. 　　**학습문제** 　　내 생각의 오류를 찾고 수정해 보자.			
전개 (30′)	🕐 **학습순서 확인하기** 1. 내 생각의 오류 찾기 2. 생각의 오류 수정하기 🕐 **내 생각의 오류 찾기(15분)** ◆자신의 생각 중에서 생각 오류가 있는지 찾아보기 〈과제 5-1〉 　– 작성해 온 과제를 보면서 자신의 생각에 오류가 있는지 찾아보세요. 　– 과제를 하지 않은 학생은 오늘 있었던 일 중에서 한 가지만 골라 상황, 생각, 정서, 행동을 〈학습지 6-1〉에 씁니다. 　– 내 생각의 오류에 이름을 붙여 보세요. (학생 활동)			

※ '(학생 발표)' '(학생 활동)' 등은 교사의 질문이나 지시에 따른 학생의 기대 행동을 지칭하므로 이 부분에서는 학생이 반응하는 시간을 주셔야 합니다.

전개 (30′)	유의점: 자신의 생각 오류를 찾기 어려워하는 학생에게는 자신에게 있었던 일을 모둠원에게 이야기하고 모둠원들과 함께 생각 오류를 찾아보게 하는 것도 좋다. 단, 학생이 자신에게 있었던 일을 공개하기를 꺼려하면 이야기하라고 강요하지 않는다. – 생각 오류를 찾은 친구가 있나요? 자신이 찾은 생각 오류의 이름과 그렇게 생각한 이유를 발표해 볼까요? (학생 발표) – 우리들의 생각 중에도 생각 오류들이 많았네요. 🎯 **생각 오류 수정하기(15분)** ◆ 내 생각 오류를 수정하기 〈학습지 6-1〉 – 자신의 생각 오류 때문에 생긴 부정적 정서와 부정적 행동을 확인해 보세요. 이제, 자신의 부정적 생각과는 다른 생각을 찾아보도록 하겠습니다. 과제를 해 온 학생은 〈과제 5-1〉에, 다른 친구들은 〈학습지 6-1〉의 '생각이 달라지면'란에 다른 생각을 써 보세요. (학생 활동) 유의점: 자신의 생각 오류를 바꾸지 않으면 부정적 정서와 부정적 행동이 계속 된다는 점을 지적하여, 생각 오류를 수정하려는 동기를 갖게 한다. 유의점: 생각이 굳어져 한 가지 상황에서 다른 생각을 찾기 어려울 경우, 모둠활동으로 진행하여 모둠원의 도움을 받도록 한다. 다른 생각을 찾을 수 있도록 충분한 시간을 준다. – 수정한 내 생각에 따라 달라질 내 정서와 행동을 예상해서 써 보세요. 유의점: 생각 오류를 수정하면 긍정적인 결과가 나타날 수 있음을 알게 한다. – 내 생각을 어떻게 바꾸었는지 친구들 앞에서 말하고 그에 따라 달라질 결과를 예상하여 말해 봅시다. (학생 발표-자신의 생각 오류와 그에 따른 부정적인 결과, 수정한 생각에 따라 변화될 결과를 발표하기)
정리 (5′)	🎯 **정리하기** ◆ 공부한 내용 확인하기 – 나의 생각 오류를 찾고 수정하는 것은 중요합니다. 왜냐하면 자신의 잘못된 생각을 바꾸면 활기차고 즐거운 방향으로 행동이 변화하고 정서까지도 변화하기 때문입니다. 나에게 일어나는 기분 나쁜 일, 화가 나는 일에만 관심을 기울일 것이 아니라 내 생각을 긍정적으로 바꾸어서 즐겁고 행복한 일이 일어나게 할 수 있습니다. 유의점: 생각을 바꿀 필요성을 느끼고 실생활에서도 적용할 수 있게 연습하도록 한다. 내 생각에 오류가 있다는 것을 확인하는 데 멈추지 말고 생각을 바꿀 필요성을 인식하고 생각을 바꾸면 긍정적인 결과를 얻을 수 있다는 것을 확인하는 데 초점을 둔다. 🎯 **과제 제시 및 차시 예고하기** ◆ 과제 제시하기 〈과제 6-1〉 – 내가 일주일 동안 했던 생각 오류 또는 부정적 생각을 기록해 오세요. ◆ 차시 예고하기 – 다음 시간에는 긍정적인 생각을 연습하는 활동을 하겠습니다.

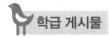 학급 게시물

★ 일상생활에서 되새겨 봅시다.

생각 오류

논리상 맞지 않는 잘못된 생각 또는 나를 기분 나쁘게 하는 근거 없는 부정적인 생각

〈개인화〉

〈점술〉

〈재앙화〉

〈선택적 주의〉

〈흑백사고〉

〈과잉일반화〉

나는 오늘

학년   반   이름

오늘 또는 최근에 우울했거나 기분 나빴던 일이 있었나요? 무슨 일이 있었는지 상황 칸에 쓰세요. 다음, 그 일이 생겼을 때 어떤 생각이 들었는지를 생각 풍선 안에 자세하게 써 보세요. 그리고 어떤 정서를 경험했는지 또는 어떤 행동을 했는지를 아래 빈 칸에 구체적으로 써 보세요.

상황	우울했거나 기분 나빴던 일:

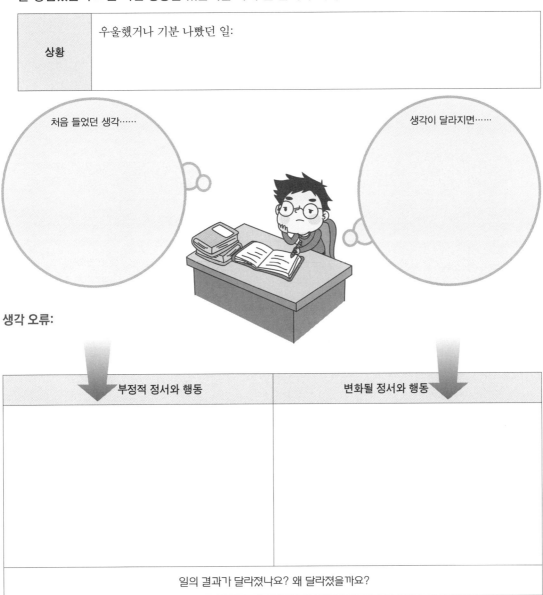

처음 들었던 생각……

생각이 달라지면……

생각 오류:

부정적 정서와 행동	변화될 정서와 행동
일의 결과가 달라졌나요? 왜 달라졌을까요?	

과제 6-1	생각 오류 버리기 리스트

학년   반   이름

✂️ 일주일 동안에 내가 한 생각 오류 또는 부정적 생각을 써 보세요.

1	
2	
3	
4	
5	
6	
7	
8	
9	
10	

사회정서학습(SEL) 통신문

행복한 학교 만들기 프로젝트! SEL

▶이번 주 우리는 배웠습니다!

1. 내 생각 중에 생각 오류가 있을 수 있다는 것을 알았습니다.
2. 내 생각은 내가 결정할 수 있습니다.
3. 비합리적이고 부정적인 생각을 내가 바꿀 수 있습니다.

▶내 생각의 오류를 수정하면…

1. 즐겁고 행복한 일이 많아집니다.
2. 기분 나쁘고 화나는 일이 적어집니다.
3. 내 정서와 행동을 내가 조절할 수 있습니다.

▶가정에서

• 자녀와 함께 자녀의 생각 오류를 찾아 주세요.
• 부모님의 생각을 자녀에게 알려주고 자녀와 함께 생각 오류를 찾아보세요.
• 생각 오류를 수정하여 긍정적 정서를 경험하고 합리적인 행동을 했던 부모님의 사례
  를 자녀와 함께 나누어 주세요.

수업목표	• 생각 오류 때문에 부정적 결과가 나타난다는 것을 이해한다. • 긍정적 생각을 한다.
주제의 중요성	생각 오류를 바꾸면 긍정적인 결과가 나타난다는 것을 이해함으로써, 긍정적 생각을 해야 할 필요성을 느낄 수 있다. 더 나아가 대인관계에서 상대가 화를 내거나 기분 나쁜 말이나 행동을 하는 경우 그 원인이 상대의 생각 오류 때문이라는 것을 이해하고 상대방을 비난하지 않을 수 있다. 그럼으로써 원만한 대인관계를 유지하는 데 도움이 된다.
SEL 영역	☑ 자기인식　　☑ 자기관리　　☐ 사회적 인식　　☐ 관계기술　　☐ 책임 있는 의사결정
학습자료	〈학 습 지 7-1〉 긍정적 생각 '역할극 대본' 〈학 습 지 7-1〉 추가 긍정 생각 연습하기 〈과　　제 7-1〉 긍정 생각 리스트

활동 흐름도

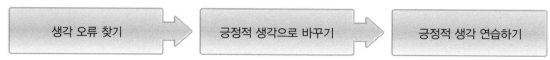

핵심 내용

개념	내용
긍정적 생각	• 긍정적인 정서를 느끼게 하고 활기찬 행동을 하게 만드는 생각

지도상 유의점

• 학생이 부정적인 정서를 표현하거나 부적절한 행동을 하는 경우, 스스로 자신의 생각 오류를 확인하고 긍정적 생각으로 바꾸어야겠다는 의지를 가질 수 있도록 지도한다.
• 실생활에서 긍정적 생각을 하는 연습을 충분히 하도록 한다.

학습 주제	긍정적으로 생각하기	차시	7/9
학습 목표	• 생각 오류를 수정하면 부정적 결과를 피할 수 있음을 이해할 수 있다. • 긍정적 생각을 할 수 있다.		
단계	학습과정		

단계	학습과정
도입 (10′)	⊙ **전시학습 상기하기** ◆ 공부한 내용 확인하기 – 지난 수업에서는 자신의 생각 오류를 찾고, 다른 생각으로 바꾸어 보았습니다. 생각 오류를 찾아서 다른 생각으로 바꾸면 여러분이 즐거운 정서를 느낄 수 있고 부적절한 행동을 줄일 수 있습니다. ⊙ **동기 유발하기** ◆ 생활에서의 변화 말해 보기 – 지난 일주일 동안 여러분의 생각 오류를 찾아서 수정한 경험이 있나요? (학생 발표) 그런 경험이 있다면, 이전에 비슷한 상황에서 발생했던 결과와 비교하여 달라진 점을 발표해 보세요. (학생 발표) 예: 〈상 황〉: 엄마가 나에게 숙제하라고 잔소리하는 상황 　〈생각 오류〉: 또 잔소리야. 엄마 잔소리는 정말 지겨워. 엄마가 이래라 저래라 하는 말을 따를 수 밖에 없어서 내 의지란 건 아예 생기지도 못할 거야. 　〈예상 결과〉: 정서-화가 나고 짜증이 난다. 　　　　　　　행동-방문을 쾅 닫고 내 방으로 들어와서 엄마의 잔소리가 들리지 않게 이불을 뒤집어쓰고 낮잠을 잔다. 다음 날, 숙제를 하지 않아서 오후에 남아 청소를 한다. 　〈바꾼 생각〉: 어, 숙제를 깜박 잊어 버렸네. 숙제를 하지 않으면 내일 오후에 남아서 청소해야 하는데 엄마 잔소리는 중요한 걸 잊지 않게 알려주는 알람시계 같아. 　〈결 과〉: 정서-화가 나지 않았다. 　　　　　　　행동-숙제를 하고, 편안한 저녁 시간을 보냈다. ⊙ **학습문제 제시하기** – 우리는 지금까지 긍정적 생각으로 여러분의 생활이 달라질 수 있다는 것을 확인했습니다. 여러분이 일상생활에서도 쉽게 긍정적 생각을 할 수 있도록 오늘은 긍정적 생각을 연습해 봅시다. 　[학습문제] 　긍정적 생각을 연습해 보자.
전개 (30′)	⊙ **학습순서 확인하기** 1. 생각 오류 찾기

※ '학생 발표', '학생 활동' 등은 교사의 질문이나 지시에 따른 학생의 기대 행동을 지칭하므로 이 부분에서는 학생이 반응하는 시간을 주셔야 합니다.

	2. 긍정적 생각으로 바꾸기 3. 긍정적 생각 연습하기

◎ 생각 오류 찾기(5분)

◆ [모둠] 버려야 할 내 생각의 오류 확인하기 〈과제 6-1〉

- 지난 시간 과제를 보면서 자신이 일주일 동안 기록한 버려야 할 생각 오류 또는 부정적 생각을 확인해 보도록 하겠습니다.
- 모둠원들이 돌아가면서 자신의 생각 오류 버리기 리스트를 말해 봅시다. (모둠 활동)

유의점: 생각 오류에 이름을 붙이는 활동을 병행할 수도 있다.

◎ 긍정적 생각으로 바꾸기(15분)

◆ [모둠] 모둠원들이 말한 생각 오류를 긍정적 생각으로 바꾸기 〈학습지 7-1〉

- 모둠원들이 말한 생각 오류를 역할극을 이용하여 긍정적 생각으로 바꾸는 활동을 해 보겠습니다.
- (활동 방법을 ppt 혹은 칠판 판서로 보여 준다.) 다음의 활동 방법을 보면서 역할극 대본을 만들어 보세요.

> 〈활동 방법〉
> 〈장면 1〉 ① 모둠원들이 말한 생각 오류 중에서 한 가지 선택하기
>   ② 생각 오류로 추정할 수 있는 상황 만들기
>   ③ 예상되는 결과(정서와 행동)를 추측하기
>   ④ 상황-생각-정서 또는 행동을 연결하여 장면 1 대본 만들기
> 〈장면 2〉 ① 장면 1의 생각 오류를 긍정적 생각으로 바꾸기
>   ② 예상되는 결과(정서와 행동)를 추측하기
>   ③ 상황-생각-정서 또는 행동을 연결하여 장면 2 대본 만들기

유의점: 여러 가지 긍정적 생각을 추가하여 여러 개의 장면을 만들 수 있다. 일상생활에서 자주 발생하는 상황을 선택하여 학생들이 실생활에 적용할 수 있도록 한다. 모둠원의 생각 오류 중에서 주제를 선택하지 못한 모둠은 학습지에 제시되어 있는 상황 중에서 선택하게 한다.

- '무슨 이유가 있을 거야.' '그럴 수도 있지.' '한 번 더 생각해 보자.' '좋은 방법이 있을 거야.' '나도 그런 적이 있었어.' 등의 문구를 사용해 보세요. (모둠 활동)

◎ 긍정적 생각 연습하기(10분)

◆ [모둠] 역할극 발표하기

- 모둠원과 함께 역할극을 발표해 봅시다. 여러분들이 만든 장면 1과 2가 어떻게 다른지 주의해서 역할극을 봅시다.
- 다른 모둠의 역할극을 볼 때, 여러분이 해야 할 일이 한 가지 있어요. 역할극을 보고 나서 긍정 생각의 달인 모둠을 선정합니다. 여러분은 각 모둠의 역할극을 보면서 '저렇게 생각할 수도 있구나.' 또는 '나도 저렇게 해 보아야지.'라는 생각이 드는 모둠을 마음속으로 선정해 주세요.
- 어느 모둠부터 발표해 볼까요? (모둠 발표)

유의점: 역할극을 준비한 모든 모둠이 발표할 수 있도록 격려한다. 학급 보상제를 실시하는 학급의 경우, 긍정 생각의 달인으로 선정될 모둠에게는 보상을 줄 것이라고 예고할 수도 있다.

전개 (30′)

전개 (30′)	– 모둠의 역할극을 모두 보았습니다. 예고한 대로 긍정 생각의 달인 모둠을 뽑아 봅시다. 달인 모둠을 추천할 때는 적절한 이유도 함께 말해 주세요. (학생 발표) 예: "○○모둠을 긍정 생각의 달인으로 추천합니다. 왜냐하면 저는 부모님께 꾸중을 들을 때는 부모님이 나를 미워한다고 생각했습니다. 부모님께서 나를 위해서 꾸중을 한다고 한 번도 생각해 보지 못했는데 ○○모둠의 역할극을 보면서 나를 위해서 꾸중을 한다는 것을 알게 되었기 때문입니다." – (달인 추천을 많이 받은 모둠을 긍정 생각의 달인으로 선정한다.) 추천을 가장 많이 받은 ○○모둠이 긍정 생각의 달인 모둠으로 선정되었습니다. 축하합니다. 비록 긍정 생각의 달인 모둠으로 한 모둠만 선정하였지만 여러분 모두는 긍정 생각의 달인이 될 수 있습니다. ◆ 긍정적 생각 연습하기 〈학습지 7-1〉 – 〈과제 6-1〉에 기록해 온 버려야 할 부정적 생각들을 긍정적 생각으로 바꾸어 보세요. 생각이 잘 정리되었다면, 이제 발표해 볼까요? (학생 발표) 유의점: 활동 시간이 부족하다면 〈과제 7-1〉과 통합하여 실시한다. 예: "〈학습지 7-1〉의 뒷면에는 〈과제 6-1〉의 부정적 생각들을 긍정적 생각으로 바꾸어 볼 공간이 준비되어 있지만 오늘은 활동 시간이 부족해서 할 수가 없습니다. 긍정적 생각 연습은 잠시 후에 제시할 오늘의 과제에서 해 봅시다."
정리 (5′)	◎ 정리하기 ◆ 공부한 내용 확인하기 – 평상시에 긍정적 생각을 많이 하는 사람은 부정적 결과를 줄일 수 있습니다. 여러분이 어떤 상황에 처하거나 사건을 접할 때 자동적으로 긍정적 생각을 할 수 있도록 평소에 긍정적 생각을 하는 연습을 많이 합시다. 긍정적 생각을 더 많이 할 수 있게 도와주는 말을 함께 연습해 봅시다. – 〈과제 7-1〉 위에 있는 긍정 생각 팁을 모두 다 함께 큰 소리로 읽어 볼까요? (전체 학생들이 다 함께 읽도록 한다.) '내가 모르는 무슨 이유가 있을 거야, 그럴 수도 있지, 한 번 더 생각해 보자, 더 좋은 방법이 있을 거야, 나도 그런 적이 있었어.' 유의점: 긍정적 생각을 머릿속에서만 생각하는 것에 그치지 않고 말로 표현할 수 있도록 격려한다. ◎ 과제 제시 및 차시 예고하기 ◆ 과제 제시하기 〈과제 7-1〉 – 이번 과제는 일주일 동안 한 긍정적 생각을 기록해 오는 것입니다. 또 다음 시간에 다시 만날 때까지 학교에서든 집에서든 긍정적 생각을 표현하는 말을 많이 사용해 보도록 해요. 혹시 자신이 한 긍정적 생각을 찾기가 어렵다면 〈학습지 7-1〉의 예시 상황에서 내가 할 수 있는 긍정적 생각들을 써 와도 좋습니다. 과제는 ○요일 ○시 전까지 학급 게시판(또는 교사가 지정하는 장소)에 붙여 주세요. 그리고 긍정 생각의 달인을 추천하는 스티커를 과제 학습지 추천 코너에 붙여 주세요. 추천할 수 있는 사람은 단 2명입니다. ◆ 차시 예고하기 – 다음 시간에는 인간의 다섯 가지 욕구에 대하여 공부하겠습니다.

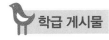 학급 게시물

★ 하루에 세 번씩 소리내어 말해 봅시다.

긍정 생각 팁

• 내가 모르는 무슨 이유가 있을 거야

• 그럴 수도 있지

• 한 번 더 생각해 보자

• 더 좋은 방법이 있을 거야

• 나도 그런 적이 있었어

긍정적 생각 〈역할극 대본〉

학년   반   이름

● 예시 상황 ●

가족들이 내 성적을 친구의 성적과 비교할 때 / 친구들이 계속 놀리거나 때릴 때 /
내 발표를 듣고 반 아이들이 웃을 때 / 친구들이 나를 무시할 때 /
다른 친구만 칭찬받을 때 / 내 잘못이 아닌데 나만 혼날 때 /
시험공부를 열심히 했는데 성적이 좋지 않을 때

🎁 우리 모둠이 선택한 상황 : (   )

※ 얼굴 윤곽선 안에 얼굴표정을 그려 넣고, 말풍선에는 얼굴표정에 맞는 대사를 써 넣으세요.

긍정 생각 연습하기

학년   반   이름

1	
2	
3	
4	
5	
6	
7	
8	
9	
10	

과제 7-1	긍정 생각 리스트
	학년 　반　 이름

🎁 일주일 동안 내가 한 긍정적 생각을 떠올려 보고, 가능한 한 많이 써 보세요.

● 긍정 생각 팁 ●

• 내가 모르는 무슨 이유가 있을 거야.　　• 그럴 수도 있지.
• 한 번 더 생각해 보자.　　　　　　　　• 더 좋은 방법이 있을 거야.
• 나도 그런 적이 있었어.

1	
2	
3	
4	
5	
6	
7	
8	
9	
10	

긍정 생각 달인 추천! 추천!

사회정서학습(SEL) 통신문

행복한 학교 만들기 프로젝트! SEL

▶이번 주 우리는 배웠습니다!

1. 부정적 생각을 긍정적 생각으로 바꿀 수 있습니다.
2. 생각을 바꿔서 정서와 행동까지 변화시킬 수 있습니다.
3. 부정적인 생각을 긍정적인 생각으로 바꾸면 생활이 즐거워집니다.

▶긍정적 생각을 하면…

1. 부정적인 정서나 부적절한 행동이 감소합니다.
2. 즐겁고 행복한 일이 많아집니다.

▶가정에서

• 자녀가 실수한 경우 '그럴 수도 있지. 다시 해 보자.'라고 말해 주세요. 부모님의 격려에 자녀는 다시 도전할 수 있습니다.
• 자녀가 기분이 나쁘거나 화가 났을 때 '긍정적 생각'을 외쳐 주세요. 그리고 자녀가 생각할 수 있는 시간을 주세요.
• 가정에서 자녀의 달라진 점을 주의 깊게 살펴보고 말해 주세요.

8. 다섯 손가락 욕구

수업목표	• 인간의 다섯 가지 욕구를 말한다. • 다섯 가지 욕구를 구분한다.
주제의 중요성	학생들이 자신의 욕구가 무엇인지 아는 것은 자기이해에 도움을 줄 수 있다. 또한 타인도 나와 같은 욕구를 가지고 있다는 것을 알게 되면 다른 사람을 더 잘 이해하게 된다. 서로의 욕구가 부딪칠 때 우리는 갈등을 경험한다. 이러한 갈등 상황에서 나의 욕구와 타인의 욕구를 구분하고 각각의 욕구를 좀 더 구체적으로 이해하는 활동은 갈등해결의 기초가 될 수 있다.
SEL 영역	☑ 자기인식　　☐ 자기관리　　☑ 사회적 인식　　☐ 관계기술　　☐ 책임 있는 의사결정
학습자료	〈학 습 지 8-1〉 일주일의 방학이 생긴다면 〈수업자료 8-1〉 욕구를 맞춰라 퀴즈 〈과　　제 8-1〉 채워지지 않은 나의 욕구

활동 흐름도

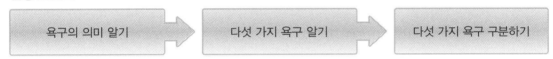

핵심 내용

개념	내용
욕구	• 욕구란 무엇을 얻거나 무슨 일을 하고자 바라는 심리적 상태를 의미하고 행동을 일으키는 동기의 요인으로 작용한다.
다섯 가지 욕구	• 생존의 욕구 • 사랑과 소속의 욕구 • 힘 성취의 욕구 • 자유의 욕구 • 즐거움의 욕구

지도상 유의점

• 욕구라는 단어를 학생들이 어려워할 경우 '바라는 것' 또는 '원하는 것'으로 바꾸어 표현해도 좋다.
• 일상생활의 상황들이 어떤 욕구와 관련되는지를 설명한다.
• 다음의 영상은 이번 차시와 관련된 영상으로, 추가 학습자료로 활용할 수 있다.
　① 삼성사회정신건강연구소 교육용 플래시 애니메이션 2편. want

학습 주제	인간의 다섯 가지 욕구 이해하기	차시	8/9
학습 목표	• 인간의 다섯 가지 욕구를 말할 수 있다. • 다섯 가지 욕구를 구분할 수 있다.		
단계	학습과정		

단계: 도입 (8′)

🎯 **전시학습 상기하기**

◆ 공부한 내용 확인하기

– 지난 시간에 무엇을 배웠는지 말해 볼까요? (학생 발표)

– 네. 지난 시간에는 긍정적 생각에 대해서 배우고, 그와 관련해서 역할극도 해 보았습니다.

◆ 과제 확인하기

– 일주일 동안 어떤 긍정적 생각들을 했었는지, 긍정적 생각을 하니까 어떤 변화가 있었는지 말해 볼까요? (학생 발표)

– 여러분이 해 온 과제를 보고 긍정 생각 달인을 선정한 결과, ○○가 긍정 생각 달인으로 선정되었습니다. ○○, 긍정 생각 달인으로 선정된 것을 다 같이 축하합시다.

🎯 **동기 유발하기**

◆ 자신의 욕구 탐색하기 〈학습지 8-1〉

– 하고 싶은 일은 무엇이든 할 수 있는 방학이 일주일 주어진다면, 여러분은 무엇을 하고 싶은가요? 단, 용돈은 10만 원이 있습니다. 여러분이 하고 싶은 것을 학습지에 써 보세요. (학생 활동)

– 방학 동안 하고 싶은 것을 말해 봅시다. (학생 발표)

🎯 **학습문제 제시하기**

– 하고 싶은 일들이 참 다양하네요. 이 시간에는 우리가 하고 싶어 하는 것, 바라는 것에는 어떤 것들이 있는지, 다른 말로 표현하면 인간의 욕구에는 어떤 것들이 있는지 알아보도록 하겠습니다.

> **학습문제**
>
> 인간의 욕구에는 어떤 것들이 있는지 알아보자.

단계: 전개 (32′)

🎯 **학습순서 확인하기(1분)**

1. 욕구의 의미 알기
2. 다섯 가지 욕구 알기
3. 다섯 가지 욕구 구분하기

🎯 **욕구의 의미 알기(2분)**

◆ 욕구의 의미 알아보기

※ '(학생 발표)' '(학생 활동)' 등은 교사의 질문이나 지시에 따른 학생의 기대 행동을 지칭하므로 이 부분에서는 학생이 반응하는 시간을 주셔야 합니다.

– 우리에게 일주일의 방학이 주어진다면 하고 싶은 일들이 있는 것처럼 욕구란 무엇을 얻거나 무슨 일을 하고자 바라는 것을 의미합니다.

◎ 다섯 가지 욕구 알기(9분)

◆ 다섯 가지 욕구 알기

– 우리 모두는 충족시키려고 노력하는 기본적인 욕구 다섯 가지를 가지고 있습니다. 그것은 생존의 욕구, 사랑과 소속의 욕구, 힘 성취의 욕구, 즐거움의 욕구, 자유의 욕구입니다. (칠판에 다섯 가지 욕구를 판서한다.) 우리가 어떤 행동을 할 때는 다섯 개 욕구 중에서 어느 하나의 욕구라도 충족시킬 수 있기 때문에 바로 그 행동을 스스로 선택해서 하는 것입니다. 모든 사람들이 다섯 가지 욕구를 가지고 있지만, 사람마다 욕구를 가진 정도는 다릅니다. 먼저, 다섯 가지 욕구를 하나씩 살펴볼까요?

> • 생존의 욕구: 숨 쉬고, 배고플 때 먹고, 추울 때 따뜻한 옷을 입는 것처럼 건강을 유지하고 생존하고자 하는 욕구
> • 사랑과 소속의 욕구: 사회에 소속되어 다른 사람들과 관계를 유지하면서 사랑하고 사랑받으며 서로 돌보며 살고자 하는 욕구
> • 힘 성취의 욕구: 성적을 높이고 능력을 인정받으며 경쟁을 통해 무엇인가 성취하여 중요한 존재로 인정받고 사회적 지위를 추구하고 싶어 하는 욕구
> • 자유의 욕구: 무엇을 선택하고 자율적으로 행동하고 싶은 욕구
> • 즐거움의 욕구: 새로운 것을 학습하고 놀이를 통해 즐기고자 하는 욕구

◎ 다섯 가지 욕구 구분하기(20분)

전개 (32′)

◆ 자신의 욕구를 5가지로 구분하기 〈학습지 8-1〉

– 앞에서 여러분이 일주일의 방학 중에 하고 싶다고 적었던 일들을 다섯 가지 욕구로 분류해 보세요. (학생 활동)

– 일주일의 방학 중에 여러분이 하고 싶은 일들은 어떤 욕구에 속해 있는지 말해 볼까요? (학생 발표)

◆ [모둠] '욕구를 맞춰라' 퀴즈하기 〈수업자료 8-1〉

– 다섯 가지 욕구에 대하여 공부한 내용을 정리하는 퀴즈를 해 보겠습니다. 우선, 모둠을 만들 거예요. (5~7명의 모둠 구성)

– 자 이제, 선생님이 말하는 상황을 잘 듣고 다섯 가지 욕구 중 어떤 욕구에 해당하는지를 맞춰 볼 거예요. 각 상황이 어떤 욕구를 충족시켜 주는지 혹은 어떤 욕구의 충족을 방해하는지 맞추면 됩니다. 게임의 규칙을 설명하겠습니다.

> **〈퀴즈 방법〉**
> 1. 모든 모둠을 동일한 크기로 구성한다.
> 2. 문제를 풀 모둠원의 순서를 정한다(1번, 2번, 3번, …).
> 3. 교사가 상황을 보여 주면 각 모둠 중 1번 학생만 손을 들어 문제를 맞힌다.
> 4. 교사가 두 번째 상황을 보여 주면 각 모둠원 중 2번 학생만 문제를 맞힌다(마지막 모둠원까지 되풀이된다).
> 5. 문제를 가장 많이 맞힌 모둠이 승리한다.

유의점: 교사는 〈수업자료 8-1〉의 상황을 불러주거나, ppt로 제시할 수 있다. 이 게임의 목적은 욕구에 대한 이해를 돕기 위함이므로 정답에 없더라도 학생이 논리적으로 적절한 이유를 말하면 정답으로 인정한다.

정리 (5′)	✦◎ 정리하기 ◆ 공부한 내용 확인하기 – 오늘 배운 다섯 가지 욕구를 다 같이 말해 볼까요? (학생 발표) – 네. 그렇습니다. 앞으로는 여러분이 어떤 행동을 할 때 다섯 가지 욕구 중 어느 욕구를 충족 시키려고 하는지 생각하세요. – 오늘 공부를 통해 느낀 점을 말해 볼까요? (학생 발표) 자신의 욕구를 살펴보는 것은 중요합 니다. 또한 어떤 상황에서 타인은 어떤 욕구를 충족시키기 위해 그런 행동을 하는지를 살펴 보는 것도 매우 중요합니다. 여러분이 자신의 욕구와 타인의 욕구를 정확하게 파악하면, 여 러분 자신을 더 잘 이해할 수 있고 상대방도 잘 이해할 수 있기 때문에 더욱 좋은 인간관계를 유지할 수 있답니다. ✦◎ 과제 제시 및 차시 예고하기 ◆ 과제 제시하기 〈과제 8-1〉 – 여러분 자신의 다섯 가지 욕구 중 요즘 가장 충족되지 않고 있는 욕구가 무엇인지 생각해 보 는 과제를 해 오세요. ◆ 차시 예고하기 – 다음 시간에는 오늘 배운 욕구가 어떻게 채워지는지에 대해 살펴보겠습니다.

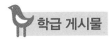

★ 나는 어떤 '욕구'를 채우기 위해 그렇게 행동하기로 '선택'한 걸까?

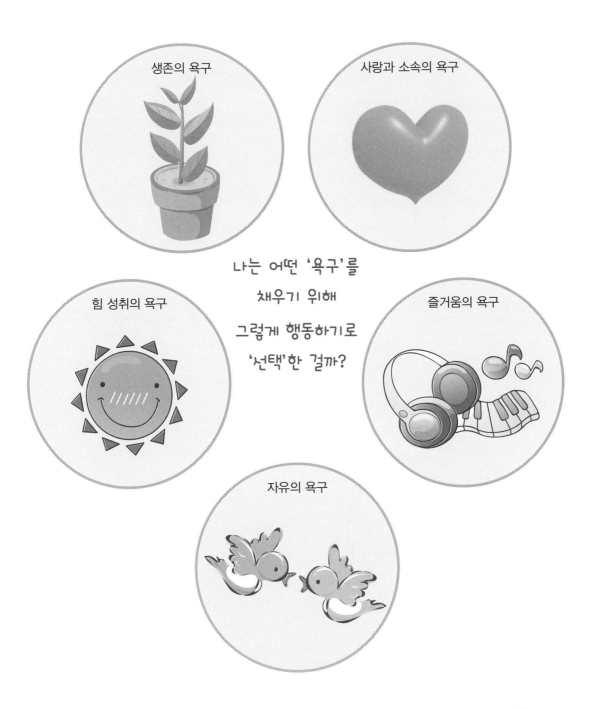

일주일의 방학이 생긴다면

학년   반   이름

🎁 일주일의 방학 동안, 10만원으로 내가 하고 싶은 일은 무엇이든지 할 수 있습니다. 하고 싶은 것을 자유롭게 적어 보세요.

욕구를 맞춰라 퀴즈

🎁 각 상황에서 여러분의 어떤 욕구가 충족되는지 또는 어떤 욕구의 충족이 방해 받는지를 말하세요.

상황	욕구
친구에게 문자메시지로 소식을 전했다.	사랑과 소속의 욕구
이제 막 숙제하려는데 '숙제해'라는 엄마의 말이 나를 숙제하기 싫게 만들었다.	자유의 욕구
열심히 공부해서 성적이 올랐다.	힘 성취의 욕구
발표할 자료를 열심히 만들어 완성했다.	힘 성취의 욕구
내일 볼 시험이 걱정되긴 했지만, 친구와 함께 노래방에 갔다.	즐거움의 욕구, 사랑과 소속의 욕구
학원이 쉬는 날이다.	자유의 욕구
엄마가 사 오신 옷이 마음에 안 들었다.	자유의 욕구
다이어트를 결심했는데, 밤늦게 라면을 먹고 후회했다.	힘 성취의 욕구
게임에서 레벨이 상승했다.	힘 성취의 욕구
친구들과 노래방에서 신나게 놀았다.	즐거움의 욕구
맛있는 음식을 먹었다.	생존의 욕구
○○이는 왕따다.	사랑과 소속의 욕구
오랜만에 아빠와 이런저런 이야기를 나누었다.	사랑과 소속의 욕구
달리기에서 1등을 했다.	힘 성취의 욕구
친구들과 게임을 했다.	즐거움의 욕구, 사랑과 소속의 욕구
안마를 해드렸더니 아빠가 좋아하셨다.	사랑과 소속의 욕구
발표를 잘했다고 선생님께서 칭찬해 주셨다.	힘 성취의 욕구
학교 축제를 즐겼다.	즐거움의 욕구
친구가 생일 선물을 사주었다.	사랑과 소속의 욕구
주말에 혼자 집에 있었다.	자유의 욕구
문제집 한 권을 끝마쳤다.	힘 성취의 욕구
요즘 취미로 그림을 그리고 있다.	즐거움의 욕구
내가 컴퓨터를 쓰고 있는데 형이 쓰겠다고 비키라고 한다.	자유의 욕구
밥을 배부르게 먹었다.	생존의 욕구
친구들과 시내를 돌아다녔다.	자유의 욕구, 즐거움의 욕구, 사랑과 소속의 욕구
난 내년에 전교회장이 되고 싶다.	힘 성취의 욕구
K-Pop을 들으면 저절로 고개가 흔들어진다.	즐거움의 욕구
경험치 더블데이에는 열심히 게임을 한다.	힘 성취의 욕구
난 짜장면이 먹고 싶은데 엄마가 짬뽕 먹으라고 하신다.	자유의 욕구
방학 동안 마음먹고 독해집 한 권을 끝마쳤다.	힘 성취의 욕구

<table>
<tr><td>과제
8-1</td><td>채워지지 않은 나의 욕구</td></tr>
<tr><td></td><td>학년   반   이름</td></tr>
</table>

🎁 누구나 채우고 싶은 욕구를 가지고 있습니다. 자신의 욕구 중에서, 요즈음 채워지지 않고 있는 욕구를 생각나는 대로 써 보세요. 그리고 내 욕구가 채워지지 않는 이유는 무엇인지 자유롭게 써 보세요.

_____

_____

_____

_____

_____

_____

_____

_____

_____

_____

사회정서학습(SEL) 통신문

행복한 학교 만들기 프로젝트! SEL

▶이번 주 우리는 배웠습니다!

1. 인간은 누구나 다섯 가지 욕구(생존의 욕구, 사랑과 소속의 욕구, 힘 성취의 욕구, 자유의 욕구, 즐거움의 욕구)를 가지고 있습니다.
2. 욕구 충족을 원하는 정도는 사람마다 다릅니다.
3. 인간은 누구나 욕구를 충족시키기 위해 어떤 행동을 선택합니다. 그러므로 자신의 선택에 대해서는 스스로 책임을 져야 합니다.

▶욕구에 관심을 가지면…

1. 내가 원하는 것이 무엇인지 구체적으로 알 수 있습니다.
2. 내 행동의 원인을 잘 이해할 수 있습니다.
3. 책임감이 길러집니다.

▶가정에서

• '이 상황에서 넌 어떤 욕구를 채우길 원해?' 혹은 '요즘 어떤 욕구가 채워지지 않는 것 같아?'와 같은 질문으로 자녀들이 자신의 마음을 살펴볼 수 있도록 도와주십시오.
• 행동을 선택하는 사람은 바로 '자신'이기 때문에 그 행동에 대해서는 책임져야 함을 이야기 나누어 주세요.

9. 찰칵! 행복 셀카

수업목표	• 욕구 충족의 중요성을 설명한다. • 다섯 가지 욕구가 채워지는 상황을 말한다.
주제의 중요성	건강한 사람은 건설적인 행동, 긍정적이고 합리적 사고, 건강한 활동을 통해 욕구를 충족한다. 학생들이 자신의 욕구가 어떻게 충족되고 있는지를 확인함으로써 자기인식을 촉진할 수 있다. 더 나아가 자신의 채워지지 않은 욕구가 무엇인지를 파악하고, 자신의 욕구를 채울 수 있는 합리적인 방법에 대해 고민함으로써 더욱 행복한 삶을 계획할 수 있다. 또한 타인의 욕구를 채워줄 수 있는 방법에 대해서도 알게 된다.
SEL 영역	☑ 자기인식 ☑ 자기관리 ☐ 사회적 인식 ☐ 관계기술 ☐ 책임 있는 의사결정
학습자료	〈준　　비　　물〉모둠별 전지, 색연필, 크레파스 〈학 습 지 9-1〉욕구가 채워지는 상황을 적어 봐요 〈과　　　제 9-1〉나는야 욕구 충족 해결사

활동 흐름도

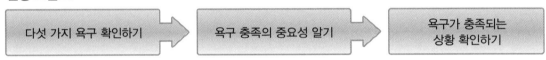

다섯 가지 욕구 확인하기 ➡ 욕구 충족의 중요성 알기 ➡ 욕구가 충족되는 상황 확인하기

핵심 내용

개념	내용
욕구 충족의 중요성	인간은 모두 생존, 사랑과 소속, 힘 성취, 즐거움, 자유의 다섯 가지 욕구에 의해 움직인다. 만일 우리가 자신의 욕구를 효율적으로 충족시키되 그에 대한 책임을 지는 행동을 배우고, 동시에 다른 사람들의 욕구 충족을 방해하지 않는 생각과 행동을 배운다면, 행복하고 건강한 생활을 영위할 수 있다.

지도상 유의점

- 욕구가 채워지는 상황을 좀 더 구체적으로 쓰도록 지도한다.
- 학생이 활동에 어려움을 보인다면 다른 학생들의 발표를 들으면서 떠오르는 생각을 쓰게 한다.

학습 주제	욕구 충족의 중요성 이해하기	차시	9/9
학습 목표	• 욕구 충족의 중요성을 설명할 수 있다. • 다섯 가지 욕구가 채워지는 상황을 말할 수 있다.		
단계	학습과정		
도입 (5′)	🎯 **전시학습 상기하기** ◆ 공부한 내용 확인하기 – 지난 시간에 우리는 인간의 다섯 가지 욕구에 대해 배웠습니다. 다섯 가지 욕구에는 어떤 것들이 있었지요? (학생 발표) – 그렇지요. 생존의 욕구, 사랑과 소속의 욕구, 힘 성취의 욕구, 자유의 욕구, 즐거움의 욕구가 있었지요. ◆ 과제 확인하기 – 다섯 가지 욕구 중에서 요즘 여러분에게 채워지지 않고 있는 욕구가 있었나요? (학생 발표) – 채우고 싶은 욕구가 채워지지 않으면 어떤가요? (학생 발표) 🎯 **학습문제 제시하기** – 이 시간에는 다섯 가지 욕구가 채워지는 것이 왜 중요한지, 그리고 어떤 상황에서 욕구가 채워지는지를 알아보겠습니다. 【학습문제】 욕구 충족의 중요성과 욕구가 충족되는 상황을 알아보자.		
전개 (35′)	🎯 **학습순서 확인하기**(1분) 1. 다섯 가지 욕구 확인하기 2. 욕구 충족의 중요성 알기 3. 욕구가 충족되는 상황 확인하기 🎯 **욕구 충족의 중요성 알기**(4분) ◆ 욕구 충족이 중요한 이유 알기 – 지난 시간에 배웠듯이 모든 인간은 생존, 사랑과 소속, 힘 성취, 즐거움, 자유의 욕구를 가지고 있습니다. 우리가 어떤 행동을 하든지 그 목적은 다섯 가지 욕구 중 하나 혹은 둘 이상의 욕구를 채우기 위한 것입니다. 욕구가 채워질 때 우리는 행복을 느낍니다. 만일 우리가 효율적으로 자신의 욕구를 채우는 방법을 선택하고 자신이 선택한 행동에 대해 책임을 진다면, 그리고 다른 사람들의 욕구 충족을 방해하지 않는 방식으로 생각하고 행동한다면, 우리는 행복하고 건강한 생활을 할 수 있게 됩니다.		

※ '(학생 발표)' '(학생 활동)' 등은 교사의 질문이나 지시에 따른 학생의 기대 행동을 지칭하므로 이 부분에서는 학생이 반응하는 시간을 주셔야 합니다.

전개 (35′)	✿◎ 욕구가 충족되는 상황 확인하기(30분) ◆ 다섯 가지 욕구가 채워지는 순간을 학습지에 적기 〈학습지 9-1〉 　－〈학습지 9-1〉을 보면 다섯 가지 그림이 있습니다. 각각 어떤 욕구를 상징할까요? (학생 발 　　표) 새싹은 생존의 욕구, 하트는 사랑과 소속의 욕구, 해는 힘 성취의 욕구, 새는 자유의 욕구, 　　음표는 즐거움의 욕구를 상징합니다. 　－ 욕구가 채워지는 상황에서 우리는 행복을 느낍니다. 각각의 욕구가 채워지는 상황을 학습지 　　에 적어 보세요. (학생 활동) 　　예: 사랑과 소속의 욕구－엄마가 맛있는 음식을 해 주시며 나를 돌봐 주실 때 　　　　힘 성취의 욕구－성적이 올라서 칭찬받을 때 ◆ [모둠] 욕구가 채워지는 상황 공유하기 　－ (개인 활동이 끝난 후 모둠별로 전지와 색연필, 크레파스를 나누어 준다.) 모둠별로 욕구가 　　채워지는 상황들을 서로 이야기 나누어 보고 전지에 적어 봅시다. 　－ 모둠 친구들이 이야기 나눈 내용을 모둠 중 한 명이 발표해 보겠습니다. (모둠 발표) 　　유의점: 욕구가 채워지는 상황을 쓰지 못하는 학생들을 독려하여, 하나의 욕구에 최소 4개의 욕구 충족 상황을 　　쓸 수 있도록 한다.
정리 (5′)	✿◎ 정리하기 ◆ 공부한 내용 확인하기 　－ 오늘은 여러분의 욕구가 채워지는 상황들을 알아보았습니다. 학습지에 적어 보니 채워지지 　　않고 있는 욕구가 무엇인지도 알게 되었지요? 바람직한 방법으로 각각의 욕구를 채울 수 있 　　는 방법들을 좀 더 많이 생각해 보도록 해요. 또한 우리 주변의 사람들, 예를 들어 부모님이나 　　친구의 어떤 욕구를 내가 충족시켜 주고 있는지도 생각하세요. ✿◎ 과제 제시 및 차시 예고하기 ◆ 과제 제시하기 〈과제 9-1〉 　－ 여러분이 주변의 소중한 사람들의 어떤 욕구를 언제, 어떤 상황에서 충족시켜 주었는지 생각 　　해서 적어 보는 과제를 해 오세요. ◆ 차시 예고하기 　－ (마무리 1차시 선택 시) 다음 시간에는 이 프로그램에서 배운 내용을 정리할 거예요. 그리고 　　지금까지 우리가 배운 내용과 관련하여 인생 목표를 설정하는 활동을 하겠습니다. 　－ (마무리 2차시 선택 시) 다음 시간에는 이 프로그램에서 배운 내용을 정리할 거예요. 그리고 　　지금까지 우리가 이 프로그램에 참여하면서 어떻게 변화했는지를 살펴보는 활동을 하겠습 　　니다. 　　유의점: 1주일 또는 그 이상의 시간 간격을 두고 마무리 1차시와 2차시를 모두 실시할 수 있으며, 다음 파트를 　　계속할 수도 있다.

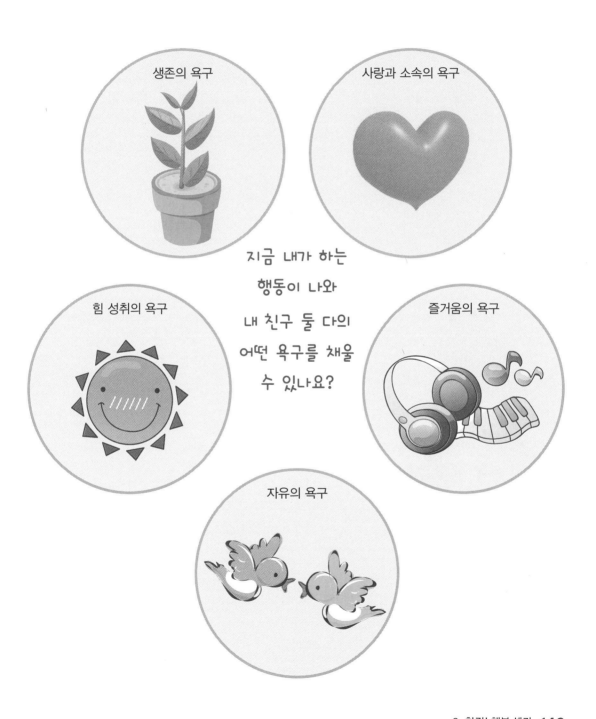

학급 게시물

★ 지금 내가 하는 행동이 나와 내 친구 둘 다의 어떤 욕구를 채울 수 있나요?

생존의 욕구

사랑과 소속의 욕구

힘 성취의 욕구

지금 내가 하는
행동이 나와
내 친구 둘 다의
어떤 욕구를 채울
수 있나요?

즐거움의 욕구

자유의 욕구

나는야 욕구 충족 해결사

학년   반   이름

🎁 여러분에게 소중한 사람들의 욕구를 여러분이 채워준 적이 있을 거에요. 언제, 어떤 상황에서 그랬었는지 써 보세요.

소중한 사람	생존의 욕구	사랑과 소속의 욕구	힘 성취의 욕구	자유의 욕구	즐거움의 욕구

사회정서학습(SEL) 통신문

행복한 학교 만들기 프로젝트! SEL

▶이번 주 우리는 배웠습니다!

1. 욕구가 채워질 때 우리는 행복합니다.
2. 나의 욕구가 채워지는 상황들을 살펴보았습니다.
3. 나와 타인의 욕구를 모두 채울 수 있는 행동을 선택하는 것이 중요하다는 것을 배웠습니다.

▶적절한 방법으로 욕구를 채우면…

1. 더욱 건강하고 안전한 생활을 할 수 있습니다.
2. 타인의 욕구에도 관심을 갖게 되어 좋은 관계를 유지할 수 있습니다.

▶가정에서

• 가족들이 모여 앉아 기억에 남는 행복한 순간들에 대해 이야기 나누는 시간을 가져보세요. 그러한 행복한 순간들을 더 만들려면 무엇을 하면 좋을지 자유롭게 아이디어를 나누어 보세요.
• "오늘은 ○○이가 엄마의 바람을 들어줘서 행복해" 같은 표현을 사용해 보세요. 자녀가 타인의 욕구를 채워 주는 행동을 했다는 것을 알려 줄 수 있게 되고, 자녀는 타인의 욕구를 채워 줌으로써 기쁨을 느낄 수 있게 된답니다.

파트 3 나를 다스리기

1차시 불편한 친구, 스트레스

2차시 건강한 스트레스 레시피

3차시 나는야 스트레스 요리사

4차시 내 마음에 불이 났어요!

5차시 내 마음의 소화기

6차시 내 마음의 소방관

1. 불편한 친구, 스트레스

수업목표	• 스트레스의 개념을 안다. • 스트레스의 유형을 구분한다. • 스트레스를 삶의 정상적인 한 부분으로 받아들인다.
주제의 중요성	삶 속에서 스트레스는 전 생애에 걸쳐 나타나므로 누구든 스트레스를 피할 수는 없다. 스트레스는 무조건 건강에 해로움만 주는 것이 아니라 적당하면 오히려 몸과 마음에 활력을 준다. 그러나 자극에 대해 감당할 수 있는 능력이 없거나 장기간 반복적으로 스트레스를 겪는 경우, 스트레스가 만성화되어 정서불안 및 질병의 원인이 된다. 청소년 시기부터 스트레스에 대해 이해하고 적극적으로 관리하는 것은 미래의 건강한 삶을 위한 초석이 된다.
SEL 영역	☑ 자기인식　　☑ 자기관리　　☐ 사회적 인식　　☐ 관계기술　　☐ 책임 있는 의사결정
학습자료	〈학 습 지 1-1〉 스트레스와 만나요　　　　　〈수업자료 1-1〉 스트레스란? 〈학 습 지 1-2〉 스트레스에도 유형이 있다! 〈동 영 상 1-1〉 스트레스의 의미 　EBS 뉴스-〈뉴스G〉 '스트레스 받는다' 언제부터 쓰던 말? 　http://home.ebs.co.kr/ebsnews/menu1/newsAllView/10294744/H?eduNewsYn=N

활동 흐름도

핵심 내용

개념	내용
스트레스	• 도전적인 새로운 환경 또는 적응하기 어려운 상태에서 느끼는 심신의 긴장 상태
스트레스의 유형	① 이로운 스트레스(eustress): 흥미롭고 즐겁고 기쁨과 활력을 주는 변화 　예: 발표, 임원선거, 연애, 여행, 학예회, 체육대회, 진학, 취직, 이사 등 ② 해로운 스트레스(distress): 고통스럽고 불쾌하며 에너지를 소모시키는 변화 　예: 친구와의 다툼, 따돌림, 전학, 사랑하는 사람의 죽음, 이별 등
스트레스의 특징	• 스트레스는 삶의 정상적인 한 부분이다.

지도상 유의점

• 〈수업자료 1-1〉은 스트레스 주제인 1~3차시 수업 동안 선별하여 활용할 수 있으며, 스트레스 개념 설명 시에 〈동영상 1-1: 스트레스의 의미〉를 찾아 활용하면 좋다.

학습 주제	스트레스 이해하기	차시	1/6
학습 목표	• 스트레스의 개념을 알 수 있다. • 스트레스의 유형을 구분할 수 있다. • 스트레스를 삶의 한 부분으로 받아들일 수 있다.		
단계	학습과정		

단계	학습과정

도입
(8′)
	🕐 **전시학습 상기하기**
	◆ 공부한 내용 확인하기
	 – 지난 시간에 무엇을 공부했는지 말해 볼까요? (자유롭게 전체 발표)
	 – (이 파트를 처음 실시하는 경우) 지난 시간에 우리는 사회정서능력의 핵심기술 5가지를 배웠어요. 어떤 것이 있었는지 한 사람이 한 가지씩, 다섯 사람이 말해 볼까요? (학생 발표)
	 – (다른 파트에 이어서 이 파트를 실시하는 경우, 앞 차시에서 배운 내용에 대해 기억나는 것을 대답해 보도록 시킨다.)
	
	🕐 **동기 유발하기**
	◆ 다함께 스트레스 정의하기
	 – 오늘 우리가 함께 배울 주제는 스트레스예요. 스트레스 하면 무엇이 떠오르나요? (학생 발표)
	 – 선생님이 칠판에 '스트레스는 ~ 이다'라고 써 볼게요. (교사 판서)
	 – 여러분이 생각하는 스트레스는 무엇인지 한번 말해 봅시다. (학생 발표)
	 예: 짜증, 성적표 받을 때 느끼는 것, 꾸중 들을 때 받는 것, 누구에게나 있다 등
	
	🕐 **학습문제 제시하기**
	 – (교사는 칠판을 가리키며) 오늘은 여러분이 다양하게 정의해 본 스트레스에 관해서 공부할 거예요. '스트레스' 하면 부정적으로 생각하는데, 과연 그러한지 이제부터 스트레스에 관해 탐색해 봅시다.
	
	     학습문제
	     스트레스는 불편하기만 한 친구인지 알아보자.

전개 (30′)	🕐 **학습순서 확인하기(2분)** 1. 스트레스의 개념 알기 2. 스트레스의 유형 구분하기 3. 스트레스의 특징 파악하기 🕐 **스트레스의 개념 알기(3분)** ◆ 스트레스의 개념 설명하기 〈학습지 1-1〉 〈동영상 1-1: 스트레스의 의미〉 – 스트레스란 도전적인 새로운 환경 또는 적응하기 어려운 상태에서 느끼는 몸과 마음의 긴장 상태를 의미합니다.

※ '학생 발표)' '학생 활동)' 등은 교사의 질문이나 지시에 따른 학생의 기대 행동을 지칭하므로 이 부분에서는 학생이 반응하는 시간을 주셔야 합니다.

전개 (30′)	**◎ 스트레스의 유형 구분하기(20분)** **◆ 스트레스 상황에 대해 브레인스토밍하기 〈학습지 1-1〉** – 여러분이 최근에 또는 과거에 스트레스를 받았다고 느끼는 상황 다섯 가지를 떠올려보고 학습지에 적어 보세요. (3분 활동 후 학생 발표) 　예: 수업시간 발표, 새 학기 친구 사귀기, 임원 선거, 시험 성적, 부모님의 억압적인 태도, 친구의 시비 등 **◆ 스트레스의 유형 파악하기 〈학습지 1-2〉** – 학습지에 제시된 질문을 쭉 읽어 보세요. 왼쪽과 오른쪽의 질문 성격이 다르죠? 스트레스에도 유형이 있습니다. 우리는 이것을 이로운 스트레스와 해로운 스트레스라고 해요. 나에게 이로움을 주는 스트레스가 있고 해로움을 주는 스트레스가 있다는 사실! 여러분 알아챘나요? (학생 발표) – 학습지에 제시된 이로운 스트레스와 해로운 스트레스의 예를 함께 봅시다. (교사가 개념과 예시 설명) ┌───┐ ① 이로운 스트레스(eustress): 기쁨과 활력을 주는 스트레스. 당장에는 부담스럽더라도 적절히 대응하여 자신의 향후 삶이 더 나아질 수 있는 스트레스 　예: 휴가계획, 여행, 발표, 임원선거, 연애, 학예회, 체육대회, 진학, 취직, 새로운 집으로의 이사 등 ② 해로운 스트레스(distress): 불쾌함과 괴로움을 주는 스트레스. 자신의 대처나 적응하려는 노력에도 불구하고 지속되며 불안이나 우울 같은 증상을 일으킬 수 있는 스트레스 　예: 친구와의 다툼, 친구의 놀림, 따돌림, 사랑하는 사람의 죽음이나 이별, 경제적인 어려움, 진학 실패 등 └───┘ – 자, 이제 이로운 스트레스와 해로운 스트레스를 구별할 수 있겠죠? (학생 발표) 그렇다면 〈학습지 1-1〉에 메모했던 자신의 스트레스 상황을 나에게 이롭다면 '이', 해롭다면 '해'로 표시하여 구분해 보세요. '이'가 많나요? 아니면 '해'가 많나요? (학생 발표) 　예: 여행 준비-'이', 따돌림-'해' **◎ 스트레스의 특징 파악하기(5분)** **◆ 스트레스의 특징 설명하기** – 스트레스는 이롭기도 하고 해롭기도 하죠. 이롭고 해롭고의 기준은 개인마다 다를 수 있어요. 그러나 스트레스 상황은 특정 시기만이 아니라 전 생애에 걸쳐 나타난다는 것 그리고 누구나 겪는다는 것은 같습니다. 지금 생각하기에 스트레스가 없고 마냥 행복하게 느껴지는 초등학교 시절에도 스트레스가 있었을 거예요. 지금은 지금의, 그때는 그때의 스트레스가 있었던거죠. 스트레스는 누구나 느끼며 삶의 한 부분이라는 사실을 이해하는 것이 스트레스에 다가가는 첫 걸음입니다. 이 사실 기억할 수 있죠? 유의점: 스트레스를 삶의 정상적인 한 부분으로 받아들일 수 있는 것에 초점을 두어 설명한다.
정리 (7′)	**◎ 정리하기** **◆ 공부한 내용 확인하기** – 오늘 스트레스에 대하여 무엇을 공부하였습니까? (학생 발표) – 느낀 점이나 알게 된 점도 말해 볼까요? (학생 발표) – 여러분이 겪는 스트레스에는 자신에게 이로운 것도 있고 해로운 것도 있답니다. 일상생활에서 여러분이 이 두 유형을 구별해 보고 오늘 배운 것과 같은 차이가 실제 생활에서도 느껴지는지 한번 살펴보세요.

정리 (7′)	🎯 **과제 제시 및 차시 예고하기** ◆ 과제 제시하기 　– 스트레스 상황에서 나는 어떤 신체 변화를 겪을까요? 다음 수업 전까지 오늘 살펴보았던 스트레스 상황에서 여러분의 몸이 어떤 신호를 보내는지 기억해 오세요. ◆ 차시 예고하기 　– 다음 시간에는 스트레스의 증상과 스트레스에 대처하는 방법에 대하여 알아보겠습니다.

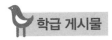
학급 게시물

★ 다음의 내용을 일상생활에서 되새겨 봅시다.

불편한 친구, 스트레스

스트레스에 시달리는 대한민국 청소년

청소년 64.5% 스트레스에 시달려

☐ 한국건강증진개발원이 2014년 1월 20일부터 27일까지 웹서베이 방식으로 전국 14~19세 남녀 중고등학생 1천 명을 대상으로 '청소년 건강에 대한 인식과 실태조사'를 실시하였다. 조사대상 청소년의 64.5%가 스트레스를 심하게 받고 있다고 대답했다. 이 중 절반이 넘는 33.2%는 평상 시 스트레스에 잘 대처하지 못하고 있다고 답했다. 청소년들이 스트레스를 가장 많이 받는 이유는 '미래에 대한 불안'(20.7%), '성적에 대한 부담'(20.5%), '외모'(17.3%), '부모님과의 갈등'(15.5%) 순이었다.

│청소년의 주된 스트레스 원인│

(조사대상: 1천 명)

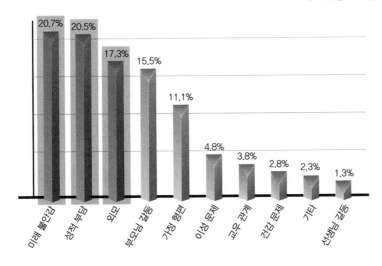

출처: 한국건강증진개발원. www.khealth.or.kr/BoardType08.olo?bid=27&mid=374&cmd=_view&dept=&idx=7
국민소통-보도자료-2014.03.18.

알쏭달쏭?! 스트레스는 모두 나쁘다. (O, X)
나는 스트레스를 잘 관리한다. (O, X)

스트레스와 만나요

학년   반   이름

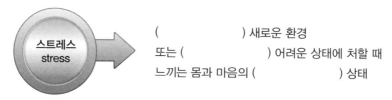

스트레스 stress →
(   ) 새로운 환경
또는 (   ) 어려운 상태에 처할 때
느끼는 몸과 마음의 (   ) 상태

🎁 여러분은 어떤 상황에서 스트레스를 느끼나요? 글상자 안에 스트레스 상황을 써 보세요.

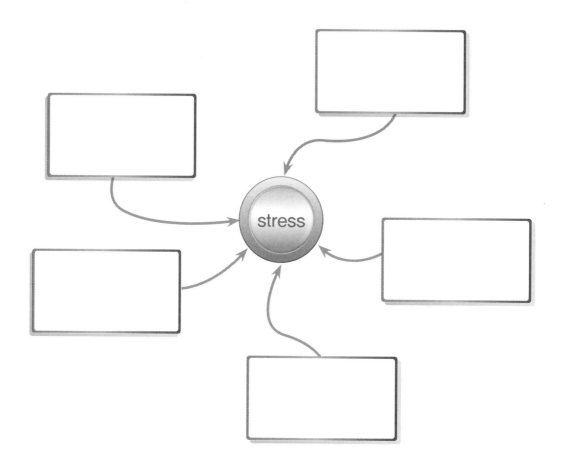

스트레스에도 유형이 있다!

학년   반   이름

🎁 스트레스 상황을 생각하며 다음 질문에 답해 보세요.

1. 나에게 기쁨과 활력을 주나요? 2. 흥미롭고 즐거운 느낌인가요? 3. 당장에는 부담스럽더라도 적절히 대응하면 내 삶이 더 좋아질 수 있나요? 4. 내가 전보다 더 잘하게 되거나 더 성장하는 좋은 결과가 생기나요?	1. 불쾌함과 괴로움을 느끼나요? 2. 자신의 대처나 적응에도 불구하고 오래 지속되고 불안이나 우울을 경험하게 되나요? 3. 내 에너지를 소모시키나요? 4. 전보다 못하거나 실패하는 등 나쁜 결과가 생기나요?
( ) 스트레스	( ) 스트레스
여행 준비, 임원선거, 연애, 체육대회, 진학, 취직, 이사 등	친구와의 다툼, 따돌림, 사랑하는 사람의 죽음이나 이별, 경제적인 어려움, 진학 실패 등

 Like

 Hate

 스트레스 stress

스트레스는 무조건 건강에 해로움만 주는 것이 아니라, 적당하면 오히려 몸과 마음에 활력을 준다.

스트레스란?

구분	내용
개념	• 적응하기 어려운 환경에 처할 때 느끼는 심리적 · 신체적 긴장 상태 • 1936년 캐나다의 내분비학자 한스 셀리(Hans Selye)가 처음 사용한 용어로, 도전적인 새로운 환경에 대해 반응할 때의 유기체 상태 또는 적응하기 어려운 상태에 처할 때 느끼는 심신의 긴장 상태
유형	1) 이로운 스트레스(eustress): 기쁨과 활력을 주는 스트레스. 당장에는 부담스럽더라도 적절히 대응하여 자신의 향후 삶을 향상시킬 수 있는 스트레스 　• 흥미롭고 즐겁고 기쁨과 활력을 주는 변화 　• 향상된 수행이나 개인의 성장처럼 긍정적인 결과를 초래함 　　예: 휴가계획, 여행, 발표, 임원선거, 연애, 학예회, 체육대회, 진학, 취직, 새로운 집으로의 이사 등 2) 해로운 스트레스(distress): 불쾌함과 괴로움을 주는 스트레스. 자신의 대처나 적응 노력에도 불구하고 지속되며 불안이나 우울 같은 증상을 일으킬 수 있는 스트레스 　• 고통스럽고 불쾌하며 부정적인 사건으로 우리의 에너지를 소모시킴 　• 저조한 수행이나 실패 같은 부정적인 결과를 초래함 　• 에너지 소모가 심하면 질병에 취약해짐 　　예: 친구와의 다툼, 친구의 놀림, 따돌림, 사랑하는 사람의 죽음이나 이별, 경제적인 어려움, 진학 실패 등 〈참고〉 청소년기 주요 스트레스 요인 　• 가정문제(부모의 싸움 · 이혼, 형제자매간의 말다툼, 부모의 실직 · 사업실패로 인한 경제적 어려움, 부모의 지나친 간섭과 강요, 부모의 무관심, 부모의 체벌, 가족의 부상 및 큰 질병, 대화 부족 등) 　• 교우문제(친한 친구와의 다툼, 친구의 오해 · 불신, 이성친구와의 이별 등) 　• 자신문제(외모에 대한 열등감, 소극적 성격 등) 　• 환경문제(전학, 등하교시 교통 불편, 소음, 교육제도에 대한 불만 등) 　• 학교문제(성적, 잦은 시험, 선생님의 무관심, 심한 체벌, 삭막한 분위기 등) 　• 진로문제(진로에 대한 불확실한 판단, 진학에 대한 고민 등)
증상	• 신체: 피로, 두통, 불면증, 소화불량, 땀 등 • 행동: 손톱 깨물기, 발 떨기, 과민반응 등 • 정서: 불안, 우울, 짜증, 화, 걱정 등
영향	• 적당한 스트레스는 긴장감 유지, 능력 향상, 부상 예방 • 지나치거나 장기간 지속되는 스트레스는 신체 및 정신 건강에 유해

사회정서학습(SEL) 통신문

행복한 학교 만들기 프로젝트! SEL

▶이번 주 우리는 배웠습니다!

1. 스트레스란?
2. 이로운 스트레스와 해로운 스트레스를 구분했습니다.
   • 이로운 스트레스는 기쁨과 활력을 제공하는 변화. 당장에는 부담스럽더라도 적절히 대응하여 자신의 향후 삶이 더 나아질 수 있는 스트레스
   • 해로운 스트레스는 불쾌함과 괴로움을 주는 변화. 자신의 대처나 적응 시도에도 불구하고 지속되며 불안이나 우울 같은 증상을 일으킬 수 있는 스트레스
3. 사람은 누구나 삶 속에서 스트레스를 겪는다는 점을 배웠습니다.

▶스트레스 관리의 필요성

스트레스에 시달리는 대한민국 청소년

만 14~19세 중고등학생 1천 명 중의 64.5%가 스트레스를 심하게 받고 있었지만,
절반이 넘는 33.2%는 평상시 스트레스에 잘 대처하지 못하고 있다고 답했다.

- 한국건강증진개발원 2014.03.18.

스트레스는 무조건 건강에 해로움만 주는 것이 아니라, 적당하면 오히려 몸과 마음에 활력을 주는 것으로 알려져 있어요. 하지만 신체 내부와 환경 외부에서 오는 자극에 대해 감당할 수 있는 능력이 약화되거나 이러한 자극에 장기간 반복적으로 노출되면, 스트레스가 만성화되어 정서불안과 질병의 원인이 돼요. 청소년 시기부터 스트레스에 대해 알고 적극적으로 관리하는 것은 미래의 건강한 삶을 위한 초석이 됩니다.

▶가정에서

• 누구나 삶에서 스트레스를 겪기에 스트레스에 대해 이해하고 대처하는 방법을 배우는 것은 무척 중요합니다. 자녀가 스트레스 없는 삶이 아니라 스트레스에 잘 대처하는 건강한 삶을 가꿀 수 있도록 도와 주세요.
• 부모님께서 자녀가 어떤 스트레스를 겪고 있는지, 스트레스에 대처하기 위해 평소에 어떤 행동을 하는지 살펴봐 주세요.

2. 건강한 스트레스 레시피

수업목표	• 스트레스 상황에서 나타나는 신체, 행동, 생각, 정서 증상을 파악한다. • 자신의 스트레스 원인을 파악한다. • 스트레스에 대처하는 방법을 말한다.
주제의 중요성	대부분의 사람들은 삶에서 어느 정도 스트레스를 경험한다. 개인이 스트레스를 경험하면서 도 스트레스에 대한 대처 행동을 하지 않으면 궁극적으로 신체적, 심리적 측면에서 부정적인 결과가 나타날 수 있다. 그런데 스트레스는 우리 몸에 다양한 신호를 주기 때문에 평소에 우 리 몸의 증상을 면밀히 살피면 다양한 대처방법을 탐색하는 데 도움이 된다.
SEL 영역	☑ 자기인식　☑ 자기관리　☐ 사회적 인식　☐ 관계기술　☐ 책임 있는 의사결정
학습자료	〈학 습 지 2-1〉 스트레스 증상 파헤치기 〈수업자료 2-1〉 + α 스트레스를 느끼는 우리 몸 〈체 크 리 스 트〉 스트레스 원인 및 지수 파악하기 〈학 습 지 2-2〉 우리 스트레스 레시피를 나눠요!

활동 흐름도

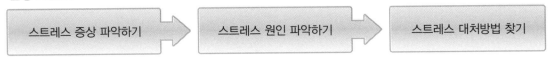

스트레스 증상 파악하기 ➡ 스트레스 원인 파악하기 ➡ 스트레스 대처방법 찾기

핵심 내용

개념	내용
스트레스 증상	• 신체: 피로, 두통, 불면증, 소화불량, 땀 등　• 행동: 손톱 깨물기, 발 떨기, 과민반응 등 • 생각: 집중력 및 기억력 감소　　　　　　　• 정서: 불안, 우울, 짜증, 화, 피로감, 걱정 등
스트레스 원인	• 부모자녀관계, 친구관계, 교사 및 학교, 학업, 진로 등
스트레스 대처방법	• 우선순위 정하기, 여행, 운동, 타인에게 조언 구하기, 쇼핑하기, 흡연 및 음주, 게임, 울기, 책 읽기, 효과적인 의사소통 방법 배우기, 노래 부르기, 운명적으로 생각하고 체념하기, 음 식 먹기, 춤추기, 영화 보기, 혼자 걱정하기, 참기, 신경질 내기, 나를 격려하는 말 찾기, 친 구들과 수다 떨기, 가족이나 친구에게 화풀이, 음악 듣기, 잠자기, 차 마시기, 악기 연주하 기, 요리하기, 전문가의 도움 받기 등

지도상 유의점

• 스트레스에 대처하는 방법에 대해 학생들이 이야기 나눌 때, 모두가 이미 평상시에 대처행동을 하고 있
음을 강조하고, 많은 스트레스 대처방법들이 자연스럽게 나올 수 있도록 한다.

학습 주제	스트레스가 주는 신호 알기	차시	2/6

학습 목표	• 스트레스 상황에서 나타나는 신체, 행동, 생각, 정서 증상을 파악할 수 있다. • 자신의 스트레스 원인을 파악할 수 있다. • 스트레스에 대처하는 방법을 말할 수 있다.

단계	학습과정
도입 (7′)	🎯 **전시학습 상기하기** ◆ 스트레스의 개념, 유형 말하기 　－ 지난 수업에서 배운 이로운 스트레스와 해로운 스트레스를 기억하고 있나요? 이로운 스트레스와 해로운 스트레스의 예시를 발표해 볼까요? (학생 발표) 네, 이로운 스트레스는 학예회, 여행 등 기쁨과 활력을 주는 것이고 해로운 스트레스는 따돌림, 이별 등 괴로움을 주는 것입니다. 　－ 이로운 스트레스와 해로운 스트레스는 사람마다 같을까요? 다를까요? (학생 발표) 맞아요! 사람마다 기준이 다르니까 이로운 스트레스와 해로운 스트레스도 사람마다 다를 수 있어요. 　－ 그렇다면 사람들이 겪는 스트레스의 공통점은 무엇일까요? (학생 발표) 그렇습니다. 스트레스는 전 생애에 나타나고 누구나 겪는다는 것이지요. ◆ 과제 확인하기 　－ 지난주에 내준 과제는 여러분의 몸이 스트레스 상황에서 어떤 신호를 보내는지 알아오는 것이었어요. 여러분은 스트레스 상황에서 몸이 어떤 신호를 보내는지 잘 느껴 봤나요? (학생 발표) 🎯 **학습문제 제시하기** 　－ 오늘은 스트레스를 느낄 때 우리 몸에서는 어떤 신호를 보내 오는지 알아볼 것입니다. 그리고 여러분이 스트레스에 대처하기 위해 어떤 방법을 활용하고 있는지도 나눠 볼 것입니다. 　　**학습문제** 　　스트레스를 느낄 때 우리 몸이 보내는 신호와 스트레스에 대처하는 방법을 알아보자.
전개 (35′)	🎯 **학습순서 확인하기**(2분) 　1. 스트레스 증상 파악하기　　2. 스트레스 원인 파악하기　　3. 스트레스 대처방법 찾기 🎯 **스트레스 증상 파악하기**(10분) ◆ [모둠] 스트레스를 느낄 때 우리 몸이 보내는 신호 알기 〈학습지 2-1〉 〈수업자료 2-1〉 　－ 모둠 친구들과 함께 스트레스를 느낄 때 우리 몸이 보내는 다양한 신호를 이야기해 봅시다. 여러분이 스트레스를 느꼈던 때를 떠올려 보세요. 내 몸, 행동, 생각, 정서에서 어떤 반응이 일어났죠? 친구들과 의견을 나누고 학습지에 써 보세요. (모둠 활동) 　유의점: 아이들이 평소에 스트레스 상황에서 느꼈던 몸의 신호를 생각나는 대로 자유롭게 이야기하게 하되, 교사는 〈수업자료 2-1〉을 참고하여 몇 개의 예를 제시할 수 있다.

※ '(학생 발표)' '(학생 활동)' 등은 교사의 질문이나 지시에 따른 학생의 기대 행동을 지칭하므로 이 부분에서는 학생이 반응하는 시간을 주셔야 합니다.

전개 (35′)	**⊙ 스트레스 원인 파악하기(10분)** **◆ 체크리스트 통해 자신의 스트레스 원인 및 지수 파악하기 〈체크리스트〉** – 여러분이 현재 겪고 있는 스트레스의 원인은 무엇이며 얼마큼인지를 알아볼 수 있는 간단한 체크리스트가 있어요. 각자 체크 후 하단에 점수를 매겨 보세요. 자신이 어떤 부분에서 얼마만큼의 스트레스를 느끼고 있는지 알아볼 수 있어요. 예: 부모자녀관계, 친구관계, 교사 및 학교, 학업, 진로 등 유의점: 교사가 아이들의 체크리스트를 살펴보았을 때 특정 영역에서 느끼는 스트레스가 강하다면, 그 영역을 중심으로 〈학습지 2-2〉의 스트레스 대처방법을 이야기할 수 있다. **⊙ 스트레스 대처방법 찾기 〈학습지 2-2〉 (13분)** **◆ [모둠] 스트레스에 대처하는 방법에 대해 이야기 나누기** – 스트레스에 잘 대처하는 것은 왜 중요할까요? (학생 발표) 개인이 스트레스를 경험하지만, 스트레스에 대한 대처 행동을 하지 않으면 궁극적으로 신체적, 심리적 측면에서 부정적인 결과가 나타날 수 있답니다. 그러므로 스트레스에 대처하는 방법을 알고 평상시에 잘 활용하는 것이 중요합니다. 이때 대처방법이 한두 가지만 있는 것보다는 보물창고에서 보물을 꺼내듯이 다양하고 많을수록 건강지수가 올라갑니다. 그런데 여러분은 평상시에 스트레스에 대처하기 위한 방법을 이미 많이 쓰고 있답니다. 때로는 음악도 듣고 싸움도 하고 춤도 추고 소리도 지르고 맛난 음식도 먹고 말이죠. 자, 그럼 친구들과 다양한 스트레스 대처방법을 생각나는 대로 이야기해 봅시다. (모둠 발표) 자, 각 모둠 친구들의 발표를 잘 들었죠? 이제 자신이 활용해 보고 싶은 대처방법들도 몇 가지 골라 학습지에 적어 봅시다. 유의점: 학생들이 스트레스 대처방법을 이야기할 때는 부정적인 방법도 제한을 두지 말고 자유롭게 이야기하도록 한다. 다음 수업 시간에 '건강한' 대처방법에 관해 배울 때 스트레스 대처방법을 평가하도록 한다.
정리 (3′)	**⊙ 정리하기** **◆ 공부한 내용 확인하기** – 오늘 우리는 스트레스를 느낄 때 우리 몸이 보내는 신호와 스트레스를 다루는 데 도움이 될 만한 대처방법을 친구들과 이야기해 봤습니다. **⊙ 과제 제시 및 차시 예고하기** **◆ 과제 제시하기** – 스트레스 대처방법을 알기만 하는 것보다 일상생활에서 실천해 볼 때, 그 방법이 나에게 효과적인지 판단할 수 있겠죠? 오늘 여러분이 활용해 보고 싶다고 선택한 스트레스 대처방법을 일주일 간 실천해 보세요. 학교에서든 집에서든 어디에서나 스트레스 상황에서 적극적으로 시도해 보고 다음 수업 때 소감을 나눠 봅시다. **◆ 차시 예고하기** – 다음 시간에는 스트레스 대처방법에도 좋은 방법 또는 나쁜 방법이 있는지, 그렇다면 건강한 스트레스 대처방법은 무엇일지 알아보겠습니다.

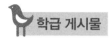

★ 과일 그림 안에 자신의 스트레스 해결방법을 적어 봅시다.

스트레스에 대처하는 방법이 많으면 많을수록 적응능력이 높아집니다.

이때 자신의 흥미, 실천 가능성 등을 고려하여 가장 적합한 방법을 선택하고 꾸준히 활용하는 것이 매우 중요합니다.

학습지 2-1	스트레스 증상 파헤치기
	학년 반 이름

🎁 모둠원: [   ]

🎁 모둠 친구들과 함께 스트레스가 우리 몸에 주는 다양한 신호(신체, 행동, 생각, 정서)를 적어 봅시다. 여러분이 스트레스를 느꼈던 때를 천천히 떠올려 보세요. 그리고 여러분 몸에서 일어난 반응을 사람 그림 위에 그리거나 글로 써보세요.

+α 스트레스를 느끼는 우리 몸

	스트레스 증상
신체	입맛이 없어요 변비나 설사, 장염이 생겼어요 나른하고 피곤해요 두근두근, 조마조마 심장이 뛰어요 몸이 쑤시고 아파요 눈이 피로해요 잠이 안 와요 잠이 너무 많이 와서 비몽사몽해요 몸이 부르르 떨려요 다리를 떨어요 손톱을 물어뜯어요 발을 떨어요 화장실에 자주 가요
행동	말을 횡설수설해요 덜렁거리며 실수를 많이 해요 말도 하기 싫고 모든 것이 귀찮아요
생각	뭔가를 잘 기억해 내기가 어려워요 집중력이 떨어져요 건망증이 심해졌어요 포기하고 싶은 생각이 들어요 자신감을 잃었어요
정서	긴장돼요 귀찮아요 불안해요 우울해요 초조해요 친구나 가족에게 버럭해요 작은 일에도 짜증이 나고 화가 나요 해낼 수 없을 것 같은 무력감이 들어요 덜컥 겁이 나요

체크 리스트	스트레스 원인 및 지수 파악하기
	학년 반 이름

🎁 자신의 스트레스 원인과 정도를 다음 내용을 통해 확인해 보세요.

항목	전혀 그렇지 않다 (1점)	약간 그렇다 (2점)	매우 그렇다 (3점)
1. 부모님이 늘 공부하라고 해서 짜증이 난다.	1	2	3
2. 부모님이 내 일에 지나치게 간섭해서 짜증이 난다.	1	2	3
3. 부모님께서 시키는 일이 너무 많아서 짜증이 난다.	1	2	3
4. 부모님이 내게 거는 기대와 요구가 지나치게 높아 부담스럽다.	1	2	3
5. 부모님이 내 성적에 너무 신경을 써서 부담스럽다.	1	2	3
6. 마음에 맞는 친구가 없어서 우울하다.	1	2	3
7. 친구들이 나를 따돌리는 것 같아서 속상하다.	1	2	3
8. 친구들이 나를 무시하는 것 같아서 언짢다.	1	2	3
9. 친구들과 마음껏 어울리지 못해서 불만족스럽다.	1	2	3
10. 친구들과 이야기가 잘 통하지 않아서 불만족스럽다.	1	2	3
11. 학교숙제가 많아 부담스럽다.	1	2	3
12. 선생님들이 몇몇 학생들만 편애하는 것 같아 불만족스럽다.	1	2	3
13. 학교생활에 적응하기가 힘들다.	1	2	3
14. 교실, 화장실 등 학교 시설을 이용하는 것이 불편하다.	1	2	3
15. 몇몇 선생님들의 수업 방식이 마음에 들지 않는다.	1	2	3
16. 성적 때문에 신경이 많이 쓰인다.	1	2	3
17. 시험 때마다 불안하고 긴장된다.	1	2	3
18. 학원이나 과외 활동이 많아서 힘들다.	1	2	3
19. 앞으로 해야 할 공부를 생각하면 걱정이 앞선다.	1	2	3
20. 노력해도 성적이 오르지 않아서 고민이 크다.	1	2	3

영역	스트레스 점수
부모자녀관계(1~5번)	
친구관계(6~10번)	
교사 및 학교(11~15번)	
학업(16~20번)	

각 영역별 스트레스의 정도를 점수가 높은 것부터 차례대로 기록해 보세요.

출처: 최정원, 이영호(2008).

우리 스트레스 레시피를 나눠요!

학년   반   이름

🎁 모둠원: [   ]

질문: 내가 평소에 활용하고 있거나 내가 알고 있는 스트레스 대처방법은?	
우리 모둠의 스트레스 레시피  모둠원들과 스트레스 대처방법에 대해 자유롭게 이야기해요.	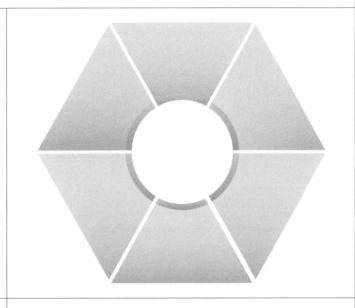
내가 활용해 보고 싶은 스트레스 레시피  각 모둠 친구들의 발표를 듣고 내가 활용해 보고 싶은 스트레스 대처방법을 메모해 보세요.	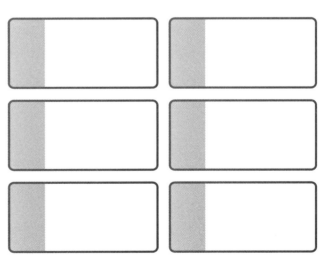

건강한 생각과 지혜로운 마음을 키우는 행복한 학교 만들기
사회정서학습(SEL) 통신문

행복한 학교 만들기 프로젝트! SEL

▶ **이번 주 우리는 배웠습니다!**

1. 스트레스를 느낄 때 우리 몸이 보내는 신호: 긴장, 귀찮음, 횡설수설, 발 떨림, 두근 두근, 화, 무력감, 자신감 상실, 건망증 등
2. 나의 스트레스 원인은 무엇일까?
3. 스트레스에 대처하는 방법은 다다익선(多多益善)!

▶ **청소년의 주된 스트레스 원인**

(조사대상: 1천 명)

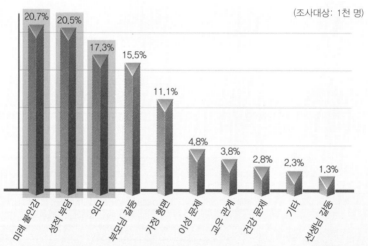

- 미래 불안감: 20.7%
- 학업 부담: 20.5%
- 외모: 17.3%
- 부모님 갈등: 15.5%
- 가정 형편: 11.1%
- 이성 문제: 4.8%
- 교우 관계: 3.8%
- 건강 문제: 2.8%
- 기타: 2.3%
- 형제간 갈등: 1.3%

출처: 한국건강증진개발원. 국민소통-보도자료-2014.03.18.

▶ **가정에서**

- 자녀가 겪고 있는 스트레스에 대해 알고 계시나요? 어떤 문제로 스트레스를 겪고 있는지 그리고 어떻게 대처하고 있는지 이야기 나눠 보세요.
- 부모님의 스트레스 대처방법은 무엇인가요? 부모님이 활용해 본 스트레스 대처방법의 장단점이나 소감을 자녀와 함께 이야기 나누세요. 자녀가 스트레스 대처방법을 선택하는 데 있어 최고의 영양제가 됩니다.

3. 나는야 스트레스 요리사

수업목표	• 스트레스에 대처하는 건강한 방법의 중요성을 이해한다. • 스트레스에 대처하는 건강한 방법을 선택한다. • 스트레스에 대처하는 건강한 방법을 실천한다.
주제의 중요성	스트레스에 대처하기 위한 방법은 다양한데, 부정적이거나 파괴적인 방법은 장기적으로 스트레스 대처에 도움이 되지 못한다. 스트레스에 대처하기 위해 어떤 방법을 선택했는지에 따라 개인의 건강 지수가 달라진다. 그러므로 다양한 방법 중에서 자신에게 적합하면서도 건강한 대처방법을 탐색하고 선택하는 것이 매우 중요하다.
SEL 영역	☑ 자기인식 　 ☑ 자기관리 　 ☐ 사회적 인식 　 ☐ 관계기술 　 ☐ 책임 있는 의사결정
학습자료	〈학습지 3-1〉 건강한 스트레스 레시피, 나는야 스트레스 요리사! 〈학습지 3-2〉 스트레스 OX 퀴즈

활동 흐름도

스트레스 대처방법
실천 소감 나누기 ➡ 스트레스에 대처하는
건강한 방법의 의미 이해하기 ➡ 스트레스에 대처하는
건강한 방법의 실천 선언하기

핵심 내용

개념	내용
다양한 스트레스 대처방법 목록 준비의 장점	• 스트레스에 대한 대처방법이 많을수록 적응능력이 강해지고 더욱 효과적인 적응이 가능하다.
건강한 스트레스 대처방법의 선택	• 자신의 흥미와 실천 가능성을 고려하되, 부정적이고 파괴적이지 않은 방법을 선택해야 한다. 어떤 방법은 스트레스를 일시적으로 줄여 주는 것 같지만 장기적으로 봤을 때 스트레스를 더욱 악화시킬 수 있다. 스트레스를 감소시키는 데 효과적인지, 나중에 더 많은 스트레스를 유발하는지를 고려하여 스트레스 대처방법을 선택한다.

지도상 유의점

• 스트레스 대처방법을 선택할 때 학생들이 자신의 흥미, 실천 가능성 등을 고려하도록 격려한다. 또한 건강한 대처방법을 선택하는 데 그치지 않고, 일상생활에서 실천하는 것이 중요함을 강조한다.

학습 주제	건강한 스트레스 대처방법 선택하기	차시	3/6
학습 목표	• 스트레스에 대처하는 건강한 방법의 중요성을 이해할 수 있다. • 스트레스에 대처하는 건강한 방법을 선택할 수 있다. • 스트레스에 대처하는 건강한 방법을 실천할 수 있다.		
단계	학습과정		

도입
(5′)
	◎ 전시학습 상기하기
	◆ 공부한 내용 확인하기
	  – 지난 수업에서 우리는 스트레스가 우리 몸에 주는 다양한 신호를 확인해 봤어요. 신호에는 무엇이 있었죠? (학생 발표) 네, 스트레스를 받으면 긴장하고 떨리거나 횡설수설하기도 하고 무력감에 빠지기도 하죠.
	◆ 과제 확인하기
	  – 여러분이 활용해 보고 싶다고 선택한 스트레스 대처방법을 실천해 보았나요? 그리고 그 방법을 실천한 소감은 어땠는지 한 사람만 이야기해 보고 잠시 후에 다른 친구들과도 자세하게 이야기하도록 해요. (학생 발표)
	
	◎ 학습문제 제시하기
	  – 스트레스에 대처하는 방법은 무척 다양해요. 그런데 이 중에는 옥석이 있어요. 이 시간에는 건강한 스트레스 대처방법은 무엇일까 알아봅시다.
	
	  학습문제
	  건강한 스트레스 대처방법의 중요성을 알아보자.		

전개
(35′)
	◎ 학습순서 확인하기(2분)
	  1. 스트레스 대처방법 실천 소감 나누기
	  2. 건강한 스트레스 대처방법의 의미 알기
	  3. 건강한 스트레스 대처방법 실천 선언하기
	
	◎ 스트레스 대처방법 실천 소감 나누기(20분)
	◆ 자신이 실천한 스트레스 대처방법과 소감 나누기
	  – 여러분이 지난 시간에 선택한 스트레스 대처방법과 소감을 발표해 보겠습니다.
	  – 발표할 때는 선생님이 칠판에 메모하는 세 가지를 유념하여 이야기해 주세요. 첫째, 여러분이 어떤 점을 고려하여 그 방법을 선택했었는지 이유와 둘째, 어떤 상황에서 사용했는지 그리고 셋째, 실천해 본 느낌은 어떠했는지 이야기해 주세요. (교사의 판서 후 학생 발표)
	  유의점: 모든 학생들이 발표할 수 있게 하되, 비슷한 대처방법이 겹치는 경우 앞에 발표했던 친구와 다른 점을 위주로 이야기해 보게 한다.
	
	  〈판서〉 스트레스 대처방법 선택 이유 – 실천한 상황 – 느낌		

※ '(학생 발표)' '(학생 활동)' 등은 교사의 질문이나 지시에 따른 학생의 기대 행동을 지칭하므로 이 부분에서는 학생이 반응하는 시간을 주셔야 합니다.

전개 (35′)	﹡◎ **건강한 스트레스 대처방법의 의미 알기**(3분) ◆ 스트레스에 대처하는 건강한 방법의 의미 알기 – 스트레스 대처방법이 여러분의 개성만큼이나 무척 다양하네요. 이렇게 다양한 방법들 중 어떤 방법은 스트레스를 잠깐 줄여 주는 것 같지만 장기적으로 봤을 때 스트레스를 더 악화시키기도 합니다. 여러 가지 방법들 중에서 우리는 좋은 방법과 나쁜 방법이 있다는 것도 알아요. 때때로 당장 편해서, 다른 방법을 몰라서, 습관이 되어서 나쁜 방법을 선택하기도 합니다. 하지만 장기적으로 보았을 때 우리는 자신에게 건강하고 좋은 방법을 선택할 줄 알아야 해요. 그리고 그 선택은 나만이 할 수 있답니다. 그렇다면 스트레스에 대처하는 건강한 방법인지 아닌지는 어떻게 판단하는 걸까요? (학생 발표) – 여러분이 대처방법을 선택할 때는 스트레스를 감소시키는 데 효과적인지, 나중에 더 많은 스트레스를 유발하는 것은 아닌지를 고려해야 해요. 더불어 나한테 잘 어울리는 옷이 있듯이 스트레스 대처방법 또한 여러분이 일상에서 재미있고 흥미롭게 할 수 있고 실천하기 편한 방법이어야겠죠? 노래 부르기를 좋아해서 노래를 부르며 기분을 푸는 친구도 있고 컴퓨터 게임을 하면서 스트레스를 날려 버리는 친구도 있듯이 말이죠. 나만의 스트레스 대처방법 목록을 만들어 놓고 필요할 때마다 활용해 보는 것도 좋아요. ﹡◎ **건강한 스트레스 대처방법 실천 선언하기** 〈학습지 3-1〉 (10분) ◆ 건강한 스트레스 대처방법 메모하고 서약하기 – 여러분의 경험을 토대로, 앞으로 여러분이 스트레스 상황에서 꼭 실천해 보고 싶은 대처방법을 적어 보세요. 그리고 앞으로 나는 나를 위해서 건강한 대처방법을 실천하겠다는 서명을 해 봅시다. 유의점: 스트레스 대처방법과 선택 이유를 모두 적게 하여 학생들이 스스로 나에게 건강한 방법인지 판단해 볼 수 있게 한다.
정리 (5′)	﹡◎ **정리하기** 〈학습지 3-2〉 ◆ 스트레스 OX 퀴즈 – 스트레스에 대해 잘 이해했는지 학습지를 보고 스트레스 OX 퀴즈를 풀어 봅시다. (학생 활동) 이제, 정답을 맞혀 볼까요? 　1. X　2. O　3. X　4. O　5. O　6. O　7. X　8. O – 여러분이 그간의 수업을 통해 스트레스에 대해 조금 더 알게 되었길 바랍니다. 스트레스란 이롭기도 해롭기도 합니다. 하지만 스트레스가 이로우냐 해로우냐는 개인마다 다르답니다. 해로운 스트레스가 장기간 지속되면 개인의 건강에도 좋지 못하죠. 그렇기 때문에 우리는 스트레스에 대처하는 방법을 잘 알고 실천할 필요가 있습니다. 스트레스는 모든 사람이 느끼는 삶의 한 부분이며, 적절하게 대처하는 것이 건강한 삶을 완성하는 길임을 기억하세요. 스트레스 대처방법이 자신에게 도움이 된다면 계속 사용하고 그렇지 않다면 다른 대처방법들을 탐색하고 시도해 보세요. 그리고 성공담을 여러분의 부모님과 형제자매, 친구들과 적극적으로 나눠 보세요. 지금보다 훨씬 더 멋지게 스트레스를 다룰 수 있는 사람이 될 테니까요.

정리 (5′)	⚉ **과제 제시 및 차시 예고하기** ◆ 과제 제시하기 – 일상생활 속에서 건강한 스트레스 대처방법을 실천해 보세요. 오늘 배운 스트레스 대처방법 중에서 여러분이 실천하기에 흥미롭고 편리한 것을 골라, 학교에서든 집에서든 어디에서나 쓸 수 있을 때 시도하세요. ◆ 차시 예고하기 – 다음 시간에는 내 마음 속의 화! 이글이글 분노가 무엇인지에 대하여 공부하겠습니다.

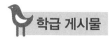

★ 자신의 스트레스 대처방법을 적어 봅시다.

나는야, 스트레스 요리사

스트레스 대처방법을 뽐내 봐!
〈스트레스 대처방법 - 유용한 상황 - 실천 소감〉을 적어 주세요!

건강한 스트레스 레시피, 나는야 스트레스 요리사!

학년   반   이름

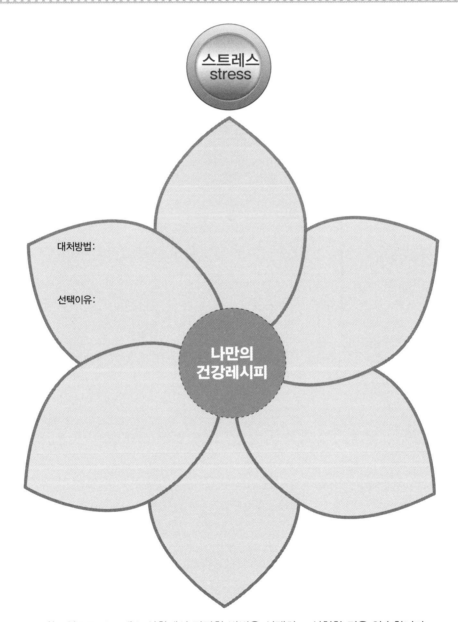

스트레스
stress

대처방법:

선택이유:

나만의
건강레시피

나는 앞으로 스트레스 상황에서 건강한 방법을 선택하고 실천할 것을 약속합니다.

_____ 년 _____ 월 _____ 일 이름: _____ (서명)

스트레스 OX 퀴즈

학년   반   이름

스트레스 ~ 내 손 안에 있소이다!	
1.	스트레스는 모두 나쁘다.	O, X
2.	스트레스를 일으키는 원인은 다양하다.	O, X
3.	같은 스트레스 상황에서 사람들은 같은 감정과 신체증상을 보인다.	O, X
4.	스트레스의 유형에는 2가지가 있다.	O, X
5.	스트레스를 경험하지만, 스트레스에 대한 대처행동을 하지 않으면 궁극적으로 신체적, 심리적 측면에서 부정적인 결과가 나타날 수 있다.	O, X
6.	스트레스에 대처하는 방법은 자신의 흥미나 실천 가능성에 따라 다양할수록 좋다.	O, X
7.	사람들이 많이 선택하는 스트레스 대처방법이 나에게도 유용할 것이다.	O, X
8.	어떤 방법은 스트레스를 잠깐 줄여 주는 것 같지만 장기적으로 봤을 때 더 악화시키는 것일 수도 있다. 스트레스를 감소시키는 데 효과적인지, 나중에 더 많은 스트레스를 유발하는 것은 아닌지를 고려하여 대처방법을 선택하는 것이 바람직하다.	O, X

사회정서학습(SEL) 통신문

행복한 학교 만들기 프로젝트! SEL

▶이번 주 우리는 배웠습니다!

1. 스트레스에 대처하는 건강한 방법을 살펴봤습니다.
   • 개인의 흥미 및 실천 가능성 등을 고려하되, 장기적으로 유익한 방법을 선택합니다.
2. 친구들과 스트레스 레시피를 공유했습니다.
   • 대처방법을 보물창고에서 꺼내요!
     스트레스에 대한 대처방법은 많을수록 더욱 효과적입니다.
3. 스트레스 상황에서 건강한 대처방법을 선택하고 실천할 것을 약속합니다.

▶스트레스에 대처하는 건강한 방법

　　스트레스에 대한 대처방법을 많이 가지고 있는 사람일수록 적응능력이 강해지고 스트레스를 더욱 효과적으로 관리할 수 있답니다. 스트레스에 대처하는 어떤 방법은 스트레스를 잠깐 줄여 주는 것 같지만, 장기적으로 봤을 때 더 악화시키는 것일 수도 있습니다. 스트레스를 감소시키는 데 효과적인지, 나중에 더 많은 스트레스를 유발하는 것은 아닌지를 고려해야 합니다. 더불어 친구들과 함께 나눈 대처방법과 자신의 흥미, 실천 가능성 등을 종합적으로 고려하여 앞으로 자신만의 건강한 스트레스 레시피를 만드는 것이 중요합니다.

▶가정에서

• 스트레스 대처방법을 선택할 때 자신의 흥미, 실천 가능성 등을 고려하면서 자신에게 건강한 방법을 선택하는 것이 중요함을 강조해 주십시오. 더불어 자녀가 선택한 스트레스 대처방법을 일상생활에서 실천할 수 있도록 항상 격려해 주십시오. 부모님께서 응원해 주시면 자신감과 성취감을 가질 것입니다.
  가족이 함께 모인 식사 시간 등을 통해 효과적인 스트레스 대처방법을 나눠 보세요.

4. 내 마음에 불이 났어요!

수업목표	• 분노의 개념을 안다. • 분노를 일으키는 원인과 신체 반응을 안다. • 분노의 강도를 이해한다.
주제의 중요성	분노는 우리가 일상생활에서 가장 빈번하게 경험하는 정서다. 분노는 자연스러운 감정이지만 이러한 분노가 과도하게 표출되고 오래 지속되면 개인의 정신과 신체 및 사회관계에까지 악영향을 줄 수 있다. 따라서 분노가 어떠한 감정인지 정확히 알고, 분노했을 때 자신의 신체 상태를 파악하는 것은 올바른 자기인식에 도움이 된다. 올바른 자기인식은 적절한 자기관리의 초석이 된다.
SEL 영역	☑ 자기인식　☑ 자기관리　☐ 사회적 인식　☐ 관계기술　☐ 책임 있는 의사결정
학습자료	〈학 습 지 4-1〉 내가 화날 때 〈학 습 지 4-2〉 분노하는 정도는 사람마다 달라요 〈과　　제 4-1〉 화가 난다 화가 나!

활동 흐름도

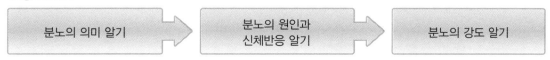

분노의 의미 알기 ➡ 분노의 원인과 신체반응 알기 ➡ 분노의 강도 알기

핵심 내용

개념	내용
분노	• 위협이나 해를 준다고 여겨지는 사람이나 대상에 대해 느끼는 심한 불행감과 혐오의 정서
분노 조절	• 분노를 느끼는 정도를 조절하거나 상황에 적절하고 안전한 방식으로 분노를 표현하는 것

지도상 유의점

• 분노가 우리에게 자연스러운 정서이고, 분노를 적절히 표현하는 것이 중요하며, 사람마다 분노하는 정도가 다름을 알도록 지도한다.
• 학습지에 기록한 내용을 발표하는 시간을 통해 자신과 서로에 대한 이해를 돕는다.
• '내가 화날 때' 활동은 시간에 따라 모둠이나 전체 활동 중 하나만 선택해도 되고, 모둠활동에서 열 가지가 아니라 다섯 가지만 적어보게 해도 된다.
• 다음의 영상은 이번 차시와 관련된 영상으로, 추가 학습자료로 활용할 수 있다.
　① EBS 다큐프라임 〈당신이 화내는 진짜 이유〉 1부. 원초적 본능 화의 비밀

학습 주제	분노 이해하기	차시	4/6
학습 목표	• 분노의 개념을 설명할 수 있다. • 분노가 유발되는 원인과 신체반응을 설명할 수 있다. • 분노의 강도를 비교할 수 있다.		
단계	학습과정		
도입 (5′)	◎ 전시학습 상기하기 ◆ 스트레스에 대하여 이야기하기 – 지난 시간에 해로운 스트레스를 없애는 건강한 대처방법에 대해 공부했어요. 어떤 대처방법들이 있었나요? (학생 발표) 네. 편안한 음악을 듣거나 운동을 하거나 자신이 좋아하는 취미활동에 몰두하는 방법도 있지요. ◆ 과제 확인하기 – 일주일 동안 스트레스를 받았을 때 어떻게 대처했는지 말해 보세요. (학생 발표) 네. 그 대처방법이 효과적이었나요? (학생 발표) ◎ 학습문제 제시하기 – 오늘은 분노가 무엇인지 분노의 개념에 대하여 알아보도록 하겠습니다. **학습문제** 분노의 개념을 알아보자.		
전개 (35′)	◎ 학습순서 확인하기(1분) 1. 분노의 의미 알기 2. 분노의 원인과 신체반응 알기 3. 분노의 강도 알기 ◎ 분노의 의미 알기(5분) ◆ 분노의 의미 확인하기 – 분노는 무엇을 의미할까요? (학생 발표) – (교사 설명) • 분노: 화. 나에게 위협이나 해를 준다고 여겨지는 사람이나 대상에 대해 느끼는 심한 불행감과 혐오의 정서 – 우리는 분노했을 때 보통 화가 난다고 표현하지요. 그렇다면 화를 내는 것은 나쁜 것일까요? (학생 발표)		

※ '학생 발표' '학생 활동' 등은 교사의 질문이나 지시에 따른 학생의 기대 행동을 지칭하므로 이 부분에서는 학생이 반응하는 시간을 주셔야 합니다.

	- 분노라는 감정은 누군가가 내게 위협을 가했을 때 자연스럽게 느끼는 정서입니다. 그래서 분노를 적절하게 표현한다면 위협을 가하는 누군가에게 경고할 수 있고 나를 지킬 수 있게 해 주기 때문에 분노는 필요한 감정이지요. 하지만 분노를 상황에 적절하게 표현하지 않고 공격적이고 파괴적으로 드러냈을 때에는 자신과 타인 모두에게 해가 될 수 있지요. - 따라서 잘못된 문제해결을 피하려면 이것이 중요한데요. 바로 분노 조절입니다. 분노 조절이란 무엇일까요? (학생 발표) - (교사 설명)

> • 분노 조절: 분노를 느끼는 정도를 조절하거나 상황에 적절하고 안전한 방식으로 분노를 표현하는 것

전개 (35′)	- 분노를 느끼는 것은 잘못이 아닙니다. 누구나 분노를 느낄 수 있어요. 하지만 분노의 정서를 공격적으로 나타내지 않고 자신의 분노를 잘 조절하여 적절한 행동을 하도록 노력해야 합니다. 유의점: 분노가 유발되는 것은 자신의 몸을 보호하기 위한 자연스러운 정서경험이기 때문에 분노를 느끼는 것이 나쁘지만은 않지만 분노를 공격적이고 파괴적인 행동으로 드러내어 문제를 해결하려고 하는 것은 잘못임을 강조한다. 🎯 **분노의 원인과 신체반응 알기(10분)** ◆ 내가 분노하는 상황과 신체반응 쓰기 〈학습지 4-1〉 - 분노를 조절하려면, 자신이 화가 났다는 것을 이해하는 것이 매우 중요합니다. 자신의 상태를 깨달았을 때 적절히 대처할 수 있기 때문입니다. 최근 여러분이 가장 화났던 상황 세 가지를 떠올려 보세요. 그때 누구에게 화가 났고 신체반응이 어떠했는지 학습지에 써 보세요. - 화가 났던 상황과 신체반응을 발표해 볼까요? (학생 발표) 네, 여러 상황에서 화가 날 수 있지요. 화가 나면 얼굴이 붉어지고, 심장이 두근거리는 등 여러 가지 신체반응을 나타낼 수 있어요. 🎯 **분노의 강도 알기(15분)** ◆ 내가 화날 때 기록하기 〈학습지 4-2〉 - [모둠] 이번에는 우리가 평상시 약하게 분노를 느끼는 상황부터 매우 크게 분노를 느끼는 상황까지 다섯 가지를 학습지에 써 보세요. 유의점: 학습지에 쓰지 않고 포스트잇을 활용해도 좋다. - 우리 모둠원은 어떤 때 화가 나는지 발표해 보세요. (모둠 발표) - 모둠원이 작성한 내용을 토대로 우리 반 친구들이 가장 크게 분노하는 상황 다섯 가지를 정해서 학습지의 '뜨거운 냄비' 또는 칠판에 적어 봅시다. 유의점: 모둠에서 가장 많이 나온 의견부터 차례로 칠판에 쓰고, 그 강도의 순서를 정해 본다. 또는 모둠별로 포스트잇에 정리한 내용 중 같은 내용끼리 칠판에 붙여 보고, 많이 나온 5개를 뽑아 강도의 순서대로 정리할 수도 있다. - 이렇게 우리가 화를 내는 상황들은 매우 다양합니다. 또한 같은 상황이지만 사람들이 느끼는 분노의 정도는 다를 수 있어요. 오늘 여러 사람의 발표를 듣고 서로를 이해하는 계기가 되면 좋겠습니다. 유의점: 화가 날 때의 상황은 매우 다양하며 같은 상황이라도 화가 나는 정도가 모두 다름을 강조한다.

정리 (5′)	**⊚ 정리하기** ◆ 공부한 내용 확인하기 　– 오늘 공부를 통해 알게 된 점이나 느낀 점은 무엇입니까? (학생 발표) 　– 오늘은 분노가 무엇인지 알아보았습니다. 자신이 어떤 상황에서 화가 나고 그때 어떤 신체반 　응을 보이는지를 알고 적절히 대처하는 것은 중요합니다. **⊚ 과제 제시 및 차시 예고하기** ◆ 과제 제시하기 〈과제 4-1〉 　– 앞으로 일주일 동안 분노 일지를 작성하는 것이 이번 과제입니다. 화가 난 날짜와 상황을 쓰 　고, 화날 때 했던 생각이나 행동도 씁니다. 그리고 얼굴 표정 다섯 개 중에서 하나를 골라 동 　그라미 쳐서 그때 얼마나 화가 났는지를 표시해 보세요. ◆ 차시 예고하기 　– 다음 시간에는 분노를 조절하는 다양한 방법에 대하여 공부하겠습니다.

★ 다음의 내용을 일상생활에서 되새겨 봅시다.

- 분노: 화. 위협이나 해를 당하고 있다고 여겨질 때 상대방에 대해 느끼는 심한 불행감과 혐오의 정서

- 분노 조절: 분노를 느끼는 정도를 조절하거나 상황에 적절하고 안전한 방식으로 분노를 표현하는 것

- 분노는 자연스러운 반응입니다.

- 분노할 때 신체 반응과 분노의 강도는 다양합니다.

내가 화날 때

학년   반   이름

🗂 나는 어떤 상황에서 화가 나고, 그때 내 몸에서는 어떤 반응이 일어나는지 적어 보세요.

분노하는 정도는 사람마다 달라요

학년   반   이름

🎁 우리 모둠원들이 평상시 분노를 조금 느끼는 상황부터 크게 느끼는 상황까지 단계별로 다섯 가지를 써 보세요.

🎁 우리 반 친구들이 가장 분노하는 상황 다섯 가지를 정해 보세요.

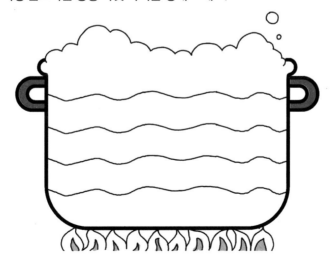

<table>
<tr><td>과제
4-1</td><td colspan="2" align="center"># 화가 난다 화가 나!</td></tr>
<tr><td></td><td colspan="2">학년   반   이름</td></tr>
</table>

🎁 화가 났던 일에 대해서 다음의 내용을 정리해 보세요.

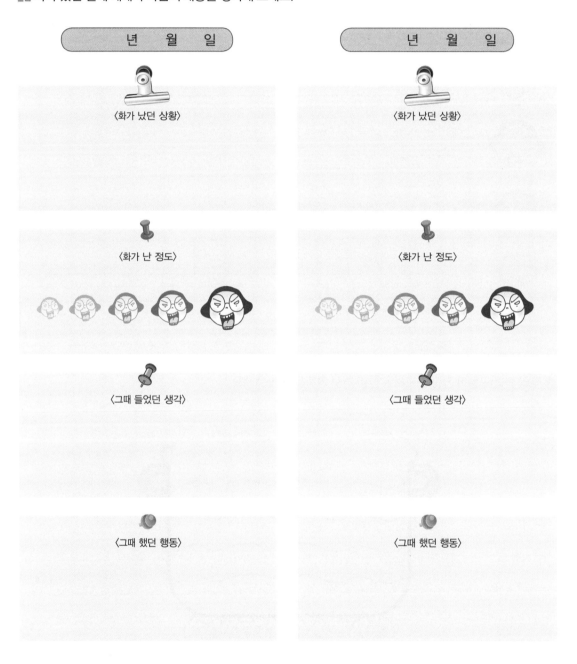

년   월   일 〈화가 났던 상황〉 〈화가 난 정도〉 〈그때 들었던 생각〉 〈그때 했던 행동〉

년   월   일 〈화가 났던 상황〉 〈화가 난 정도〉 〈그때 들었던 생각〉 〈그때 했던 행동〉

사회정서학습(SEL) 통신문

행복한 학교 만들기 프로젝트! SEL

▶이번 주 우리는 배웠습니다!

1. 분노란 자신이 위협이나 해를 당하고 있다고 여겨질 때 상대에 대해 느끼는 심한 불행감과 혐오의 정서입니다.
2. 화가 나는 이유와 화날 때 나타나는 신체반응을 알아보았습니다.
3. 화가 나는 상황과 화가 나는 정도를 알아보았습니다.
4. 같은 상황에 있을지라도 사람마다 화가 나는 정도는 다를 수 있습니다.

▶화가 날 때

1. 얼굴이 붉어집니다.
2. 주먹을 쥐거나 이를 악뭅니다.
3. 심장이 쿵쾅거리고 몸이 떨립니다.
4. 눈을 부릅뜨거나 미간을 찡그립니다.

▶가정에서

• 화를 완전하게 없앨 수는 없습니다. 우리가 노력을 해도 화나는 상황은 일어나기 마련이지요. 이럴 때는 상황에 적절하게 화를 표현하는 방법을 찾아 쓰는 것이 중요합니다.
• 화는 우리를 위협으로부터 보호해 주는 자연스러운 반응입니다. 자녀가 화를 낼 때 "○○가 화가 났구나. 많이 속상하니? 화가 나서 어떤 생각이 들어?" 이런 질문을 해 보세요. 화가 날 때 어떤 신체반응을 나타내는지, 어떤 정서를 경험하는지, 어떤 행동을 하게 되는지를 알아차리도록 도와주세요. 자신이 느끼는 정서를 정확히 파악할 때 우리는 비로소 그 상황에 적절한 방식으로 현명하게 대처할 수 있기 때문입니다.

5. 내 마음의 소화기

수업목표	• 분노 조절 기법이 무엇인지 안다. • 분노 조절 기법을 활용한다.
주제의 중요성	분노는 근육의 긴장이나 심장의 두근거림 같은 반응을 수반하는 주관적인 정서다. 일시적으로 나타나기도 하지만, 일상 속에서 얼마나 자주 분노를 일으키는가와 관련된 개인의 성향을 의미하기도 한다. 일시적으로 분노가 끓어오를 때 어떻게 자신을 다스려 이성을 되찾을 수 있는지에 대한 방법을 배우면, 분노를 진정시킬 수 있고, 일상생활에서 분노를 잘 조절할 수 있다.
SEL 영역	☑ 자기인식 ☑ 자기관리 ☐ 사회적 인식 ☐ 관계기술 ☑ 책임 있는 의사결정
학습자료	〈준비물〉 모둠별 공 1개 〈학 습 지 5-1〉 나는 어떻게 분노를 가라앉혔나? 〈과 제 5-1〉 분노를 가라앉히는 나만의 효과적인 방법 찾기

활동 흐름도

나의 분노 조절 방법 말하기 ⇒ 분노 조절 기법 알기 ⇒ 분노 조절 기법 연습하기

핵심 내용

개념	내용
분노 조절 기법	• 순간적으로 끓어오르는 화를 빠른 시간 안에 가라앉히는 방법

지도상 유의점

• 화가 났을 때 일단 분노 조절 기법을 활용하여 마음을 진정시킨 후, 다양한 대안을 찾는 활동을 통해 분노를 적절히 조절하는 것이 중요함을 인식시킨다.

• 다음의 영상은 이번 차시와 관련된 영상으로, 추가 학습자료로 활용할 수 있다.
  ① KBS 비타민 〈분노. 그것이 궁금하다〉
  ② EBS 헬스투데이 〈내 몸을 살리는 요가〉-호흡법
  ③ EBS 집중기획 〈삶을 바꾸려면 화를 다스려라〉-분노반응의 지속시간, 숫자세기의 효과
  ④ EBS 다큐프라임 〈당신이 화내는 진짜 이유〉 3부. 나를 바꾼다 분노디자인: 이완훈련과 명상

학습 주제	분노 해결 방법 알기	차시	5/6
학습 목표	• 분노 조절 기법이 무엇인지 설명할 수 있다. • 분노 조절 기법을 활용할 수 있다.		
단계	학습과정		

단계	학습과정
도입 (5′)	**⦿ 전시학습 상기하기** ◆ 분노에 대하여 이야기하기 　– 분노에 대하여 알게 된 점을 말해 볼까요? (학생 발표) 　– 네. 분노는 자신이 위협을 당할 때 상대에게 느끼는 불행과 혐오의 정서이지요. 그렇지만 분노는 자연스러운 정서이고 사람마다 분노를 느끼는 상황과 정도가 다르다고 했어요. ◆ 과제 확인하기 　– 과제를 보면서 일주일 동안 자신이 분노했던 상황과 그때의 신체적 증상을 이야기해 보세요. (학생 발표) 네. 화가 났던 상황과 신체반응들이 다양했군요. **⦿ 학습문제 제시하기** 　– 오늘은 화가 났을 때 어떻게 화를 가라앉혀야 할지를 알아보고 분노를 조절하는 기법을 연습해 보겠습니다. 　　**학습문제** 　　분노를 조절하는 기법을 연습해 보자.
전개 (35′)	**⦿ 학습순서 확인하기(1분)** 1. 나의 분노 조절 기법 말하기 2. 분노 조절 기법 알기 3. 분노 조절 기법 연습하기 **⦿ 나의 분노 조절 기법 말하기 〈학습지 5-1〉 (15분)** 　– 지금까지 분노가 무엇이고, 분노할 때 우리는 어떤 신체 반응을 나타내는지를 공부했습니다. 화가 났을 때의 신체반응은 매우 순간적이어서 짧은 시간 안에 분노를 가라앉힐 수도 있습니다. 　– 분노를 잘 가라앉히면 이성을 되찾고 문제를 합리적으로 해결할 수 있습니다. 　– 그렇다면 그 짧은 시간에 자신의 화를 가라앉힐 수 있는 방법에는 어떤 것들이 있을까요? 효과적인 자신만의 방법이 있는지 말해 볼까요? (학생 발표)

※ '(학생 발표)' '(학생 활동)' 등은 교사의 질문이나 지시에 따른 학생의 기대 행동을 지칭하므로 이 부분에서는 학생이 반응하는 시간을 주셔야 합니다.

	– 그러한 방법들의 장단점에는 무엇이 있을까요? ('소리를 지른다, 물건을 부순다, 심호흡을 한다, 잠을 잔다' 등 학생들이 발표한 방법들의 장단점을 이야기 나눈다.)
	
	유의점: 학생들이 사용하는 다양한 방법에 대하여 이야기를 나누어, 분노를 가라앉히는 다양한 방법이 있음을 강조한다.
	
	🎯 **분노 조절 기법 알기(10분)**
	– 네. 아주 다양한 방법들이 있군요. 다음은 끓어오르는 분노를 신속하게 가라앉힐 수 있는 몇 가지 효과적인 방법이랍니다.
	
	        〈분노 조절 기법〉
	        1. 숫자 세기
	        2. 혼잣말하기
	        3. 복식호흡
	        4. 힘 빼기
	
	– 이 방법들을 활용해서 어떻게 신속하게 분노를 조절할 수 있는지에 대해 설명하겠습니다.
	– 먼저 '숫자 세기'입니다. 모두 눈을 감고 입으로 소리 내어 10부터 1까지 천천히 거꾸로 숫자를 세어 봅시다. 시작! 10, 9, 8, 7, 6, 5, 4, 3, 2, 1. 이제는 눈을 감고 마음속으로 숫자를 세어 보겠습니다. 시작! (10, 9, 8, 7, 6, 5, 4, 3, 2, 1). 평소에도 분노가 일어날 때 곧바로 마음속으로 숫자를 세면서 마음을 진정시켜 보세요. 마음을 가라앉히는 데 많은 도움이 될 겁니다.
	– 두 번째는 '혼잣말하기'입니다. 모두 선생님을 따라 말해 보세요. '마음을 가라앉혀' '진정해' '괜찮아질 거야' '무시해'. 이제는 눈을 감고 마음속으로 혼잣말을 반복해 봅니다. 마음속으로 자신에게 마음을 가라앉히도록 계속해서 말해 주세요. 흥분되었던 분노의 정서가 차차 가라앉는 것을 느낄 수 있습니다.
	– 다음은 복식호흡입니다. 눈을 감고 허리를 바르게 하세요. 코로 숨을 천천히 들이마시면서 아랫배를 풍선처럼 부풉니다. 입으로 천천히 숨을 내뱉으세요. 계속 반복해 보세요. 마음이 차분해지는 것을 느끼지요?
	– 마지막으로 힘 빼기입니다. 모두 눈을 감고 선생님이 10초를 세는 동안 온몸과 팔다리에 힘을 꽉 주세요. 양손에 오렌지를 하나씩 들고 꽉 쥐어짜서 오렌지 주스를 만든다고 상상하세요. 그리고 양다리로는 매우 크고 무거운 바위를 밀고 있다고 상상하세요. 열을 다 세면 온몸의 힘을 풀고 팔다리를 축 늘어뜨리세요. 자, 다시 몸에 힘을 줍니다. 시작! 하나, 둘, 셋, 넷, 다섯, 여섯, 일곱, 여덟, 아홉, 열. 이제 온몸의 힘을 풀어 보세요. 네~ 몸이 편안해지고 따뜻해지는 것을 느낄 수 있어요.
	
	🎯 **분노 조절 기법 연습하기(10분)**
	◆ [모둠] 놀이를 통해 분노 조절 기법을 연습하기
	– 이러한 방법을 사용하면, 순간적으로 끓어올랐던 분노를 가라앉힐 수 있답니다. 이제 분노 조절 기법을 연습하기 위해서 '분노의 공 전달하기' 활동을 하겠습니다. 모둠원 4명씩 동그랗게 앉으세요. 다음의 활동방법에 따라 분노를 조절하는 기법을 연습해 봅시다.
	
	유의점: 학급 상황에 따라 모둠 인원을 조절하거나 학급 전체 학생이 원을 하나 만들어서 연습할 수도 있다.

왼쪽 세로: **전개**
(35′)

전개 **(35′)**	 〈활동 방법〉 1. 친구들과 둥글게 앉아 눈을 감고 화가 났던 장면을 상상하기 2. 눈을 뜨고 분노의 공을 옆 친구에게 전달하기 3. 공을 들고 있는 학생이 분노 조절 기법 중 하나를 실시하여 분노를 조절하기 – (모둠별로 공을 1개씩 준다.) 두 눈을 감고 자신이 매우 화가 났던 순간을 떠올리세요. 눈을 뜹니다. 옆 사람에게 공을 넘겨 줍니다. 공을 든 학생은 분노 조절 기법을 실시하세요. (공을 든 학생이 분노 조절 기법을 실시한 후 과정을 반복한다.) 유의점: 공을 지나치게 세게 던지지 않도록 주의시킨다. 숫자 세기와 혼잣말하기는 입으로 소리 내어 말해 보게 한다.
정리 **(5′)**	◎ **정리하기** ◆ **공부한 내용 확인하기** – 오늘은 분노 조절 기법을 연습해 보았습니다. 오늘 공부를 통해 알게 된 점이나 느낀 점은 무엇입니까? (학생 발표) – 네. 많은 것을 깨달았군요. 오늘은 우리가 순간적으로 분노에 휩싸였을 때 마음을 가라앉힐 수 있는 방법에 대하여 공부했습니다. 분노가 우리를 지배하게 내버려 두면 우리는 이성적인 사고를 하기가 어려워집니다. 그러면 문제를 효과적으로 해결하지도 못하고 다른 사람과의 관계도 나빠질 수 있습니다. 무엇보다도 먼저 분노를 조절하여 자신의 불편한 마음을 잘 다스리는 것이 앞으로 긍정적인 결과를 이끌어 내는 데 매우 중요하다는 점을 기억하세요. ◎ **과제 제시 및 차시 예고하기** ◆ **과제 제시하기** 〈과제 5-1〉 – 앞으로 일주일 동안 분노를 느낄 때 다양한 분노 조절 기법들을 활용하여 자신의 마음을 다스려 보세요. 학교에서든 집에서든 어디에서나 할 수 있을 때마다 시도해 보세요. 분노를 가라앉히는 데 효과적이었던 방법을 과제지에 정리해 보세요. ◆ **차시 예고하기** – 다음 시간에는 분노를 느끼게 만들었던 문제를 해결하는 다양한 방법들을 알아보겠습니다.

 학급 게시물

★ 다음과 같은 분노 조절 기법을 일상생활에서 활용해 봅시다.

분노 조절 기법

빨리 꺼!

1. 숫자 세기
2. 혼잣말하기
3. 복식호흡
4. 힘 빼기

분노 소화기

나는 어떻게 분노를 가라앉혔나?

학년   반   이름

▪️▪️ 나는 평소에 순간적으로 끓어오르는 분노를 어떻게 가라앉히는지 쓰고 그 방법의 장단점을 써보세요.

(예)
방법: 소리를 지른다.

방법:

폭발직전

(예)
장점: 속이 후련하다.

장점:

BOOM

(예)
단점: 상대를 더 자극할
수 있다.

단점:

방법: 장점: 단점:

분노를 가라앉히는 나만의 효과적인 방법 찾기

학년   반   이름

❖ 화가 났던 순간의 끓어오르는 분노를 가라앉히기 위한 다양한 방법을 실천해 보고 자신과 상대에게 가장 효과적인 방법을 찾아보세요.

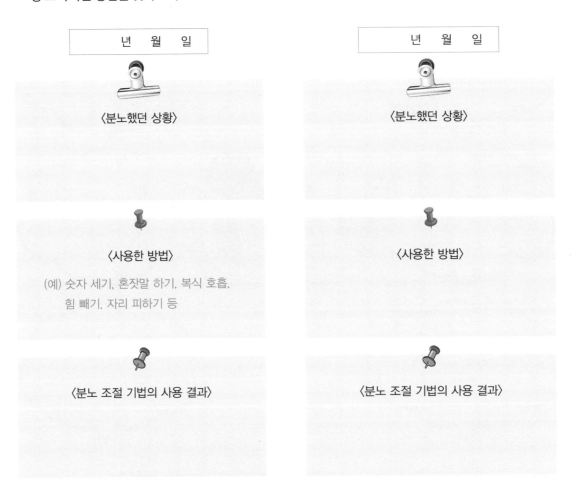

년   월   일

〈분노했던 상황〉

〈사용한 방법〉

(예) 숫자 세기, 혼잣말 하기, 복식 호흡, 힘 빼기, 자리 피하기 등

〈분노 조절 기법의 사용 결과〉

년   월   일

〈분노했던 상황〉

〈사용한 방법〉

〈분노 조절 기법의 사용 결과〉

〈순간의 분노를 가라앉히는 나만의 효과적인 방법〉

사회정서학습(SEL) 통신문

행복한 학교 만들기 프로젝트! SEL

▶이번 주 우리는 배웠습니다!

1. 순간적으로 끓어오르는 분노는 짧은 시간에 가라앉힐 수 있습니다.
2. 순간적인 분노를 가라앉히는 방법은 다양합니다.
3. 분노를 가라앉혀 분노에서 빠져 나온 다음에는 이성을 되찾고 문제를 해결할 수 있습니다.
4. 분노 조절 기법을 연습해 보았습니다.

▶순간적인 분노를 가라앉히는 방법

1. 숫자 세기
2. 혼잣말하기
3. 복식호흡
4. 힘 빼기

▶가정에서

• 순간적으로 끓어오른 분노와 신체반응은 짧은 시간 안에 사라질 수 있습니다. 그 이후에도 분노와 신체반응이 계속 된다면 그것은 이미 자신이 화를 내기로 마음먹은 것입니다.

• 화가 끓어오르면 감정에 휩싸여 이성적인 판단을 하기 어려워집니다. 따라서 끓어오르는 분노를 빨리 제거하는 것이 중요합니다. 10부터 거꾸로 숫자를 세는 것과 같은 간단한 활동만으로도 분노를 가라앉히고 이성을 되찾을 수 있습니다. 가정에서도 자녀가 분노 조절 기법을 계속 연습할 수 있도록 도와주세요.

6. 내 마음의 소방관

수업목표	• 나의 분노 상황 대처 방법을 설명한다. • 분노를 해결할 수 있는 다양한 대안을 찾는다. • 다양한 대안을 탐색하고 가장 적절한 대안을 선택한다.
주제의 중요성	타인에게 피해를 주지 않으면서 분노를 가라앉히고 마음의 평안을 회복하는 것이 중요하다. 그러나 이러한 방법을 익혔다고 해서 문제가 다 해결된 것은 아니다. 순간적인 분노의 정서를 일시적으로 가라앉혔을 뿐 근본적인 문제를 해결하지는 못했기 때문이다. 이 차시에서는 분노하게 만든 문제 상황을 되돌아보고 진정으로 자신이 원하는 바를 성취하기 위한 다양한 대안을 탐색하고 가장 적절한 분노 해결 방법을 선택한다. 분노 해결 방법을 알고 이를 실천하면 분노가 지속되는 것을 막을 수 있다.
SEL 영역	☑ 자기인식 ☑ 자기관리 ☐ 사회적 인식 ☐ 관계기술 ☑ 책임 있는 의사결정
학습자료	〈학 습 지 6-1〉 화가 났을 때 무슨 일이 벌어진 거야? 〈학 습 지 6-2〉 화가 났을 때 문제를 해결하려면? 〈과 제 6-1〉 나의 분노 해결 방법

활동 흐름도

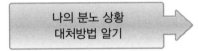

나의 분노 상황 대처방법 알기 ⟹ 분노 해결을 위한 대안 탐색하기 ⟹ 가장 적절한 대안 선택하기

핵심 내용

개념	내용
분노 해결 방법	• 분노를 가라앉히고, 분노하게 만든 문제를 효과적으로 해결하는 방법
대안 탐색	• 자신이 주로 사용하는 해결 방법보다 더욱 효과적인 다른 방법을 탐색하는 것

지도상 유의점

- 분노 상황은 하나일지라도 선택할 수 있는 대안은 여러 가지라는 점을 알도록 한다.
- 분노의 결과는 여러 대안 중 자신의 선택에 의한 결과라는 점을 알도록 한다.
- 적절한 대안을 선택하면 나와 타인에게 도움이 되는 결과를 얻을 수 있다는 점을 알도록 한다.
- 다음의 영상은 이번 차시와 관련된 영상으로, 추가 학습자료로 활용할 수 있다.
  ① EBS 다큐프라임 〈당신이 화내는 진짜 이유〉 3부. 나를 바꾼다 분노디자인: 대처기술

학습 주제	분노 해결 방법 알기		차시	6/6
학습 목표	• 나의 분노 상황 대처 방법을 말할 수 있다. • 분노를 해결할 수 있는 다양한 대안을 찾을 수 있다. • 다양한 대안을 탐색하고 가장 적절한 대안을 선택할 수 있다.			
단계	학습과정			
도입 (5′)	**◎ 전시학습 상기하기** ◆ 공부한 내용 확인하기 　– 지난 시간에 공부했던 분노 조절 기법에 대하여 알게 된 점을 말해 볼까요? (학생 발표) 순간 　　적으로 일어나는 분노는 짧은 시간 안에 없앨 수 있다고 했지요. 그러한 분노 조절 기법에는 　　숫자 세기, 혼잣말하기, 복식호흡, 힘 빼기 등의 방법이 있었어요. ◆ 과제 확인하기 　– 일주일 동안 어떠한 분노 조절 기법을 사용해 보았고 그 효과는 어떠했나요? (학생 발표) 네. 　　그러한 기법을 사용하니 마음이 가라앉음을 느낄 수 있었을 것입니다. **◎ 학습문제 제시하기** 　– 그렇게 순간적으로 끓어오르는 분노를 여러 기법들을 활용하여 가라앉혔다면 그걸로 끝난 　　것일까요? 아니지요. 단순히 흥분되었던 정서와 신체반응을 가라앉혔을 뿐 아직도 나를 화나 　　게 했던 상황은 끝나지 않았어요. 따라서 이번 시간에는 자신이 진정으로 원하는 결과를 얻 　　기 위해 어떻게 해야 하는지 분노를 해결하는 다양한 방법을 알아볼 거예요. `학습문제` 　분노를 해결하는 다양한 방법을 알아보자.			
전개 (35′)	**◎ 학습순서 확인하기(1분)** 　1. 나의 분노 상황 대처방법 알기 　2. 분노 해결을 위한 대안 탐색하기 　3. 가장 적절한 대안 선택하기 **◎ 나의 분노 상황 대처 방법 알기(10분)** ◆ 분노 상황에서의 자신의 행동과 결과 정리하기 　– 여러분은 화가 났을 때 어떠한 행동을 주로 합니까? (학생 발표) 그러한 행동을 하고 나면 어 　　떤 결과가 생기던가요? (학생 발표) 　– 어떤 사람은 자신의 분노를 적절히 잘 다루어서 긍정적인 결과를 얻기도 하고, 어떤 사람은 　　폭력적인 방식으로 분노를 폭발시켜서 부정적인 결과를 얻기도 합니다. 그동안 여러분이 문 　　제 상황에서 분노를 다루는 방식은 효과적인 것이었을까요? (학생 발표)			

※ '(학생 발표)' '(학생 활동)' 등은 교사의 질문이나 지시에 따른 학생의 기대 행동을 지칭하므로 이 부분에서는 학생이 반응
하는 시간을 주셔야 합니다.

전개 **(35′)**	– 아마도 최선의 방법을 사용한 사람도 있을 것이고, 최악의 방법을 사용했던 사람도 있겠지요. 그래서 여러분이 분노에 대처하기 위해 사용했던 다양한 방법들을 탐색해 보고 그러한 방법들 중 가장 좋은 방법을 찾아보려고 합니다. 유의점: 분노에 대처하는 방법에 대한 여러 사람의 의견을 들어보고, 분노에 대처하는 방법이 다양하다는 점을 알게 한다. **◉ 분노 해결을 위한 대안 탐색하기 〈학습지 6-1〉 〈학습지 6-2〉 (20분)** ◆ [모둠] 자신의 분노 상황에 대한 다양한 대안 알기 – 다음의 활동 순서에 따라 다양한 분노 해결 방법을 알아봅시다. 〈활동 순서〉 1. 4인 1모둠으로 4절지는 개인별로 준비하기(색연필, 사인펜 준비) 2. 4절지 가운데에 자신이 쉽게 분노하는 상황을 하나 적기 3. 생각 그물을 활용하여 분노 상황에서 자신이 하는 행동과 그 결과를 적기 4. 4절지를 서로 돌려가며 모둠원들이 분노를 조절하는 방법을 적기 5. 모둠원이 제시한 방법들 중 분노를 조절할 수 있는 가장 좋은 방법이 무엇인지 서로 이야기 나누기 – (활동순서에 따라 1~5까지 활동한다.) – 모둠원들이 제시해 준 다양한 방법들을 발표해 봅시다. (학생 발표) – 또 다른 방법이 있는지 전체적으로 이야기해 볼까요? (학생 발표) 친구들의 이야기를 들으며 새롭게 제시된 방법을 4절지에 기록하세요. 유의점: 4절지 대신에 〈학습지 6-1〉 〈학습지 6-2〉를 활용해도 좋다. **◉ 가장 적절한 대안 선택하기(5분)** ◆ 분노 해결을 위해 제시된 대안 중 가장 적절한 대안 선택하기 – 친구들이 제시한 방법을 선택하면 어떤 결과가 생길 것으로 예상되나요? 각각의 방법에는 어떤 장점과 단점이 있을지 생각해 보고, 예상되는 결과를 4절지에 쓰세요. (학생 활동) – 지금까지 제시된 여러 방법들 중 가장 적절한 방법을 선택해 보세요. 나와 주변 사람 모두에게 도움이 될 수 있는 좋은 방법을 선택하세요. 어떤 방법이 적절하다고 생각합니까? (학생 발표)
정리 **(5′)**	**◉ 정리하기** ◆ 공부한 내용 확인하기 – 오늘 공부를 통해 알게 된 점이나 느낀 점은 무엇입니까? (학생 발표) – 오늘은 우리가 분노할 때 주로 어떻게 행동하는지를 탐색해 보았습니다. 그리고 자신의 분노를 해결할 수 있는 다양한 방법이 있다는 것도 알아보았습니다. 자신과 주변 사람들에게 해를 끼치지 않는 가장 건설적인 분노 해결 방법이 무엇일지 생각해 보고, 일상생활에서 활용해 봅시다. **◉ 과제 제시 및 차시 예고하기** ◆ 과제 제시하기 〈과제 6-1〉 – 일주일간 나에게 일어난 사건 중 하나를 정해 분노 해결 방법을 정리해 보세요. 학교에서든 집에서든 화가 날 때 오늘 배운 분노 해결 방법을 적용해 보세요.

정리 (5′)	◆ 차시 예고하기 – (마무리 1차시 선택 시) 다음 시간에는 이번 프로그램에서 배운 내용을 정리하겠습니다. 지금까지 우리가 배운 내용과 관련하여 인생 목표를 설정하고 목표달성을 위한 계획을 세우는 활동을 해보도록 하겠습니다. – (마무리 2차시 선택 시) 다음 시간에는 이번 프로그램에서 배운 내용을 정리하겠습니다. 지금까지 우리가 이 프로그램에 참여함으로써 어떻게 변화했는지를 살펴보는 활동을 해보겠습니다. 유의점: 여건이 허락하면, 1주일 또는 그 이상의 시간 간격을 두고 마무리 1차시와 2차시를 모두 실시할 수도 있고, 마무리 차시 없이 다음 파트를 계속 실시할 수도 있다.

★ 다음의 분노 해결 방법을 일상생활에서 활용해 봅시다.

분노 해결 방법

차근차근

1. 문제 확인

2. 대안 탐색

3. 결과 예상

4. 대안 선택

분노 소방관

화가 났을 때 무슨 일이 벌어진 거야?

학년   반   이름

🎁 내가 화를 냈던 상황을 떠올려 보세요. 어떤 상황에서 화가 났었는지 왼쪽 칸에 쓰세요. 가운데 칸에는 그때 내가 했던 행동을 쓰고, 오른쪽 칸에는 그 행동 때문에 일어난 결과를 쓰세요.

분노 상황	나의 행동	행동 결과
(예) 친구가 지나가다가 내 발을 밟았다.	친구를 주먹으로 쳤다.	친구도 나를 주먹으로 쳐서 싸우게 되었고, 둘 다 선생님께 벌을 받았다.

학습지 6-2	화가 났을 때 문제를 해결하려면?

학년　　　반　　　이름

■■ 〈학습지 6-1〉에 적은 화가 나는 상황들 중에서 가장 크게 화가 났던 상황을 고르세요. 그 상황과 그때 내가 했던 행동 그리고 그 행동의 결과를 왼쪽 상자에 옮겨 적습니다. 다음, 모둠원들에게 종이를 돌리면 모둠원들은 각자 분노 해결 방법과 예상되는 결과를 하나씩 적어 줍니다.

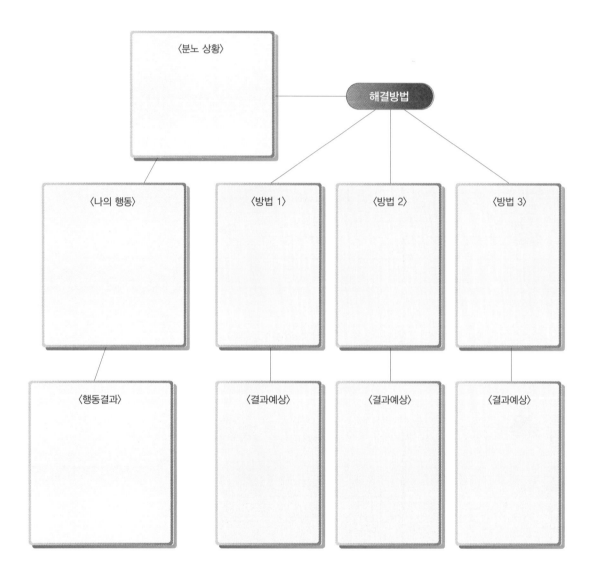

나의 분노 해결 방법

학년   반   이름

💠 일주일 동안 화가 났던 일 중 한 가지를 골라 '화가 났던 상황' 칸에 씁니다. 다음, 그때 했던 행동, 그 행동 때문에 생긴 결과, 더 나은 분노 해결 방법, 그 방법을 사용할 때 예상되는 결과를 차례대로 씁니다.

화가 났던 상황	
그때 나의 행동	
행동으로 인한 결과	
더 나은 해결방법	
예상되는 결과	

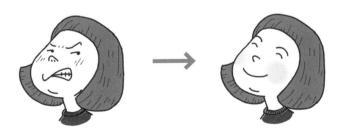

사회정서학습(SEL) 통신문

행복한 학교 만들기 프로젝트! SEL

▶이번 주 우리는 배웠습니다!

1. 하나의 분노 상황을 해결하는 데는 다양한 방법이 있습니다.
2. 자신의 분노 상황을 해결하기 위한 대안들을 탐색하였습니다.
3. 분노 해결을 위한 여러 대안들의 장점과 단점을 알아보았습니다.
4. 분노 해결을 위한 여러 대안들 중에서 자신과 주변 사람들에게 모두 도움이 되는 가장 적절한 방법을 선택해 보았습니다.

▶건설적인 분노 해결 방법 찾기

1. 문제 상황 파악하기
2. 여러 가지 대안 생각하기
3. 각 대안의 결과 예상하기
4. 가장 적절한 대안 선택하기

▶가정에서

• 화가 나는 상황은 하나이지만 그것을 해결하는 방법은 매우 다양합니다. 화가 난 자녀는 자신이 하던 방식대로 자동적으로 분노를 표현하려고 합니다. 따라서 자녀가 화를 낼 때 "○○야! 화가 풀리려면 뭘 하면 좋을까?" 하고 적절한 방법을 생각해 낼 수 있도록 도와주세요.

• 화가 나는 상황이 발생했을 때야말로 이 기술을 익힐 수 있는 중요한 순간입니다. 먼저, 자녀의 화난 감정을 읽어 주세요. 다음, 화나게 만든 문제는 무엇인지, 어떤 방법들로 화를 풀 수 있는지, 각 방법은 어떤 결과를 가져올지에 대해 자녀와 대화하세요. 또한 추후에 사용할 만한 적절한 방법인지도 평가해 보세요.

파트 4 좋은 관계 맺기

1차시 네 맘 알아

2차시 이젠 내가 말할게!

3차시 우유부단 장벽 넘기

4차시 어디가 꼬인 걸까?

5차시 너와 나의 꼬인 마음 풀기

1. 네 맘 알아

수업목표	• 경청과 공감의 의미를 설명한다. • 다른 사람의 정서를 언어로 표현한다.
주제의 중요성	타인의 정서를 알아차리고 이해하는 공감은 원만한 또래관계를 구축하는 데 중요하다. 공감은 상대방을 공격하기보다는 상대방을 존중하고 수용하는 분위기를 만들기 때문에 갈등해소에도 도움이 된다. 또한 학생들이 정서단어를 사용하고 있는지 그리고 상황에 맞게 적용하고 있는지를 공감 학습을 통해 확인할 수 있다.
SEL 영역	☐ 자기인식　　☐ 자기관리　　☑ 사회적 인식　　☑ 관계기술　　☐ 책임 있는 의사결정
학습자료	〈동영상 1-1〉 케이블TV 채널 Tooniverse의 〈아따맘마〉 – 235화 엄마, 맞장구치기 　　　　　　 https://www.youtube.com/watch?v=kt7IjL5rDw4 〈준　비　물〉 포스트잇이나 스티커 1인당 15개　〈학습지 1-2〉 나의 마음통장 〈학습지 1-1〉 공감! 이렇게 해 보자!　　　　　　〈과　제 1-1〉 친구야, 그랬구나!

활동 흐름도

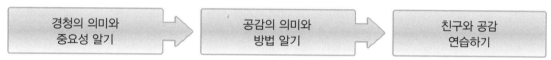

경청의 의미와 중요성 알기 ➡ 공감의 의미와 방법 알기 ➡ 친구와 공감 연습하기

핵심 내용

개념	내용
경청	• 상대의 말을 듣기만 하는 것이 아니라, 상대방이 전달하려는 말의 내용과 이면에 있는 정서에도 귀 기울여 듣는 것 　– 눈은 상대방을 자연스럽고 부드럽게 바라보기 　– 몸은 상대방을 향하기 　– 잘 듣고 있다는 신호 보내기(고개 끄덕이기, '응, 그래, 그랬구나, 저런' 같은 표현하기) 　– 상대방의 깊은 마음속까지 이해하려고 노력하기 　– 상대방의 말을 마친 후 들은 것 새겨보기
공감	• 타인의 입장이 되어 상대의 생각과 정서를 이해하고 표현하는 것

지도상 유의점

• 학생들의 수(1인당 15개)에 맞추어 포스트잇이나 스티커를 준비한다. 스티커를 이용할 경우, 다시 뗄 수 있을 정도로 살살 붙이라고 안내한다.
• 다음의 영상은 이번 차시와 관련된 영상으로, 추가 학습자료로 활용할 수 있다.
　① EBS 포커스-7회 공감
　② EBS 다큐프라임 〈퍼펙트 베이비〉 3부. 공감, 인간관계의 뿌리

209

학습 주제	공감 훈련하기	차시	1/5
학습 목표	• 경청과 공감의 의미를 설명할 수 있다. • 다른 사람의 정서상태를 언어로 표현할 수 있다.		
단계	학습과정		
도입 (5′)	**◎ 전시학습 상기하기** ◆ 공부한 내용 확인하기 　– 지난 시간에 무엇을 공부했는지 말해 볼까요? (자유롭게 전체 발표) 　– (이 파트를 처음 실시하는 경우) 맞아요. 우리는 사회정서능력의 핵심기술에는 다섯 가지가 　　있다는 것을 배웠어요. 어떤 것이 있었는지 한 가지씩 말해 볼까요? (학생 발표) 　– (다른 파트에 이어서 이 파트를 계속 실시하는 경우, 앞 차시에서 배운 내용을 상기시키거나 　　대답해 보도록 시킨다.) **◎ 동기 유발하기** ◆ 나를 힘들게 했던 말과 힘이 되어 준 말 이야기하기 　– 우리는 친구나 가족의 말 한마디에 힘이 나기도 하고 슬퍼하기도 합니다. 나를 힘들게 했던 　　말과 힘이 되어 준 말에 대해서 이야기해 볼까요? (학생 발표) **◎ 학습문제 제시하기** 　– 여러분에게 힘이 되어 준 말을 떠올려 보면 우리는 기분이 참 좋죠? 그리고 나를 이해해 주는 　　누군가가 있다는 생각에 행복합니다. 오늘은 여러분이 친구의 이야기를 듣고, 진심을 담아 　　공감해 보도록 해요. 　　**[학습문제]** 　　친구의 이야기를 듣고 공감해 보자.		
전개 (35′)	**◎ 학습순서 확인하기(2분)** 　1. 경청의 의미와 중요성 알기 　2. 공감의 의미와 방법 알기 　3. 친구와 공감 연습하기 **◎ 경청의 의미와 중요성 알기(3분)** ◆ 경청의 의미 알기 〈학습지 1-1〉 　– 경청은 상대의 말을 듣기만 하는 것이 아니라, 상대방이 하는 말과 표현하지 않은 감정에도 　　귀를 기울여 듣는 것을 의미해요. ◆ 경청의 중요성 알기 〈학습지 1-1〉 　– 경청하는 것은 왜 중요할까요? (학생 발표) 맞아요. 상대방의 말을 잘 이해하게 되요. 그리고		

※ '(학생 발표)' '(학생 활동)' 등은 교사의 질문이나 지시에 따른 학생의 기대 행동을 지칭하므로 이 부분에서는 학생이 반응
하는 시간을 주셔야 합니다.

잘 들어주는 사람이 있으면 말하는 사람의 기분이 좋아지고, 이야기하는 분위기도 좋아지면 서 서로 친하게 지낼 수 있어요.

◎ 공감의 의미와 방법 알기(15분)

◆ 소극적 경청과 적극적 경청(공감) 설명하기 〈학습지 1-1〉

– 공감은 상대방의 입장이 되어 그 사람의 생각과 정서를 이해하고 표현하는 것을 의미해요. 다시 말해, 상대방의 말을 조용히 듣는 것에서 한걸음 더 나아가 상대방의 입장에서 그 사람 의 정서를 이해해 준다는 의미가 포함되어 있어요. 그래서 공감을 잘하려면 적극적 경청을 해야 해요. 그냥 듣기만 하는 것은 소극적 경청이라고 합니다. 상대방이 표현하는 말을 적극 적으로 경청하고 상대방의 마음을 잘 읽어 주는 것, 즉 공감하기는 원만한 대인관계를 유지하 는 데 매우 중요하답니다.

◆ '경청과 공감' 관련 영상을 보고 이야기 나누기

– Tooniverse의 〈아따맘마〉 영상 시청하기

– 영상의 주인공이 고민하고 있는 부분이 무엇인지 이야기해 볼까요? (학생 발표)

– (타인의 마음을 읽어 주는 것이 왜 중요한지 다시 한 번 설명한 후 영상을 되돌리며) 영상에 서 엄마들은 다른 사람의 말을 경청할 때 상대방을 바라보고 잘 듣고 있다는 신호를 보내고 있었어요. 마음을 이해하고, 들은 것도 떠올려 보고 있어요. 자, 이제 어떻게 반응해 주는 것 이 적절한지 다함께 연습해 볼까요? (영상의 엄마들처럼 반응해 보기)

유의점: 학생들이 머뭇거리면, 선생님이 영상의 엄마들처럼 시범을 보여 학생들이 적극적으로 따라하도록 유 도한다.

◆ 공감하는 방법 알기 〈학습지 1-1〉

– 친구의 상황을 듣고, 그때 친구의 마음이 어떨지 생각해 보고, "친구야, 네가 이런 마음이었구 나" 하고 그 마음을 되돌려 말해 주는 게 공감이에요. 자, 친구가 오랫동안 계획했던 캠핑을 가기 직전에 계획이 취소되었다는 말을 들었대요. 친구에게 뭐라고 말해 줘야 할까요? 〈학습 지 1-1〉을 보고 각 상황에 알맞은 공감표현을 써 보세요.

◎ [모둠] 친구와 공감 연습하기(15분)

◆ 마음통장 활동하기 〈학습지 1-2〉

– 다음으로 각자 자신이 화났던 상황 두 가지를 〈학습지 1-2〉에 쓰세요. 다음의 순서에 따라 활동 합니다.

> **〈마음통장 활동 순서〉**
> 1. '가위바위보'로 발표 순서를 정한다.
> 2. 발표자가 상황을 이야기하면, 다른 모둠원은 공감의 말을 한다. 이때 발표자는 그 내용을 학습지 에 적는다.
> 3. 발표자는 공감반응에 주고 싶은 만큼의 하트를 준다.
>   발표자는 자신의 통장에서 하트를 주거나 상대의 통장에서 하트를 가져온다. 상대방의 공감 반 응이 좋았을 경우, 나의 하트를 최대 2개까지 줄 수 있다. 상대방의 반응에 기분이 나쁠 경우 최 대 2개까지 가져올 수 있다.
> 4. 하트의 남은 개수로 승자를 확인한다.

유의점: 하트는 탈부착이 쉬운 것(포스트잇이나 스티커 등)을 이용한다. 느낌을 이야기하는 것에 어려움을 느 끼면 교사가 시범을 보인다.

전개
(35′)

정리 (5′)	◎ 정리하기 ◆ 공부한 내용 확인하기 – 오늘은 경청과 공감을 배웠어요. 상대방을 공격하기보다는 상대방을 존중해 주면서 수용하는 공감은 참 중요합니다. 경청이나 공감을 하면 어떤 좋은 점이 있을까요? (학생 발표) 유의점: 학급 게시물을 살펴보고, 일상생활에서도 실천할 수 있도록 독려한다. ◎ 과제 제시 및 차시 예고하기 ◆ 과제 제시하기 – 오늘 과제는 마음통장을 수업시간 이외에 사용하는 거예요. 다음 시간에 다시 만날 때까지 오늘 배운 것을 연습해 보도록 합시다. 학교에서든 집에서든 어디에서나 쓸 수 있을 때 한번 시도해 보기로 해요. ◆ 차시 예고하기 – 다음 시간에는 상대방을 배려하면서 자신의 생각과 감정을 솔직하고 분명하게 말하는 방법을 공부하겠습니다.

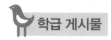

다른 사람의 말을 잘 듣는 방법

• **눈**은 상대를 향하고 자연스럽게 바라보기

• **입**으로 잘 듣고 있다는 신호 보내기
('응, 그래, 그랬구나, 저런')

• **머리**는 다른 생각하지 않고, 들은 내용 새겨 보기

• 상대의 깊은 **마음**속까지 이해하려고 노력하기

• **몸**은 상대방을 향하고, 다른 행동하지 않기

공감! 이렇게 해 보자!

학년   반   이름

🎁 경청과 공감

경청	상대의 말을 듣기만 하는 것이 아니라, 상대방이 전달하려는 말의 내용과 이면에 있는 정서에도 귀 기울여 듣는 것
공감	타인의 입장이 되어 상대의 생각과 정서를 이해하고 표현하는 것

🎁 다음의 예처럼 세 문제 각각에 공감반응을 표현해 보세요.

> 친   구: 이번 주 주말에 가족들과 강원도로 캠핑을 가기로 했었는데 갑자기 아빠 회사에 일이 생겨서 취소됐어.
>
> 공감반응: 캠핑을 못 가게 되어서 무척 속상하겠다.

1. 엄마가 사 주신 가방을 학원에서 잃어 버렸어. 엄마한테 야단맞을 걸 생각하니 집에 가기 싫어.

2. 시험이 다가오는데 공부가 안 돼. 점수를 잘 받고 싶은데 뜻대로 공부가 되지를 않아.

3. 어제 친구와 놀러 가기로 약속했었어. 그런데 약속시간이 지나도 그 친구가 오지를 않았어. 그 친구가 자다가 약속을 깜박 잊었대.

🎁 친구의 이야기를 읽고, 적절한 공감반응을 찾아 주세요.

1. 네가 내 말을 중간에서 가로막으면 정말 신경질이 나.

   ① 너 나한테 시비 거는 거야?
   ② 나도 그럴 때가 있긴 해.
   ③ 네 말을 다 듣지 않고 중단시켜서 화가 났구나.
   ④ 난 네 말이 다 끝난 줄 알았지. 미안하다. 미안해.

2. 요즘 들어 내가 너무 뚱뚱해진 것 같아.

   ① 그러게 운동 좀 해라. 그러면 살이 빠질 거야.
   ② 내가 보기엔 별로 안 뚱뚱한데 뭘.
   ③ 나도 살이 많이 쪄서 고민이야.
   ④ 뚱뚱하다고 생각되어서 몹시 신경이 쓰이나 보구나.

나의 마음통장

학년   반   이름

🎁🎁 내가 화났던 상황을 간단히 적어 봅시다.

1.	2.

🎁🎁 모둠원의 반응을 적습니다.

모둠원 이름	공감반응	공감반응에 대한 내 생각
1.		
2.		
3.		
4.		
5. (예) 준영	엄마가 그렇게 말씀하셔서 많이 힘들었겠다.	나의 마음을 알아주는 준영이가 참 좋았다.

┃나의 마음통장┃

(　　)모둠	입출금 내역	입금	출금	잔액					
	선생님께서 주심	+15		15	♡	♡	♡	♡	♡
나					♡	♡	♡	♡	♡
1.					♡	♡	♡	♡	♡
2.									
3.									
4.									
5. (예) 준영	성적고민	+2							

* 상대방의 공감 반응이 좋았을 경우, 내 하트를 최대 2개까지 줄 수 있다.
　상대방의 반응에 기분이 나쁠 경우, 상대방의 하트를 최대 2개까지 가져올 수 있다.

친구야, 그랬구나!

학년   반   이름

┃나의 마음통장┃

입출금 내역	입금	출금	잔액					
선생님께서 주심	+20		20	♡	♡	♡	♡	♡
1.				♡	♡	♡	♡	♡
2.				♡	♡	♡	♡	♡
3.				♡	♡	♡	♡	♡
4.								
5.								
6.								
7. (예) 준영이와 성적고민	+2							

🎁 친구에게 하트를 받거나 주었을 때, 대화를 적어 보세요.

이름	친구의 반응	반응에 대한 느낌
1.		
2.		
3.		
4.		
5.		
6.		
7. (예) 준영	엄마가 그렇게 말씀하셔서 많이 힘들었겠다.	나의 마음을 알아주는 준영이가 참 좋았다.

사회정서학습(SEL) 통신문

행복한 학교 만들기 프로젝트! SEL

▶이번 주 우리는 배웠습니다!

1. 경청은 상대방의 말을 듣기만 하는 것이 아닙니다.
2. 경청은 상대방의 이야기와 마음까지 귀 기울여 듣는 것입니다.
3. 공감은 상대방의 입장이 되어 상대의 생각과 정서를 이해하고, 내가 상대방의 마음을 이해하고 있음을 표현해 주는 것입니다.

▶상대의 이야기를 경청하고 공감하면…

1. 상대방의 말을 잘 이해하게 됩니다.
2. 말하는 사람의 기분이 좋아집니다.
3. 자신의 정서를 적절하게 표현하고, 타인의 정서를 적절하게 읽어 주면 원만한 대인 관계를 유지할 수 있습니다.

▶가정에서

• 자녀의 이야기를 들을 때는 이렇게 해 주세요.

- **눈**은 자녀를 향하고 자연스럽게 바라보기
- **입**으로 잘 듣고 있다는 신호 보내기
  ('응, 그래, 그랬구나, 저런')
- **머리**는 다른 생각하지 않고, 들은 내용 새겨보기
- 자녀의 깊은 **마음**속까지 이해하려고 노력하기
- **몸**은 자녀를 향하고, 다른 행동하지 않기

2. 이젠 내가 말할게!

수업목표	• 나를 읽어 주는 말하기가 필요한 상황을 안다. • 나를 읽어 주는 말하기 3단계를 안다. • 나를 읽어 주는 말하기를 사용하면서 대화한다.
주제의 중요성	나를 읽어 주는 말하기는 언어를 매개로 하는 자기표현 활동이다. 이 활동은 언어로 자신의 생각과 감정을 상대방에게 솔직하고 직접적으로 표현하는 힘을 키우는 데 도움을 준다.
SEL 영역	☑ 자기인식 ☑ 자기관리 ☐ 사회적 인식 ☑ 관계기술 ☐ 책임 있는 의사결정
학습자료	〈학 습 지 2-1〉 나를 읽어 주는 말하기 연습 〈과 제 2-1〉 나를 읽어 주는 말하기 사용 일기

활동 흐름도

나를 읽어 주는 말하기가 필요한 상황 알기 ▷ 나를 읽어 주는 말하기 3단계 알기 ▷ 생활 속에서 나를 읽어 주는 말하기 해 보기

핵심 내용

개념	내용
나를 읽어 주는 말하기	• 상대방의 기분을 상하게 하지 않으면서 자신의 생각이나 감정을 솔직하게 말하고, 자신이 원하는 것을 상대방에게 분명하게 말하는 합리적인 의사소통 방법
나를 읽어 주는 말하기 3단계	• 1단계: 상황 및 상대방의 말과 행동에 대한 사실을 묘사함. 　　　　(남을 평가하는 말, 비난, 비평은 하지 않음) • 2단계: 상대방의 말과 행동이 나에게 미치는 영향을 솔직하게 표현함. • 3단계: 상대방의 말과 행동으로 인해 내가 느끼는 감정을 솔직하게 표현함.

지도상 유의점

• 우리는 서로 다른 생각으로 상대를 대할 수 있기 때문에 언어를 통해 자신의 생각과 감정을 구체적으로 말해 주어야 함을 지도한다.
• 자신의 생각, 감정을 분명하고 솔직하게 말하는 것이 부정적 사건의 재발을 막을 수 있음을 이해시킨다.
• 자신의 생각, 감정을 분명하게 말하되, 상대방에 대한 예의와 배려가 바탕이 되어 있어야 함을 지도한다.

학습 주제	나를 읽어 주는 말하기	차시	2/5
학습 목표	• 나를 읽어 주는 말하기가 필요한 상황을 알 수 있다. • 나를 읽어 주는 말하기 3단계를 말할 수 있다. • 나를 읽어 주는 말하기를 사용해 대화할 수 있다.		
단계	학습과정		
도입 (5′)	⊙ **전시학습 상기하기** ◆ 공부한 내용 확인하기 – 지난 시간에는 경청과 공감에 대해 배웠습니다. 어떤 내용들이 생각나나요? (학생 발표) ◆ 과제 확인하기 – 네, 그렇다면 지난 학습 이후 여러분이 일상생활에서 마음통장을 어떻게 사용해 봤는지 말해 봅시다. (학생 발표) ⊙ **동기 유발하기** ◆ 나를 읽어 주는 말하기가 필요한 상황 공감하기 – 여러분들이 친구와 메시지(카카오톡)를 주고받고 있는데, 부모님께서 옆에서 몰래 보신다면 여러분은 부모님께 어떤 말과 행동을 하게 되나요? 그러고 난 다음, 어떤 결과가 생겼나요? 그런 경험이 없다면, 그 상황에서 자신은 어떻게 할지 생각해 봅시다. (학생 발표) 여러 경우들이 있군요. 그런데 그 경우 중 짜증이나 회피는 서로에게 오해와 불쾌감만을 남 깁니다. 또한 문제는 해결되지 않고 여러분에게 답답함을 남기기도 합니다. 오히려 여러분이 느끼고 생각하는 바를 상대에게 분명히 말할 때 상대도 여러분을 이해할 수 있고, 여러분도 보다 명쾌하게 상황을 해결할 수 있습니다. ⊙ **학습문제 제시하기** – 이번 시간에는 여러 상황들 속에서 여러분이 자신의 생각과 감정을 솔직하고 분명하게 말하 는 방법을 익혀보도록 하겠습니다. **학습문제** 자신의 생각과 감정을 솔직하고 분명하게 말하는 방법을 익혀보자.		
전개 (35′)	⊙ **학습순서 확인하기**(3분) 1. 나를 읽어 주는 말하기가 필요한 상황 알기 2. 나를 읽어 주는 말하기 3단계 알기 3. 나를 읽어 주는 말하기 3단계 연습하기		

※ '(학생 발표)' '(학생 활동)' 등은 교사의 질문이나 지시에 따른 학생의 기대 행동을 지칭하므로 이 부분에서는 학생이 반응
하는 시간을 주셔야 합니다.

◎ 나를 읽어 주는 말하기가 필요한 상황 알기(7분)

◆ 나를 읽어 주는 말하기 개념 알기

– 나를 읽어 주는 말하기란 자신의 생각이나 감정을 솔직하게 말하는 의사소통 방법입니다. 여러분이 생각이나 감정을 솔직하게 말한다면 타인에 의해 불쾌해지는 경우가 줄어들고 서로를 잘 이해하는 인간관계를 만들어 갈 수 있습니다.

◆ 상황 제시하기

– 여러분은 일상생활 중에 자신의 생각이나 감정을 언어로 구체적으로 표현해야 하는 상황에 놓일 수 있습니다. 불쾌한 상황도 있었을 것이고, 감사의 마음을 전하고 싶을 때도 있었을 것입니다. 어떤 상황이 있을지 살펴봅시다(아래의 예를 칠판에 판서한다).

예: 기다리던 음악 프로그램(TV 프로그램)을 보는데 부모님께서 갑자기 채널을 바꾸실 때
　　친구가 장난으로 내게 농담을 했는데, 난 진심으로 기분이 나쁠 때
　　난 아직 화가 안 풀렸는데, 친구는 내게 속이 좁다고 할 때
　　난 친구가 돼지라고 놀리는 게 기분이 나쁜데, 친구는 뭐 그런 걸 가지고 그러냐고 할 때
　　이른 아침, 늦은 밤에도 나를 데려다주시는 엄마(아빠)께 감사의 마음이 들 때

◆ 생활 속에서 나를 읽어 주는 말하기가 필요했던 경험 말해 보기

– 앞의 예시를 통해 여러분이 자신의 생각과 감정을 솔직하고 분명하게 말해야 하는 상황을 두 가지로 정리할 수 있습니다. 첫째, 누군가가 여러분의 기분을 상하게 하는 상황입니다. 이런 상황의 반복은 여러분을 불편하게 합니다. 따라서 불쾌한 상황이 반복되지 않게 하려면 자신의 생각과 감정을 솔직하고 분명하게 말해야 합니다. 둘째, 여러분이 누군가에게 감사함을 표현해야 하는 상황입니다. 이러한 상황에서 자신의 생각과 감정을 솔직하고 분명하게 말하면 서로 긍정적인 정서를 나눌 수 있습니다. 이런 상황에는 또 무엇이 있는지 여러분의 경험을 말해 볼까요? (학생 발표)

유의점: 학생이 응답한 상황들을 칠판에 판서한다.

◎ 나를 읽어 주는 말하기 3단계 알기(10분)

– 좋아요. 그렇다면 이런 상황에서 여러분은 어떻게 생각과 감정을 솔직하게 표현할 수 있을까요? 이 말하기 방법에는 3단계가 있습니다. 여러분이 청소를 하는데 친구가 바닥에 쓰레기를 버리는 상황에서, 나를 읽어 주는 말하기 3단계를 살펴보겠습니다.

> 〈상황: 내가 청소를 하는데 친구가 바닥에 쓰레기를 버린다.〉
> 1단계: 내가 청소를 하는데, 네가 쓰레기를 버리면
> 2단계: 나는 네가 버린 쓰레기를 또 치워야 해.
> 3단계: 그럼 난 짜증이 나.

– 단계별 방법은 다음과 같습니다. 간단히 정리하자면 〈사·영·감〉으로 사실, 영향, 감정을 솔직하게 말로 표현하는 것입니다.

단계	내용
1	상황 및 상대방의 말과 행동에 대한 **사실**을 묘사함. – 평가어, 비난, 비평 없이 상황 및 상대방의 말과 행동에 대한 사실만을 말해야 합니다.

2	상대방의 말과 행동이 내게 미치는 **영향**을 솔직하게 표현함. – 상대방의 말이나 행동이 여러분에게 미치는 영향을 구체적으로 표현합니다. 단, 상대방을 비난하지 않기 위해 "나는~"으로 시작합니다.	
3	상대방의 말과 행동으로 인해 내가 느끼는 **감정**을 솔직하게 표현함. – 여러분이 분명한 언어로 말해 주지 않으면 상대는 여러분의 생각과 감정을 알아차리기 어렵습니다. 여러분의 감정을 솔직하게 말합니다.	

유의점: 3단계 방법을 판서나 기타 방법을 활용하여 시각적으로 제시한다.

🎯 나를 읽어 주는 말하기 3단계 연습하기(15분)

◆ 나를 읽어 주는 말하기 1단계 연습하기 〈학습지 2-1〉

– 1단계에서는 평가어와 비난 없이 상황이나 상대방의 말과 행동에 관한 사실만을 말해야 합니다. '나쁘다, 무시했다' 등의 표현에는 여러분의 평가가 들어 있습니다. 여러분이 느낀 감정을 유발한 행동이나 말을 사진 찍듯이 묘사해야 합니다.

예: "무시했어." → "인사를 안 받았어." "넌 몰라도 돼! 라고 말했어."
"괴롭혔어." → "내가 싫어하는 별명을 불렀어." "나를 툭툭 쳤어." "내 물건을 가져가서 안 돌려줬어."
"이기적이야." → "줄 서는데 새치기를 했어." "아빠 차 뒤에 3명이 탈 때, 가운데 자리를 타지 않으려고 해."
"네(엄마) 마음대로 하잖아." → "먹고 싶은 걸 말하라고 해놓고 결국 너(엄마) 먹고 싶은 거 먹자고 하잖아." "난 지금 밥 먹기 싫은데, 엄마는 당장 먹으라고 해."
"엄마는 왜 날 못 믿어?" → "엄마는 내가 학교에서 있던 일을 자세히 말했는데 그럴 리가 없다고 말하면 어떻게 해?"

– 이번에는 여러분이 〈학습지 2-1〉의 맨 위쪽에 제시된 평가어들을 바꾸어 봅시다. (학생 활동) 다 바꾸었나요? 바꾼 내용을 발표해 봅시다. (학생 발표)

◆ 나를 읽어 주는 말하기 2단계 연습하기

– 2단계에서는 상대방의 말과 행동이 내게 미치는 영향, 일의 결과, 상황을 솔직하게 표현합니다.

예: "이기적이야." → "내 급식 줄이 길어졌어." "난 왕복 모두 가운데에 타야 해서 허리가 아프고 불편해."

◆ 나를 읽어 주는 말하기 3단계 연습하기

– 3단계에서는 상대방의 말과 행동으로 인해 내가 느끼는 감정을 솔직하게 표현하기 위해 정서(감정)를 묘사하는 말을 사용합니다. 정서를 묘사하는 말에는 어떤 것들이 있나요? (학생 발표)

예: 서운하다. 괴롭다. 속상하다. 당황스럽다. 짜증이 난다. 기가 막힌다. 억울하다
샘난다. 야속하다. 부끄럽다. 답답하다. 화가 난다. 고맙다. 기쁘다. 자랑스럽다. 만족스럽다. 자랑스럽다.

◆ 나를 읽어 주는 말하기 3단계로 바꾸어 말하기 〈학습지 2-1〉

– 학습지에 제시된 틀을 참고해서, 〈학습지 2-1〉의 두 번째 예시 문장을 나를 읽어 주는 말하기 3단계로 바꾸어 봅시다. (학생 활동) 다 바꾸었나요? 바꾼 내용을 발표해 봅시다. (학생 발표)

예: "넌 꼭 네가 하고 싶은 대로만 하더라. 네 맘대로 해라."
1단계: 오늘도 내 의견은 묻지 않고 네가 하고 싶은 것만 말하니까 (~해서)
2단계: 나는 네가 내 의견은 생각도 하지 않는 것 같아. (~이렇게 돼.)
3단계: 난 기분이 나빠. (난 ~해.)

전개
(35′)

전개 (35′)	◆ [모둠] 나를 읽어 주는 말하기 3단계를 만들고 생각 나누기 〈학습지 2-1〉 – 칠판에 제시된 상황이나 여러분이 경험한 상황 중에서 하나를 선택하여, 〈학습지 2-1〉의 맨 아래 상황상자에 적고 모둠별로 나를 읽어 주는 말하기 3단계를 완성해 봅시다. 각 단계의 유의점을 고려해야 합니다. (학생 활동) 나를 읽어 주는 말하기 3단계를 발표해 보겠습니다. (학생 발표) 유의점: 모둠 활동 후, 발표하여 3단계를 잘 적용한 경우 잘된 점을 칭찬한다. 　　　　칭찬할 점은 다른 모둠 학생들이 발표할 수도 있고, 교사가 칭찬해 줄 수도 있다.
정리 (5′)	◉ 정리하기 ◆ 나를 읽어 주는 말하기를 했을 때 내가 느낀 정서상태 발표해 보기 – 나를 읽어 주는 말하기를 해보니 기분이 어떤가요? (학생 발표) – 여러분의 긍정적 정서와 문제해결을 위해 불쾌한 상황을 계속 참는 것은 좋지 않습니다. 그리고 감사와 같은 긍정적인 말하기는 자주 표현해 주는 것이 좋습니다. 이를 위해서 여러분은 자신의 생각과 감정을 솔직하고 분명하게 말해야 합니다. 이때 중요한 것은 솔직하고 분명하게 말하되, 상대방에 대한 배려와 예의를 갖추어야 하는 것입니다. ◉ 과제 제시 및 차시 예고 ◆ 과제 제시하기 〈과제 2-1〉 – 앞으로 일주일 동안 일상생활에서 나를 읽어 주는 말하기를 사용해 보세요. 어디에서든 할 수 있을 때마다 나를 읽어 주는 말하기를 사용해 봅시다. 그리고 사용해 본 경험을 일기에 쓰고 소감도 적어 보세요. 나를 읽어 주는 말하기를 연습했는지 다음 수업시간에 확인하겠습니다. ◆ 차시 예고하기 – 다음 시간에는 요구하기와 거절하기에 대하여 공부하겠습니다.

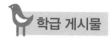 학급 게시물

나를 읽어 주는 말하기 3단계

- 1단계: 상황 및 상대방의 말과 행동에 대한 **사실**을 묘사하기(평가어, 비난하지 않음)
- 2단계: 상대방의 말과 행동이 내게 미치는 **영향**을 정확하게 표현하기
- 3단계: 상대방의 말과 행동으로 인해 내가 느끼는 **감정**을 솔직하게 표현하기

〈나를 읽어 주는 말하기 3단계를 실천해 본 경험을 포스트잇에 적어 여기에 붙여 주세요!〉

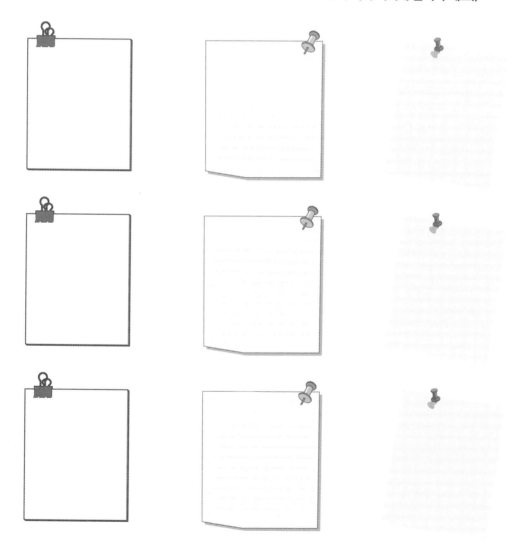

나를 읽어 주는 말하기 연습

학년   반   이름

🎁 다음의 말을 나를 읽어 주는 말하기로 바꾸어 봅시다.

● 보 기 ●

1단계: 상황 및 상대방의 말과 행동에 대한 사실을 있는 그대로 묘사하기

"무시했어." → _____

"괴롭혔어." → _____

"이기적이야." → _____

"네(엄마) 마음대로 하잖아." → _____

"엄마는 왜 날 못 믿어?" → _____

🎁 나를 읽어 주는 말하기 3단계로 바꾸어 말하기

● 보 기 ●

"넌 꼭 네가 하고 싶은 대로만 하더라. 네 맘대로 해라."

[사실] _____ ~가 _____ ~해서

[영향] _____ ~하게 돼.

[감정] 그래서 난 _____ ~해.

🎁 나를 읽어 주는 말하기 3단계를 만들고 생각 나누기

[모둠원] _____

상황:

[사실]	[영향]	[감정]
가	나는	그래서 난
~해서	~하게 돼.	~해.

과제 2-1	나를 읽어 주는 말하기 사용 일기
	학년 반 이름

📚 생활 속에서 나를 읽어 주는 말하기를 실천한 경험을 일기로 써 봅시다. 또 나를 읽어 주는 말하기를 해 보니 주변 사람들이 어떤 반응을 보였는지, 여러분 자신의 소감은 어떤지를 자세히 써 보세요.

● 어떤 상황이었나요?

● 누구에게 말했나요?

● 어떻게 말했나요?

● 상대는 어떤 반응이었고, 내 마음은 어땠나요?

사회정서학습(SEL) 통신문

행복한 학교 만들기 프로젝트! SEL

▶이번 주 우리는 배웠습니다!

〈나를 읽어 주는 말하기 3단계〉

• 1단계: 상황 및 상대방의 말과 행동에 대한 사실을 묘사함.

　　(평가어, 비난, 비평은 하지 않음)

• 2단계: 상대방의 말과 행동이 내게 미치는 영향을 솔직하고 구체적으로 표현함.

• 3단계: 상대방의 말이나 행동으로 인해 내가 느끼는 감정을 솔직하게 표현함.

▶상대방을 배려하면서 자신의 생각, 정서, 바람을 솔직하고 분명하게 말하면…

1. 자기 표현력이 증가하고, 심리적 불안감은 줄어듭니다.

2. 언어를 통한 표현이므로 공격적 행동이 감소하고 긍정적 자아개념이 형성됩니다.

3. 건강한 대화를 통해 원만한 관계가 형성·유지됩니다.

▶가정에서

• 자녀가 나를 읽어 주는 말하기를 할 때, 끝까지 들어 주세요.

• 부모님도 평소에 자녀와 대화를 할 때, 나를 읽어 주는 말하기를 해주세요.

　예: ○○야, 말을 하지 않고 그냥 자기 방으로 들어가 버리네. 엄마(아빠)는 네가 말을 하지 않으면 궁금하고
　　답답해. 그리고 혼자 나쁜 생각을 하는 건 아닌지 걱정되기도 해.

수업목표	• 요청하는 말하기와 거절하는 말하기가 필요한 상황을 찾는다. • 요청하는 말하기와 거절하는 말하기 방법을 안다. • 생활 속에서 요청하는 말하기와 거절하는 말하기를 실천한다.
주제의 중요성	상대방의 기분을 상하게 하지 않는 방식으로 자신의 바람을 표현하고 상대방의 요청을 거절하는 말하기를 통해 학생들은 자신의 생각을 분명하게 전달할 수 있다. 그리고 이는 원만한 인간관계를 형성하고 유지하는 데 도움이 된다.
SEL 영역	☑ 자기인식 ☑ 자기관리 ☐ 사회적 인식 ☑ 관계기술 ☐ 책임 있는 의사결정
학습자료	〈학 습 지 3-1〉 요청하는 말하기와 거절하는 말하기 〈과 제 3-1〉 요청하는 말하기와 거절하는 말하기 사용 일기

활동 흐름도

요청하는 말하기와 거절하는 말하기가 필요한 상황 찾기 ⇒ 요청하는 말하기와 거절하는 말하기 2단계 알기 ⇒ 요청하는 말하기와 거절하는 말하기 실천하기

핵심 내용

개념	내용
요청하기와 거절하기	• 직면한 상황에 대한 자신의 요구나 거절 의사를 상대방의 입장을 헤아리면서 솔직하고 정중하게 말하는 의사소통 방법
요청하기와 거절하기 2단계	• 1단계: 상대방의 입장을 생각하여 요청(거절)함. • 2단계: 내가 요청(거절)하는 이유나 내게 미치는 영향을 솔직하게 말함. 　　　　　(단, 원치 않는 스킨십, 폭력행동 등 긴박한 경우에는 생략 가능)

지도상 유의점

• 나의 요청이 거절당했을 경우, 상대방이 나를 싫어하는 것은 아님을 이해하도록 지도한다.
• 거절하는 말하기를 할 때 조용하고 침착한 목소리로 하되, 동작은 하지 않음을 지도한다.
• '미안하다.'라는 말은 그렇게 느낄 때만 하도록 지도한다.
• 요청과 거절 모두, 상황을 파악하고 상대에 대한 예의와 배려의 마음을 갖고 말하도록 한다.

학습 주제	요청하는 말하기와 거절하는 말하기	차시	3/5

| 학습
목표 | • 요청하는 말하기와 거절하는 말하기가 필요한 상황을 찾을 수 있다.
• 요청하는 말하기와 거절하는 말하기 방법을 설명할 수 있다.
• 생활 속에서 요청하는 말하기와 거절하는 말하기를 실천할 수 있다. | | |

단계	학습과정
도입 (5′)	**🎧 전시학습 상기하기** ◆ 공부한 내용 확인하기 – 나를 읽어 주는 말하기 3단계를 말해 보세요. (학생 발표) 네, 먼저 상황과 상대의 말과 행동에 대한 사실을 말합니다. 다음, 상대방의 말과 행동이 나에게 미치는 영향을 솔직하게 말합니다. 그리고 그로 인한 나의 감정을 솔직하게 표현하는 것이었습니다. ◆ 과제 확인하기 – 생활 속에서 나를 읽어 주는 말하기를 해 본 소감을 나누어 볼까요? (학생 발표) 이번 시간에도 여러분의 의사를 분명히 표현하는 말하기를 배워 보려고 합니다. **🎧 동기 유발하기** ◆ 요청이나 거절을 하지 못해 곤란했던 경험 상기하기 – 오늘따라 기분이 안 좋고, 짜증이 좀 나요. 그래서 학교 끝나고 혼자 있거나 집에서 좀 쉬었다가 학원에 가고 싶어요. 그런데 친구가 오늘 빠뜨리고 가져오지 않은 학원문제집을 가지러 먼저 자기 집에 들렀다가 함께 학원에 가자고 해요. 이런 때, 여러분은 어떻게 하죠? 그리고 그렇게 하고 나면 어떤 느낌이 드나요? (학생 발표) 또는 여러분의 친구가 여러분이 듣기에 기분 나쁜 말이나 욕을 해요. 듣기 싫어서 친구에게 하지 말라고 하고 싶어요. 이런 때 여러분은 어떻게 하나요? 직접 말을 하나요? 아니면 굳이 표현하지 않나요? 그렇게 하고 난 다음에 어떤 느낌이 드나요? (학생 발표) **🎧 학습문제 제시하기** – 우리는 자신의 요구를 정확하게 말하지 못했거나 또는 상대의 요구를 거절하지 못해서 답답하거나 난감한 상황을 겪을 때가 종종 있습니다. 상대를 배려한다는 이유로 정당한 요구를 하지 못하고 부당한 요구를 거절하지 못하는 것보다는 분명하게 요구하고 현명하게 거절하는 것이 더 나은 인간관계를 만들 수 있습니다. 오늘은 그 방법을 알아보겠습니다. 　**학습문제** 　자신의 요구를 말하고 상대방의 요구를 거절하는 방법을 알아보자.
전개 (35′)	**🎧 학습순서 확인하기(3분)** 1. 요청하는 말하기와 거절하는 말하기가 필요한 상황 찾기

※ '(학생 발표)' '(학생 활동)' 등은 교사의 질문이나 지시에 따른 학생의 기대 행동을 지칭하므로 이 부분에서는 학생이 반응하는 시간을 주셔야 합니다.

2. 요청하는 말하기와 거절하는 말하기 2단계 알기

3. 생활 속에서 요청하는 말하기와 거절하는 말하기 실천하기

🎯 요청하는 말하기와 거절하는 말하기가 필요한 상황 찾기(7분)

◆ 상황 제시하기

– 다음은 여러분이 무엇을 요청하거나 친구의 요청을 거절하는 상황들입니다. 여러분은 이럴 때 어떻게 했었는지, 또는 어떻게 할 것 같은지 생각하며 상황들을 살펴볼까요? (하단의 상황 제시 및 학생 확인)

요청	거절
• 친구들이랑 식당에 왔다. 내가 먹고 싶은 메뉴가 없다. • 친구가 한 시간째 자기자랑만 한다. 이제 우리 이야기를 하면 좋겠다. • 내가 친구와 함께 했던 이야기를 그 친구가 다른 친구에게 말했다. 하지 않았으면 좋겠다.	• 친구와 문자 메시지를 끊고 잠을 자고 싶은데, 친구가 계속 문자를 보낸다. • 나는 보고 싶지 않은 영화를 친구가 함께 보자고 한다. • 마음에 들지 않는 아이가 사귀자고 한다.

이렇게 일상적인 상황에서 요구하고 거절하지 못하면 순간 여러분은 답답해지기도 하고, 여러분의 우유부단함으로 인해 상황이 어색하게 흘러가기도 했던 경험이 있을 거예요.

◆ 일상생활 속에서의 상황 찾아보기

– 일상생활 속에서 여러분이 요청하는 말하기와 거절하는 말하기가 필요했던 상황들을 기억해 보세요. 어떤 상황이었는지 말해 볼까요? (학생 발표)

유의점: 상황을 판서나 기타 방법을 활용하여 시각적으로 제시한다.

◆ 대처방법이 결과에 미친 영향 말하기

– 앞선 상황에 대처하기 위해 여러분은 어떤 방법을 썼고, 그 결과 어떻게 되었나요? (학생 발표)

유의점: 요청·거절하기 상황에서 자신의 행동과 그 결과를 함께 묻는다.

– 이렇듯이 분명하지 않은 의사표현은 도리어 관계를 어렵게 만들기도 합니다. 정중하고 현명하게 요청하고 거절하는 것이 처음에는 어색하지만 분명히 요청해야 불만이 생기지 않고 거절할 땐 확실히 하는 게 더 나은 인간관계를 유지하는 데 도움이 됩니다.

🎯 요청하는 말하기와 거절하는 말하기 2단계 알기(10분)

◆ 요청하는 말하기와 거절하는 말하기 방법 알기

– 요청하거나 거절하는 말하기는 내용 그리고 처한 상황에 따라 각각 2개의 유형으로 구분할 수 있습니다. 요청하는 말하기에는 ① 의사 묻기 ② 직접요청이 있고, 거절하는 말하기에는 ① 단호한 거절 ② 완곡한 거절이 있습니다. 유형에 따라 표현되는 말의 양식이 다르고, 요청과 거절의 강도가 다릅니다. 자신의 상황에 적절한 유형을 선택하여 표현해야 합니다.

– 특히 기억해야 할 것은 거절하는 말하기의 두 가지 유형입니다. 단호한 거절은 불쾌한 스킨십이나 폭력행동과 같은 신체적 행동에 대한 거절입니다. 빠르고 단호하게 거절해야 하므로, 상대의 눈을 바라보고 분명히 거절의사를 밝힙니다. 급박한 상황에서는 앞으로 배우게 될 단계의 1단계만 하면 됩니다. 완곡한 거절은 상대의 무리한 부탁을 거절하는 것으로, 상대를 배려하는 차원에서 좀 더 부드러운 표현으로 거절의사를 전달합니다.

전개
(35′)

전개
(35′)

– 요청하는 말하기와 거절하는 말하기의 단계별 방법과 예시 표현을 알아봅시다. 1단계에서는 상대의 입장을 생각해서 요청하거나 거절하는 말을 먼저 합니다. 2단계에서는 요청이나 거절을 하는 이유를 솔직하게 말합니다.

	요청	거절
1단계	• 상대의 입장을 생각하여 요청하기	• 상대의 입장을 생각하여 거절하기
예시	① 의사 묻기: "～해도 괜찮아?" "～해줄래?" "～해주겠니?" ② 직접 요청: "～해줬으면 좋겠어." "～하지 말아줘." "～해줘."	① 단호한 거절: 원치 않는 스킨십, 폭력행동일 때 "싫어." "하지마." "안 돼." "그만해." ② 완곡한 거절: 무리한 부탁일 때 "곤란해." "～하기 어려워." "아니." "난 그건 별로～." "난 ～하고 싶지 않아."
2단계	• 내가 요청하는 이유를 솔직히 말함	• 내가 거절하는 이유를 솔직히 말함
예시	• 나의 요청을 승낙했을 때의 감사, 실망, 바람을 말함. "～해준다면, 난 정말 기쁠 거야." "～하지 말아줘. 난 ～가 불쾌해."	① 단호한 거절: 신체적 불쾌함은 즉시 거절하며, 이때는 이유를 말하지 않아도 됨. ② 완곡한 거절: 대안을 제시할 수 있음. "～ 때문에 곤란해. 차라리 ～하는 건 어때?"

유의점: 각 단계별 요청하기와 거절하기를 구분지어 설명하고 판서나 기타 방법을 활용하여 시각적으로 제시한다.

◆ 요청하는 말하기와 거절하는 말하기의 유의사항 알기

– 요청 및 거절하는 말하기를 할 때 유의할 점을 기억해야 합니다. 첫째, 상대방이 나의 요청을 거절할 수도 있음을 이해하고, 상대의 거절에 어떻게 대응할지 미리 생각하고 요청합니다. 둘째, 상대방이 이번에 거절한다고 해서 나를 싫어하는 것은 아님을 명심하고 용기를 잃지 않습니다. 셋째, 내가 거절할 때는 무엇보다 상대에 대한 배려가 기본이고, 배려의 기본은 솔직함임을 기억합니다. 거절 후 마음이 많이 쓰이면 대안을 제시하는 것도 좋습니다.

◎ 생활 속에서 요청하는 말하기와 거절하는 말하기 실천하기(15분)

◆ 요청하는 말하기

– 앞서 제시한 여러분이 무엇을 요청하거나 친구의 요청을 거절해야 하는 상황에 적절한 요청하는 말하기와 거절하는 말하기를 2단계에 맞게 해 보겠습니다. 먼저 요청 상황에서 어떻게 말하면 적절할까요? (학생 발표)

예: 상황–내 친구는 나와 함께 했던 이야기를 다른 친구에게 말한다. 그렇게 하지 않았으면 좋겠는데, 어떻게 요청하지?

- 1단계: 내 개인적인 이야기를 다른 친구들에게 말하지 말아 줘.
- 2단계: 다른 애들이 내 개인적인 일을 알고 있는 게 싫기 때문이야.

◆ 거절하는 말하기

– 다음 거절 상황에서 적절한 거절하는 말하기를 2단계에 맞추어 해 보겠습니다. 다음 상황에서 어떻게 말하는 것이 적절할까요? (학생 발표)

<table>
<tr>
<td></td>
<td>

예: 상황-친구와 문자 메시지를 끊고 잠을 자고 싶은데, 친구가 계속 문자를 보낸다. 어떻게 거절하지?

– 1단계: 문자 그만하자.

– 2단계: 난 잠이 와서 자야겠어. 내일 만나서 이야기하자^^(또 연락하자!^^)

유의점: 단계별 말하기는 예시일 뿐, 상황을 제시하고 학생들에게 단계별 유의점에 주의하며 자유로운 응답을 도출해 낼 수 있도록 한다. 학생의 응답이 요청 및 거절하는 말하기 2단계에 적합한가를 함께 논의해 보고, 적절히 교정을 하여 제시한 예시에 부합하도록 이끌어 낸다. 또한 말하기는 연습이 필요하므로 소리내어 여러 번 말하는 것을 독려한다.

</td>
</tr>
<tr>
<td>

전개
(35′)

</td>
<td>

◆ [모둠] 요청하는 말하기와 거절하는 말하기 2단계를 만들어 생각 나누기 〈학습지 3-1〉

– 칠판에 제시된 상황이나 여러분이 실제로 경험한 상황 중 하나를 선택하여, 모둠별로 그 상황에서 요청하는 말하기와 거절하는 말하기 2단계를 〈학습지 3-1〉에 완성해 봅시다. 각 단계의 유의점을 고려해야 합니다. (학생 활동) 자, 발표해 볼까요? (학생 발표)

◆ 요청하는 말하기와 거절하는 말하기 게임

– 여러분들은 앞서 학습한 요청하는 말하기와 거절하는 말하기의 2단계를 말하며 교실을 돌아다니는 게임을 할 것입니다. 이 게임에는 〈학습지 3-1〉 그림과 같이 파리, 개구리, 뱀, 독수리, 사람 레벨이 있고 사람이 되기 위해 요청 · 거절하는 말하기를 해 볼 것입니다. 우선, 게임 방법을 확인합시다.

〈게임 방법〉

1. 모두 파리에서부터 시작한다(파리 → 개구리 → 뱀 → 독수리 → 사람).
2. 레벨에 따른 동작을 정하고, 동작을 하며 교실을 돌아다닌다.
3. 요청하거나 거절하는 상황을 보고 어떻게 말해야 할지 생각한다(30초).
4. 같은 레벨끼리 만나 순서와 유의점을 생각하며 요청하는 말하기 또는 거절하는 말하기를 한다(레벨에 알맞은 동작을 하면서 돌아다니며 레벨 확인).
5. 상대가 말하기를 잘 했으면 가위바위보를 한다.
6. 이긴 사람은 레벨 업, 진 사람은 레벨 다운이므로 그에 맞는 동작을 한다(앞서 살펴본 상황을 토대로 활동을 진행하고, 지도교사는 대부분의 학생들의 대화가 마무리되면 상황을 변경한다).
7. 독수리는 선생님에게 요청하거나 거절하는 말하기를 한 다음, 가위바위보를 해서 이기면 사람이 된다.

</td>
</tr>
<tr>
<td>

정리
(5′)

</td>
<td>

◎ **정리하기**

◆ 공부한 내용 확인하기

– 요청하거나 거절하는 말을 했을 때 내가 느낀 정서상태를 발표해 봅시다. (학생 발표)

– 여러분의 요청하는 말하기와 거절하는 말하기는 분명하게 표현되어야 합니다. 무엇보다도 상대방에 대한 배려와 솔직함이 전제되어야 합니다. 또한 친구가 나의 요청을 거절했을 때, 나를 싫어해서가 아니라 내가 한 요청에 대한 거절을 한 것으로 생각해야 합니다.

◎ **과제 제시 및 차시 예고하기**

◆ 과제 제시하기 〈과제 3-1〉

– 요청하는 말하기와 거절하는 말하기 2단계를 사용하여 요청하거나 거절해 보세요. 그 경험을 〈과제 3-1〉에 쓰세요.

◆ 차시 예고하기

– 여러분도 친구나 가족들과 갈등을 겪은 적이 있죠? 다음 시간에는 과연 사람들 사이에 갈등이 왜 생기는지에 관해 알아보도록 하겠습니다.

</td>
</tr>
</table>

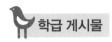
요청하는 말하기 거절하는 말하기 2단계

- 1단계: 상대방의 입장을 생각하여 요청
  (또는 거절)함.
- 2단계: 내가 요청(또는 거절)하는 이유
  나 내게 미치는 영향을 솔직하게 말함.

규칙

- 요청하거나 거절할 때, 진심으로 상대
  를 배려합니다.
- 거절을 당할 때, 감정보다는 이해가 앞
  설 수 있도록 합니다.

요청하는 말하기와 거절하는 말하기

학년   반   이름

🎁 요청하는 말하기와 거절하는 말하기의 2단계

단계	요청하기	거절하기
[1단계] 상대방의 입장을 생각하여 요청(거절)함.		
[2단계] 요청(거절)하는 이유나 내게 미치는 영향을 솔직하게 말함.		

🎁 사람 되기 게임

  ○ **나의 레벨은?**

| 파리 | 개구리 | 뱀 | 독수리 | 사람 |

요청하는 말하기와 거절하는 말하기 사용 일기

학년   반   이름

🎁 요청하는 말하기와 거절하는 말하기의 2단계를 사용해 본 경험을 쓰세요.

○ **요청하거나 거절했던 상황은?**

_____

_____

_____

_____

○ **어떻게 말했나요?**

_____

_____

_____

_____

○ **상황은 어떻게 되었고, 내 마음은 어땠나요?**

_____

_____

_____

_____

_____

사회정서학습(SEL) 통신문

행복한 학교 만들기 프로젝트! SEL

▶이번 주 우리는 배웠습니다!

〈요청하는 말하기와 거절하는 말하기 2단계〉
- 1단계: 상대방의 입장을 생각하여 요청하거나 상대방의 요청을 거절한다.
- 2단계: 요청하거나 거절하는 이유나 내게 미치는 영향을 솔직하게 말한다.
  (단, 원하지 않는 스킨십, 폭력행동 등 긴박한 경우에는 생략 가능)

▶정중하고 현명하게 자신의 요구를 말하고 상대방의 요구를 거절하면…

1. 자기표현을 할 수 있게 되어 심리적 위축과 불안감이 해소됩니다.
2. 자기주도적인 생활 태도를 갖게 됩니다.
3. 분명한 의사전달을 통해 불필요한 불화를 없애고 합리적인 인간관계를 맺도록 도와줍니다.

▶가정에서
- 자녀가 가족에게 요청할 경우, 구체적으로 요청하도록 지도해 주세요.
- 자녀가 가족의 요청을 정중하게 구체적 이유를 들어 거절하면, 이를 존중해 주세요.

4. 어디가 꼬인 걸까?

수업목표	• 갈등의 의미를 말한다. • 갈등의 원인을 파악한다. • 갈등에 대해 전반적으로 이해한다.
주제의 중요성	이번 수업을 통해 학생들은 갈등에 대해 전반적으로 이해하게 되고, 갈등은 누구에게나 생길 수 있으며 타인이 자신과 다르다는 점을 인식할 수 있게 된다. 갈등 상황을 다양한 관점에서 바라보는 것은 대인관계 문제를 미연에 방지하거나 적절히 대처하는 데 도움이 된다.
SEL 영역	☐ 자기인식 ☐ 자기관리 ☑ 사회적 인식 ☑ 관계기술 ☑ 책임 있는 의사결정
학습자료	〈동 영 상 4-1〉 넌 내게 모욕감을 줬어(생활의 다툼) 편집본 　　　　　　　http://tvpot.daum.net/clip/ClipView.do?clipid=42582998 〈동 영 상 4-2〉 180도의 진실(지식채널e) 편집본 　　　　　　　http://tvpot.daum.net/v/lI026G580JY$ 〈동 영 상 4-3〉 배고픈 친구(생활의 다툼) 편집본 　　　　　　　http://tvpot.daum.net/clip/ClipView.do?clipid=42495547 〈학 습 지 4-1〉 갈등은 뭘까? 〈학 습 지 4-2〉 갈등이 왜 생겼을까? 〈과　　　제 4-1〉 우리는 왜 불편한 사이가 되었을까?

활동 흐름도

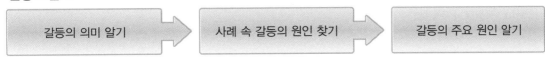

갈등의 의미 알기　➡　사례 속 갈등의 원인 찾기　➡　갈등의 주요 원인 알기

핵심 내용

개념	내용
갈등	• 사람들의 다양한 측면(예: 의견, 목표, 바람, 능력)에서의 차이로 발생하는 문제
갈등의 원인	• 사례 속 갈등의 원인 찾기: 표출된 갈등, 표출되지 않는 갈등 찾기 • 갈등의 주요 원인 알기: 관점의 차이, 가치관의 차이, 이해관계 충돌

지도상 유의점

• 사람은 누구나 갈등을 경험한다는 점을 깨닫게 한다.
• 갈등을 받아들이는 태도에 따라 갈등이 부정적일 수도 혹은 부정적이지 않을 수도 있음을 알아차리게 한다.
• 자신과 상대방에 초점을 맞추지 않고, 갈등(문제) 자체에 초점을 맞추도록 한다.

교수학습지도안

학습 주제	갈등의 의미와 원인 파악하기	차시	4/5

학습 목표	• 갈등의 의미를 알 수 있다. • 갈등의 원인을 파악할 수 있다. • 갈등에 대해 전반적으로 이해한다.

단계	학습과정
도입 (8′)	🎯 **전시학습 상기하기** ◆ 요청하는 말하기와 거절하는 말하기 2단계 확인하기 　– 오늘 수업을 시작하기 전에 지난 시간에 배운 것을 말해 볼까요? (학생 발표) 　– 네. 그렇습니다. 요청하기와 거절하기 2단계에 대해 배웠지요. 1단계는 상대방의 입장을 생각하여 요청(거절)하고, 2단계는 내가 요청(거절)하는 이유나 내게 미치는 영향을 솔직하게 말하는 것이었습니다. ◆ 과제 확인하기 　– 지난 시간에 배웠던 '요청하는 말하기와 거절하는 말하기'를 해 보는 것이 과제였어요. 누가 한번 말해 볼까요? (학생 발표) 　– 네, 그렇군요. 그렇게 자신의 요청을 상대방에게 표현하거나 상대방의 요청을 거절했을 때 상대방의 반응은 어땠나요? (학생 발표) 　– 네. 여러분은 요청하고 거절하는 연습을 통해 적절하게 자신의 생각과 느낌을 표현할 수 있었을 거예요. 🎯 **동기 유발하기** ◆ 동영상 시청하기 〈동영상 4-1〉 　– '넌 내게 모욕감을 줬어(생활의 다툼)'를 시청하고 이야기 나눠 봅시다. (동영상 시청) 　– 동영상을 보고, 그 다음에 이 두 사람에게 어떤 일이 일어나게 될지 말해 봅시다. (학생 발표) 　– 네. 둘의 사이가 나빠지고 불편해질 수 있겠죠! ◆ 자신이 경험한 갈등 상황에 대해 말해 보기 　– 동영상에서 나온 것처럼 최근 자신이 경험한 갈등 상황에 대해 말해 볼까요? (학생 발표) 　– 네. 여러분도 다양한 갈등을 경험했군요. 　유의점: 여러 학생들이 유사한 갈등 상황을 발표할 경우, 다른 유형의 갈등 상황을 발표하도록 유도한다. 🎯 **학습문제 제시하기** 　– 이 시간에는 갈등이 무엇이고 그 원인에는 어떤 것들이 있는지 알아봅시다. 　　학습문제 　　갈등의 의미와 원인을 알아보자.

※ '(학생 발표)' '(학생 활동)' 등은 교사의 질문이나 지시에 따른 학생의 기대 행동을 지칭하므로 이 부분에서는 학생이 반응하는 시간을 주셔야 합니다.

전개 **(35′)**	◎ **학습순서 확인하기(2분)** 1. 갈등의 의미 알아보기 2. 사례 속 갈등의 원인 찾아보기 3. 갈등의 주요 원인 알아보기 ◎ **갈등의 의미 알아보기(10분)** ◆ 갈등 '마인드맵' 작성하기 〈학습지 4-1〉 　– '갈등' 하면 떠오르는 생각을 〈학습지 4-1〉 마인드맵에 적어 보고, 적은 단어들을 활용하여 　　갈등의 의미를 한 문장으로 정리해 봅시다. (학생 활동) ◆ 갈등의 의미 확인하기 　– 학습지에 갈등에 대한 마인드맵과 갈등을 한 문장으로 정리하는 활동을 했는데요. 갈등이 무 　　엇일지 발표해 볼까요? (학생 발표) 　– 갈등이란 사람들 사이의 다양한 측면(예: 의견, 목표, 소원, 능력)에서의 차이로 발생하는 문 　　제를 말합니다. 　유의점: 학생들이 발표한 내용을 토대로 하되, 정리해서 말해 준다. ◎ **갈등의 원인 알아보기(23분)** ◆ 사례 속 갈등의 원인 찾아보기 　– 앞에서 여러분이 발표한 갈등 사례의 원인을 생각해 봅시다. 　– 갈등의 원인은 겉으로 표출되기도 하고, 표출되지 않은 채 마음속에 숨겨져 있기도 합니다. 　　표출된 갈등의 원인과 표출되지 않은 근본적인 갈등의 원인을 찾아 〈학습지 4-2〉에 적어 봅 　　시다. (학생 활동) 　유의점: 사례가 부적절하거나 부족한 경우, 사례를 준비하여 활용한다. ◆ 갈등의 주요 원인 알아보기 〈동영상 4-2〉 〈학습지 4-2〉 〈동영상 4-3〉 　– 갈등에는 표출된 갈등과 표출되지 않은 갈등 두 가지가 있다는 것을 확인했습니다. 이번에는 　　갈등이 생기는 주요 원인에 대해 알아보겠습니다. 　– (동영상 시청) '180도의 진실(지식채널e)'을 시청한 후 갈등의 원인이 무엇인지 말해 봅시다. 　　(동영상 시청 후 학생 발표) 네. 그렇습니다. 사람마다 어떤 것(예: 상황, 사물)을 바라보는 방 　　향이나 태도가 달라, 즉 관점의 차이로 갈등이 생기게 됩니다. 　– (학습지 작성) 〈학습지 4-2〉에 나에게 가장 소중한 것 세 가지(순서대로)를 적어 보고 발표 　　해 봅시다. (학생 활동 후 발표) 네. 그렇습니다. 사람마다 가장 소중한 것이 다르고, 각자가 　　소중히 여기는 것들의 순서도 다릅니다. 즉, 가치관의 차이로 갈등이 생기게 됩니다. 　– 먼저, '배고픈 친구(생활의 다툼)' 동영상을 시청한 후 이야기를 나누어 봅시다. (동영상 시청) 　　영상에 나타난 갈등의 원인은 무엇일까요? (학생 발표) 네. 그렇습니다. 이해관계의 충돌, 즉 　　누구에게 더 이득이 되거나 더 손해가 되는 것 때문에 갈등이 생기게 됩니다. 　유의점: 갈등의 원인은 다양하고 복합적으로 나타날 수 있음을 이해시킨다.

정리 (2')	﹡◎ 정리하기 ◆ 오늘 수업을 통해 느낀 점과 배운 점 발표하기 – 오늘 수업에서 배운 것과 느낀 점을 말해 볼까요? (학생 발표) 네. 그렇습니다. 갈등의 의미와 원인에 대해 배웠죠. 갈등은 누구에게나 생길 수 있고 그 원인은 밖으로 표출되기도 또는 숨겨져 있기도 하며 다양한 이유 때문에 갈등이 발생합니다. 그렇게 되면 서로 관계가 나빠지게 되죠. ﹡◎ 과제 제시 및 차시 예고하기 ◆ 과제 제시하기 〈과제 4-1〉 – 이 시간을 통해 배운 갈등의 의미와 원인에 대해 좀 더 깊이 이해하기 위해 과제를 냈습니다. 〈과제 4-1〉의 내용을 다음 시간에 다시 만날 때까지 한번 생각해 보고, 생각한 내용을 정리하여 적어 옵니다. ◆ 차시 예고하기 – 다음 시간에는 갈등 해결 방법에 대하여 공부하겠습니다.

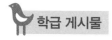 학급 게시물

갈등 이해

- 갈등은 사람들 사이의 다양한 측면(예: 의견, 목표, 소원, 능력)에서의 차이 때문에 발생하는 문제. 주로 나와 상대방이 다름을 인정하지 않는 데 기인하는 문제.

지켜야 할 규칙

- 나와 상대방 사이에 차이가 있음을 인정합니다.
- 갈등을 깊숙이 들여다보고 자신의 내면에서도 갈등의 원인을 찾아봅니다.

갈등은 뭘까?

학년   반   이름

❖ '갈등' 하면 떠오르는 생각을 마인드맵으로 작성해 보세요.

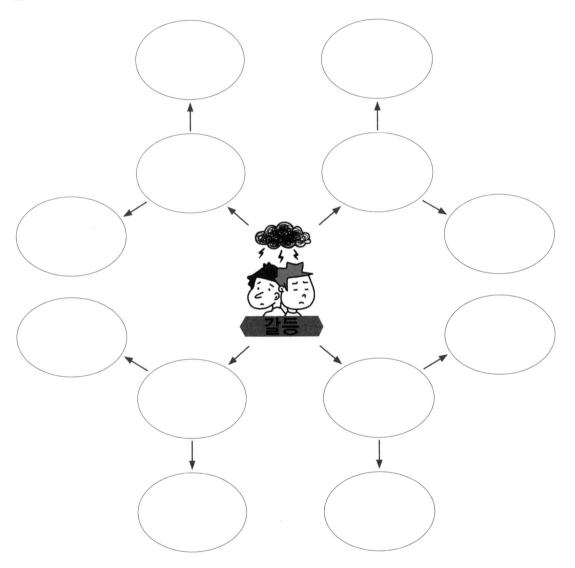

❖ 위에서 작성한 마인드맵을 보고, '갈등'이 무엇인지 한 문장으로 적어 보세요.

갈등이 왜 생겼을까?

학년   반   이름

🎁 학생이 발표한 갈등 상황을 적습니다.

○ 위 상황에서 표출된 갈등의 원인은 무엇인가요?

○ 위 상황에서 표출되지 않은 숨겨져 있는 갈등의 원인은 무엇인가요?

🎁 갈등 상황(사례)

교실 청소 담당자는 현주, 소라, 소영이다. 평소 세 학생은 청소구역을 나눈 후 돌아가면서 청소했다. 그런데 어제 칠판 닦기를 한 소영이가 오늘도 칠판 닦기를 하겠다고 고집을 부렸다. 평소 소영이가 자주 억지를 부리는 터라 현주와 소라는 마지못해 그러라고 했지만 여전히 소영이의 행동에 짜증이 났다. 소영이가 칠판을 깨끗이 닦지도 않은 상태에서 복도에서 웃으면서 다른 친구와 이야기하고 있는 것을 본 현주는 화가 나서 교실 바닥을 닦던 대걸레를 두고 소영이에게 급히 달려갔다.

※ 사례가 더 필요한 경우 5차시 자료 〈학습지 5-3〉을 활용할 수 있다.

🎁 나에게 가장 소중한 것 세 가지를 순서대로 적어 봅시다.

첫 번째	두 번째	세 번째

과제 4-1	우리는 왜 불편한 사이가 되었을까?
	학년 반 이름

🎁 나와 상대방 사이에 갈등이 발생했던 배경을 적어 보세요.

_____

_____

_____

_____

🎁 위 갈등 장면에서 나와 상대방이 했던 대화를 그대로 적어 보세요.

_____

_____

_____

_____

_____

_____

🎁 위 갈등이 발생한 결과, 어떤 일이 벌어졌는지 구체적으로 적어 보세요.

_____

_____

_____

_____

사회정서학습(SEL) 통신문

행복한 학교 만들기 프로젝트! SEL

▶이번 주 우리는 배웠습니다!

- 사람은 타인과의 관계에서 누구나 갈등을 경험하게 됩니다.
- 갈등은 나와 상대방이 다름을 인정하지 않아서 생깁니다.
- 겉으로 표출된 원인뿐만 아니라 안에 숨겨져 있는 원인도 있으니 갈등의 원인을 유심히 살펴야 합니다.

▶갈등에 대해 이해하면…

1. 다른 사람과의 갈등이 줄어듭니다.
2. 상대방을 이해하고자 하는 태도를 가질 수 있습니다.
3. 원만한 대인관계를 형성할 수 있습니다.

▶가정에서

- 자녀와 갈등이 있는 경우, 자녀의 시각에서 그 마음을 바라보고 갈등에 대해 자연스럽게 대화를 시도해주세요.

  예: 아침에 자녀와 다툰 경우

  "(식탁에 앉아 식사하면서) 오늘 아침에 우리 서로 기분이 안 좋았었지? 그렇게까지 기분이 상하게 된 이유가 뭘까?"라고 물어보세요. 그리고 함께 갈등의 원인을 찾아봐 주세요~!

5. 너와 나의 꼬인 마음 풀기

수업목표	• 갈등해결의 중요성을 설명한다. • 상황에 맞는 갈등해결 방법을 사용한다.
주제의 중요성	갈등을 어떻게 해결하는가에 따라 관계가 더욱 좋아지거나 나빠질 수 있다. 따라서 적절한 갈등해결이 중요하다. 다양한 갈등해결 방법을 탐색해 보고 그 중에서 긍정적인 결과를 가져오는 방법을 선택하면, 자신과 상대방 모두 만족하게 되고 상황에 적절한 방식으로 대인관계 문제에 대처할 수 있다.
SEL 영역	☐ 자기인식 ☐ 자기관리 ☑ 사회적 인식 ☑ 관계기술 ☑ 책임 있는 의사결정
학습자료	〈동 영 상 5-1〉 파괴적 갈등해결 유형 여섯 가지 동영상 편집본 　　　　　　링크 주소: https://www.youtube.com/watch?v=lRg0vcp-qz8 〈학 습 지 5-1〉 갈등해결 역할극 대본 작성하기(예시) 〈학 습 지 5-2〉 갈등해결 역할극 대본 작성하기 〈학 습 지 5-3〉 갈등 상황 사례 〈교사자료 5-1〉 갈등해결 역할극 평가하기 〈보충자료 5-1〉 그때는 내가 미안했어!

활동 흐름도

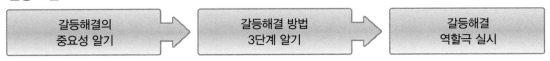

갈등해결의 중요성 알기	⇒	갈등해결 방법 3단계 알기	⇒	갈등해결 역할극 실시

핵심 내용

개념	내용
갈등해결	• 갈등에 관련된 다수의 사람들이 갈등에 대해 논의하고 만족할 만한 방향으로 갈등을 해결하는 것
갈등해결 방법 3단계	• 갈등 상황 파악 → 다양한 갈등해결 방법 탐색 → 적절한 갈등해결 방법 선택
갈등해결 역할극	• 갈등해결 역할극 대본 작성하기: 모둠별로 하나의 상황을 선정하여 상황에 맞는 갈등해결 역할극 작성 • 갈등해결 역할극 시연 및 피드백: 역할극 시연 후 교사 평가

지도상 유의점

• 실제 상황에 적용할 수 있는 긍정적인 갈등해결 방안을 구상하도록 한다.
• 역할극에 참여하기를 꺼려하는 학생이 많은 경우, 게임도구를 사용하여 역할을 선정하는 방법도 있다.

교수학습지도안

학습 주제	갈등해결 방법 알기	차시	5/5

학습 목표	• 갈등해결의 중요성을 말할 수 있다. • 상황에 적절한 갈등해결 방법을 사용할 수 있다.

단계	학습과정
도입 (7′)	**전시학습 상기하기** ◆갈등의 의미와 원인 말하기 – 오늘 수업을 시작하기 전에 지난 시간에 배운 것을 말해 볼까요? (학생 발표) – 네. 그렇습니다. 우리는 갈등의 의미와 원인에 대해 공부했습니다. 갈등의 원인에는 표출된 원인과 숨겨져 있는 표출되지 않은 원인이 있습니다. 주로 관점의 차이, 가치관의 차이, 이해관계의 충돌 때문에 갈등이 생긴다고 했습니다. ◆과제 확인하기 – 과제로 해 온, 자신이 경험한 갈등 상황의 원인과 결과를 발표해 볼까요? (학생 발표) 네. 여러분도 다양한 이유로 갈등을 경험해서 서로 관계가 더 나빠지기도 했군요. **동기 유발하기** ◆동영상 시청하기 〈동영상 5-1〉 – '부정적인 갈등해결 방법' 관련 동영상을 시청해 보고 이야기 나눠 봅시다. (동영상 시청) – 동영상에 나온 것 같은 갈등해결 방법을 선택한다면 어떤 결과가 나타나게 될지 말해 봅시다. (학생 발표) – 네. 그렇습니다. 부정적인 갈등 해결 방법을 사용하면, 갈등이 해결되지 않고 오히려 더 증폭됩니다. 따라서 갈등을 적절히 해결할 필요가 있습니다. **학습문제 제시하기** – 오늘은 갈등이 생겼을 때 갈등해결의 중요성과 그 방법을 알아봅시다. 　　**학습문제** 　　갈등해결의 중요성과 방법을 알아보자.
전개 (35′)	**학습순서 확인하기(2분)** 1. 갈등해결의 중요성 알아보기 2. 갈등해결 방법 알아보기 **갈등해결의 중요성 알아보기(3분)** ◆다양한 갈등해결 방법 실행의 결과 생각해 보기 – 여러분! 비온 뒤에 땅이 굳는다는 속담을 들어 봤지요? 그래요. 사람들과 어울려 지내다 보면 갈등을 겪을 수 있어요. 갈등을 바람직한 방향으로 해결하면 오히려 관계가 더 좋아질 수도

※ '(학생 발표)' '(학생 활동)' 등은 교사의 질문이나 지시에 따른 학생의 기대 행동을 지칭하므로 이 부분에서는 학생이 반응하는 시간을 주셔야 합니다.

| | | 있습니다. 그래서 갈등을 겪는 사람들은 가능한 한 긍정적인 결과가 나타나는 방향으로 갈등에 대해 의논하고 갈등에 관련된 다수의 사람들이 만족할 만하다고 인정하는 방법을 찾으려고 합니다. 간혹 부정적인 결과가 나타나는 방법을 사용하기도 하는데, 이는 오히려 갈등을 증폭시킬 수 있습니다. 그러므로 효과적으로 갈등을 해결하는 방법을 찾는 것이 매우 중요합니다.
유의점: 바람직한 갈등해결을 위해서는 긍정적인 해결방법을 선택하는 것이 중요함을 강조한다. |

◎ **갈등해결 방법 알아보기(30분)**

◆ 갈등해결 방법 3단계 알기
– 적절한 갈등해결을 위한 방법 3단계에 대해 알아봅시다.
유의점: 갈등해결 방법을 한 단계씩 판서하고 설명한다.

> 〈판서〉 갈등해결 방법 3단계
> 1단계: 갈등 상황 파악
> 2단계: 다양한 갈등해결 방법 탐색
> 3단계: 적절한 갈등해결 방법 선택

– 먼저 1단계에서는 갈등 상황을 파악합니다. 갈등의 원인, 자신과 상대방의 말과 행동을 생각해 보는 것입니다.
– 다음으로 2단계에서는 다양한 갈등해결 방법을 탐색합니다. 갈등을 해결하기 위한 여러 가지 방법들을 찾아보는 것입니다.

전개
(35′)

– 3단계에서는 적절한 갈등해결 방법을 선택합니다. 2단계에서 탐색한 다양한 갈등해결 방법 중에서 긍정적인 결과가 나타나는 해결 방법을 선택하는 것입니다. 적절한 갈등해결 방법을 선택한 경우, 자신과 상대방 모두 만족하다고 느끼게 됩니다.
유의점: 실제 상황에서는 2단계와 3단계가 구별되지 않고 거의 동시에 이루어질 수도 있음을 인식하도록 한다.

◆ [모둠] 갈등해결을 위한 역할극 대본 작성하기 〈과제 4-1〉 〈학습지 5-1〉 〈학습지 5-2〉 〈학습지 5-3〉
– 갈등 상황에 놓인 등장인물들이 갈등해결 방법을 사용하는 역할극 대본을 작성할 것입니다.
– 모둠별로 각자 작성해 온 〈과제 4-1〉의 갈등 상황 중 하나를 선정한 후, 〈학습지 5-1〉 예시를 참고하여 갈등 해결에 관한 대본을 〈학습지 5-2〉에 간단히 만들어 봅시다.
– 대본을 작성한 후 각자 역할을 선정하고 연습해 봅시다. (모둠 활동)
유의점: 갈등상황 사례가 필요한 경우 〈학습지 5-3〉을 활용할 수 있다. 모든 모둠원이 한 가지 역할(예: 기록자, 해설자, 연기자)이라도 반드시 수행하도록 한다.

◆ [모둠] 역할극 시연하기 〈교사자료 5-1〉
– 이제 연습한 역할극을 발표해 볼까요? 어느 모둠부터 해 볼까요? 모둠장이 일어나서 '가위바위보' 하여 발표 모둠을 뽑아 봅시다. (모둠 선정)
– 네. ○○○모둠 발표해 봅시다. (역할극 발표)
유의점: 발표할 때는 가능한 한 실제 상황인 것처럼 목소리와 행동을 취하라고 한다.
– 네. ○○○모둠의 역할극을 잘 봤습니다. 이 모둠에 대한 평가를 해보자면…(예: 목소리와 동작이 커서 잘 전달되었고, 긍정적인 갈등해결 방법으로 대사를 잘 작성했네요.)
유의점: 교사는 시간제한을 고려하여, 역할극 시간을 제시한다. 〈교사자료 5-1〉을 참고하여 역할극 시연에 대해 피드백한다.

정리 (3′)	🎯 **정리하기** ◆ 오늘 수업을 통해 느낀 점과 배운 점 발표하기 　- 오늘 수업에서 배운 것과 느낀 점을 말해 볼까요? (학생 발표) 네, 그렇군요. 이처럼 우리가 갈 　등해결에 대해 알아보았는데, 이 시간을 통해 느낀 점은 무엇일까요? (학생 발표) 네, 그렇습 　니다. 갈등을 적절히 해결하게 되면 자신의 마음이 편해지고 관계가 더 좋아질 수 있습니다. 🎯 **과제 제시 및 차시 예고하기** ◆ 과제 제시하기 〈과제 5-1〉 　- 이 시간에 여러분이 작성한 역할극 대본을 활용하여 모둠별로 UCC 동영상(5분 내외)을 제작 　하는 것이 오늘의 과제입니다. 　유의점: 다음 차시에 UCC 동영상 과제 점검을 할 만한 시간이 없을 수 있으므로 다음 차시까지 학교 홈페이지 　에 동영상을 올리도록 안내할 수 있다. 학교 홈페이지에 UCC 동영상을 올리기에 적절한 메뉴 한 곳(예를 들면, 　학생 공유자료실, 학생 게시판)을 지정해 주어 과제를 제출하도록 한다. 이 방법이 적절하지 않다면, 제출일을 　정하고 그날까지 교사에게 UCC 동영상 파일을 제출하도록 안내한다. 　유의점: UCC 동영상 제작을 과제로 내주기 어려운 경우 〈보충자료 5-1〉을 과제로 활용할 수 있다. ◆ 차시 예고하기 　- 다음 시간에는 지금까지 배운 모든 내용을 총정리하는 시간을 갖도록 하겠습니다.

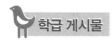

갈등해결

• 갈등에 대해 긍정적인 결과가 나타나는 방향으로 논의하면서,
다수의 관계자가 만족할 만하다고 인정하는 방법을 구하는 것

갈등해결 방법 3단계

• 1단계: 갈등 상황 파악
• 2단계: 다양한 갈등해결 방법 탐색
• 3단계: 적절한 갈등해결 방법 선택

지켜야 할 규칙

• 갈등에 관련된 나와 상대방 모두 만족하는 방향으로 갈등을
해결합니다.
• 갈등(문제)을 객관적으로 바라보며, 갈등해결을 위해 갈등(문
제) 그 자체에 초점을 맞춥니다.

갈등해결 역할극 대본 작성하기(예시)

모둠(원) 이름: 유관순, 이순신, 홍길동, 허준, 김만덕

🎁 상황: 민지와 혜리가 분식집에서 밥 먹는 상황

🎁 등장인물: 해설자 1, 해설자 2, 민지, 혜리, 종업원

🎁 해설자 1: 민지는 학교가 끝나고 학원에 가기 전에 배가 고파서 같은 학원에 다니는 혜리에게 함께 분식집에 가자고 했습니다.

민   지: 혜리야, 학교 끝났는데 너도 학원 가지?

혜   리: 어!

민   지: 근데 너 배고프지 않냐? 난 엄~청 고픈데… 우리 밥 먹고 갈래?

혜   리: 어, 그럴까? 나도 좀 출출한 것 같기도 한데… 가자!!!

해설자 2: 민지와 혜리는 학교 앞에 있는 분식집에 들어갑니다.

종 업 원 : 뭐 드실래요?

민   지: 나는 치즈김치볶음밥. 너는?

혜   리: 음, 난 그냥 김밥.

해설자 1: 조금 후 주문한 치즈김치볶음밥과 김밥이 나왔다.

혜   리: 이거 치즈김치볶음밥 맛있겠다. 좀 먹어 봐도 돼?

민   지: 어!

혜   리: (치즈의 대부분을 숟가락으로 뜨며) 치즈도 무지 많이 넣었네? (계속 치즈김치볶음밥을 먹으며) 이거 정~말 맛있다.

민   지: (대답 없이 접시만 쳐다보며) …….

해설자 2: 혜리는 민지의 볶음밥을 반 이상 먹게 되었고 식사를 끝낸 후 민지의 얼굴은 굳어 있습니다.

- -

혜   리: 민지야, 기분 안 좋은 일 있어?

민   지: 내가 배가 많이 고팠는데, 네가 내 볶음밥 다 먹어 버렸잖아!   〈갈등상황 파악〉

- -

혜   리: 볶음밥이 너~무 맛있어서 너 배고픈 건 생각 못하고 나도 모르게 그렇게 먹어 버린 것 같아. 미안해~!

민   지: 알았어.

혜   리: 이제 곧 학원 시작하니까 중간에 내가 뭐 살게! 샌드위치 어때? 너 좋아하잖아!

민   지: 오케이~!!!

〈다양한 갈등해결 방법 탐색 및 선택〉

방법	결과(긍정, 부정)	선택 여부(ㅇ, ×)
아무 말하지 않고 서로 모른 체한다.	부정	×
서로 솔직하게 대화한다.	긍정	ㅇ

갈등해결 역할극 대본 작성하기

모둠(원) 이름:

■■ 과제로 해 온 갈등 상황 중 하나를 선택하여 갈등해결을 위한 역할극 대본을 작성해 봅시다.
   또한 갈등상황이 파악된 대사 앞에 ★표 합니다.

○ 상　　황:

○ 등장인물:

○ 해설자 1:

(	): _____
(	): _____
(	): _____
(	): _____
(	): _____
(	): _____
(	): _____
(	): _____
(	): _____
(	): _____
(	): _____
(	): _____
(	): _____
(	): _____
(	): _____
(	): _____
(	): _____

〈다양한 갈등해결 방법 탐색 및 선택〉

방법	결과(긍정, 부정)	선택 여부(○, ×)

갈등해결 역할극 평가하기

🎁 교사는 아래와 같은 평가 내용을 참고로 하여 역할극을 평가합니다. 잘하는 모둠일수록 ♥(하트)의 수를 더 많이 주고, 교사 평가 칸에 내용을 간단히 기록하여 추후 피드백 시 활용합니다.

시연 모둠명　　영역	내용의 충실성	표현의 적절성 (예: 대사, 동작, 목소리)	모둠원의 참여도	결과 (♥ 합계)
	♥♥♥♥♥	♥♥♥♥♥	♥♥♥♥♥	
	▶교사 평가:			
	♥♥♥♥♥	♥♥♥♥♥	♥♥♥♥♥	
	▶교사 평가:			
	♥♥♥♥♥	♥♥♥♥♥	♥♥♥♥♥	
	▶교사 평가:			

갈등 상황 사례

🎁 다음 갈등해결 상황들 중 하나를 선정하여 갈등해결을 위한 대본을 작성해 보세요.

● 상황 1 ●

수호와 홍철이는 오랜 친구 사이인데, 수호가 학기 초에 새로 전학 온 두준이와 자주 어울린다. 한 번은 수호가 홍철이한테 pc방에서 게임하자고 해서 둘이 함께 pc방에 갔는데 막상 pc방에 도착하니 수호는 두준이하고 게임을 하고 있다. 그 이후에 수호가 홍철이한테 함께 놀자고 하면 언젠가부터 매번 홍철이는 시큰둥하게 답하거나 싫다고 한다.

● 상황 2 ●

보라와 소현이는 교실 청소 담당이다. 점심식사 후 청소시간에 소현이는 교실을 쓸고 닦고 있는데, 그제야 보라가 교실에 들어왔다. "보라야, 너는 항~상 늦게 오더라. 내가 이미 바닥 쓸기랑 닦기 거의 다 했어." 이에 보라는 "그럼 네가 기다리면 될 거 아냐?"라고 쏘아붙였다.

● 상황 3 ●

중간고사 기간이라 두 시간 내내 공부를 하니, 점심 먹을 때가 되었다. 점심을 먹고 다시 책을 보고 있는데 졸음이 와서 TV를 켰다. TV를 잠깐 보고 있는데, 엄마가 들어오시더니 "너는 시험기간인데 공부는 안 하냐?"라고 꾸중하신다.

● 상황 4 ●

준영이와 현아는 중학교에 올라와서부터 이성친구로 사귀기 시작했다. 처음에는 둘이 자주 만나 이런 저런 이야기를 하거나 간식을 사먹으며 놀았다. 그러다가 한 달 전부터 현아가 준영이의 전화를 잘 받지 않았다. 어렵게 현아에게 전화연결이 되어 만나자고 했더니, 현아가 싫다고 대답해서 준영이가 화를 냈다. 그랬더니 현아가 전화를 바로 끊어 버렸다.

※ 모둠에서 갈등 사례가 필요한 경우 활용합니다.

그때는 내가 미안했어!

학년   반   이름

🎁 과거에 원만하게 해결되지 못했던 갈등이 언제, 어떻게, 왜 발생했는지 그 배경에 대해 쓰세요.

_____

_____

_____

_____

🎁 갈등이 발생했을 때 자신이 사용했던 부적절한 갈등해결 방법과 그로 인한 결과를 쓰세요.

_____

_____

_____

_____

🎁 과거 부적절했던 갈등해결 방법을 긍정적인 방법으로 바꾸려면 어떻게 해야 할지 적어 보세요.

_____

_____

_____

_____

사회정서학습(SEL) 통신문

행복한 학교 만들기 프로젝트! SEL

▶이번 주 우리는 배웠습니다!

- 갈등해결을 위한 3단계 방법이 있습니다.
  (갈등 상황 파악 → 다양한 갈등해결 방법 탐색 → 적절한 갈등해결 방법 선택)
- 갈등을 해결하는 방법에 따라 상대방과의 관계가 더 좋아질 수도 혹은 더 나빠질 수도 있습니다.
- 바람직한 갈등해결 방법을 선택하면 갈등을 겪은 후 나와 상대방의 관계가 더 좋아집니다.
- 실제 갈등이 발생한 상황에서 어떻게 해결해야 할지 직접 연습해 보았습니다.

▶갈등해결 방법을 잘 알고 실천하면…

1. 상대방과의 갈등을 손쉽게 풀 수 있습니다.
2. 원만한 대인관계를 유지할 수 있습니다.
3. 밝고 즐거운 학교생활을 할 수 있습니다.

▶가정에서

- 자녀가 친구나 주변 사람과 갈등을 겪고 있고 고민을 털어놓으면, 자녀와 함께 갈등의 해결방법에 대해 대화를 나눠 주세요.

  예: 자녀가 친구와 싸운 경우

  "네 마음이 불편해 보이는데, 아마 친구도 마찬가지이지 않을까? 엄마(아빠)랑 함께 고민해 볼까? 어째서 친구와 사이가 틀어진 걸까? 여러 가지 해결 방법이 있을 텐데…. 네 생각에 이 일을 어떻게 해결하면 친구와 다시 사이가 좋아질까?" 등과 같이 물으며 자녀의 갈등에 관심을 보여 주시고, 자녀의 갈등을 어떻게 해결하면 좋을지 함께 대화해 주세요.

〈파트 1〉 시작과 마무리

1차시 궁금해 SEL!

Collaborative for Academic, Social, and Emotional Learning (2015). Social and emotional learning core competencies. *http://www.casel.org/social-and-emotional-learning/core-competencies/*

허차순, 김지현, 최희철, 유현실 (2006). 청소년의 자기 통제력, 학교수업 참여도, 개인 학습시간과 학업성적 간의 관계. 한국청소년연구, 17(1), 181-200.

- 관련 영상
  1. EBS 다큐프라임 〈공부의 왕도〉 2부. 정서가 학습을 지속시킨다
  2. EBS 다큐프라임 〈엄마도 모르는 아이의 정서지능〉 2부. 아이의 성적표를 바꾸다

2차시 반가워, SEL!

신현숙 (2011). 학업수월성 지향 학교에서 사회정서학습의 필요성과 지속가능성에 관한 고찰. 한국심리학회지: 학교, 8(2), 175-197.

이지은 (2014). 사회정서학습의 도덕교육적 함의 연구. 서울대학교 대학원 석사학위논문.

3차시 SEL이 내게 준 꿈

허일범, 이수진 (2011). 이젠 내 힘으로 공부할 수 있어요(현실요법적 자기조절학습상담 프로그램). 서울: 한국학술정보.

김혜온, 김수정 (2008). 대학생을 위한 자기주도학습기술. 서울: 학지사.

- 관련 영상
  1. KBS 다큐 〈습관〉 1, 2부

4차시 SEL이 내게 준 선물

임자연 (2012). 사회정서학습 집단상담프로그램이 초등학생의 인성지능과 학습효능감에 미치는 영향. 한국교원대학교 대학원 석사학위논문.

〈파트 2〉 나와 너 이해하기

1차시 정서, 넌 누구?

Greenberg, L. S., & Paivio, S. C. (2008). 심리치료에서 정서를 어떻게 다룰 것인가. 이홍표 역. 서울: 학지사. (원저는 1997년 출판).

곽윤정 (2004). 정서지능 교육프로그램 효과 검증 연구. 서울대학교 대학원 박사학위논문.

최은실 (2010). 정서인식 및 표현능력 향상프로그램의 효과연구. 이화여자대학교 대학원 박사학위논문.

(사)행복한 교육실천 모임의 느낌카드 목록

- 관련 영상
  1. EBS 다큐프라임 〈정서지능〉
  2. 국제아동인권센터 인권교육-감정읽기
  3. EBS 포커스-1회 감정의 재발견

2차시 정서의 두 얼굴

Merrell, K. W. (2007). *Strong kids (Grades 6-8): A social & emotional learning curriculum*. Baltimore: Paul H. Brookes Publishing Company.

- 관련 영상
  1. SBS 스페셜 389회-자신의 감정과 마주한 부모들(불편한 감정 관련 자료)
  2. EBS 포커스-1회 감정의 재발견

3차시 정서는 변덕쟁이

이지영 (2009). 정서강도와 정서조절방략의 관계. 한국심리학회지: 임상, 28(4), 1217-1226.
이지영 (2012). 정서조절 코칭북. 서울: 시그마프레스.

- 관련 영상
  1. EBS 다큐프라임 〈퍼펙트 베이비〉 2부. 감정조절능력
  2. 삼성사회정신건강연구소 교육용 플래시 애니메이션 1편. 감정

4차시 생각따라쟁이 정서

권석만 (2007). 우울증. 서울: 학지사.

5차시 생각, 너 때문이야!

고윤정, 김정민 (2011). 도서를 활용한 인지행동치료 프로그램이 저소득층 한부모 가정 청소년의 우울과 사회적 기술에 미치는 효과. 놀이치료연구, 15(3), 35-51.
김태희, 신현균 (2011). 인지행동 프로그램이 빈곤 가정 아동의 우울 취약성 감소에 미치는 효과: 역기능적 태도와 낮은 자존감을 중심으로. 한국심리학회지: 임상, 30(4), 907-927.
신정연, 손정락 (2011). 마음챙김에 기반한 인지치료 프로그램이 문제음주 대학생의 우울, 충동성 및 문제음주 행동에 미치는 효과. 한국심리학회지: 건강, 16(2), 279-295.
신현균 (2012). 학교 장면의 인지행동 프로그램이 초등학생의 우울취약성 감소와 주관적 안녕감 향상에 미치는 효과. 한국심리학회지: 일반, 31(3), 687-711.
최은주, 김영미 (2001). ADHD 아동의 우울, 불안, 공격성과 연령에 따른 부적응적 인지 특성: 인지 오류와 귀인 편파를 중심으로. 소아·청소년정신의학, 12(2), 275-281.
Leitenberg, J., Yost, L. W., & Carrol-Wilson, M. (1986). Negative cognitive errors in children: Questionnaire development, normative data, and comparisons between children with and without self-reported symptoms of depression, low self-esteem and evaluation anxiety. *Journal of Consulting and Counseling Psychology, 54*, 528-536.

6차시 생각 바꿔 입기

고윤정, 김정민 (2011). 도서를 활용한 인지행동치료 프로그램이 저소득층 한부모 가정 청소년의 우울과 사회적 기술에 미치는 효과. 놀이치료연구, 15(3), 35–51.

김태희, 신현균 (2011). 인지행동 프로그램이 빈곤 가정 아동의 우울 취약성 감소에 미치는 효과: 역기능적 태도와 낮은 자존감을 중심으로. 한국심리학회지: 임상, 30(4), 907–927.

신정연, 손정락 (2011). 마음챙김에 기반한 인지치료 프로그램이 문제음주 대학생의 우울, 충동성 및 문제음주 행동에 미치는 효과. 한국심리학회지: 건강, 16(2), 279–295.

신현균 (2012). 학교 장면의 인지행동 프로그램이 초등학생의 우울취약성 감소와 주관적 안녕감 향상에 미치는 효과. 한국심리학회지: 일반, 31(3), 687–711.

7차시 긍정 생각의 달인

신정연, 손정락 (2011). 마음챙김에 기반한 인지치료 프로그램이 문제음주 대학생의 우울, 충동성 및 문제음주 행동에 미치는 효과. 한국심리학회지: 건강, 16(2), 279–295.

신현균 (2012). 학교 장면의 인지행동 프로그램이 초등학생의 우울취약성 감소와 주관적 안녕감 향상에 미치는 효과. 한국심리학회지: 일반, 31(3), 687–711.

8차시 다섯 손가락 욕구

김현진, 박재황 (2014). 현실요법 적용 자기주도학습능력 증진 프로그램이 초등학교 학습부진아의 자기주도학습 지각도에 미치는 효과. 아동교육, 23(3), 245–267.

우수미 (2007). 선택이론에 기초한 관계증진 프로그램이 초등학생의 대인관계 및 행복감 증진에 미치는 효과. 계명대학교 교육대학원 석사학위논문.

조한익, 권혜연 (2011). 집단상담 프로그램이 학업관련 변인에 미치는 효과에 대한 메타분석. 청소년학연구, 18(7), 163–183.

– 관련 영상
  1. 삼성사회정신건강연구소 교육용 플래시 애니메이션 2편. want

9차시 찰칵! 행복 셀카

김인자 (2005). 현실요법과 선택이론. 서울: 한국심리상담연구소.

김인자, 황미구 (1997). 현실요법을 적용한 집단상담프로그램이 내적 통제성 및 성취동기에 미치는 효과. 한국심리학회지: 상담과 심리치료, 9(1), 81–99.

이무상, 유형근, 조용선 (2008). 현실요법을 적용한 중학생의 리더십생활기술 증진 학급단위 집단상담 프로그램 개발. 상담학연구, 9(2), 771–788.

〈파트 3〉 나를 다스리기
1차시 불편한 친구, 스트레스

강진령 (2013). 상담심리용어사전. 서울: 양서원.

Merrell, K. W. (2007). *Strong kids (Grades 6–8): A social & emotional learning curriculum*. Baltimore: Paul H. Brookes Publishing Company.

한국건강증진개발원 www.khealth.or.kr
– 관련 영상
  1. 스트레스의 의미
    EBS 뉴스–〈뉴스G〉'스트레스 받는다' 언제부터 쓰던 말?
    http://home.ebs.co.kr/ebsnews/menu1/newsAllView/10294744/H?eduNewsYn=N

2차시 건강한 스트레스 레시피
권경인, 조수연 (2013). 청소년 스트레스 감소 및 대처 집단상담 프로그램의 효과에 관한 메타분석. 한국
    심리학회지: 상담 및 심리치료, 25(1), 41–62.
이평숙 (1998). 건강증진을 위한 스트레스 관리 전략. 정신간호학회지, 7(1), 81–94.
전경련, 고정자 (1996). 청소년의 스트레스 인지수준과 적응방법에 관한 연구. 한국가정관리학회지, 32, 219–
    232.
최정원, 이영호 (2008). 효과적인 시간·공간 관리 전략 및 학업 스트레스 관리 전략. 서울: 학지사.
Merrell, K. W. (2007). *Strong kids (Grades 6–8): A social & emotional learning curriculum*. Baltimore:
    Paul H. Brookes Publishing Company.

3차시 나는야 스트레스 요리사
전경련, 고정자 (1996). 청소년의 스트레스 인지수준과 적응방법에 관한 연구. 한국가정관리학회지, 32, 219–
    232.
Merrell, K. W. (2007). *Strong kids (Grades 6–8): A social & emotional learning curriculum*. Baltimore:
    Paul H. Brookes Publishing Company.

4차시 내 마음에 불이 났어요!
Keith, O., & Elaine, D. (1994). The Experience of emotion in everyday life. *Cognition & Emotion, 8(4)*,
    369–381.
Spielberger, C. D., Jacobs, G. A., Russell, S., & Crane, R. S. (1983). Assessment of anger: The state–
    trait anger scale. *Advances in Personality Assessment, 2*, 159–187.

– 관련 영상
  1. EBS 다큐프라임 〈당신이 화내는 진짜 이유〉 1부. 원초적 본능 화의 비밀

5차시 내 마음의 소화기
문은주 (2010). 고등학생용 분노조절 프로그램 개발. 경북대학교 대학원 박사학위논문.
Spielberger, C. D., Jacobs, G. A., Russell, S., & Crane, R. S. (1983). Assessment of anger: The state–
    trait anger scale. *Advances in Personality Assessment, 2*, 159–187.
Davis. M., Eshelman. E. R., & Mckay, M. (2006). 긴장 이완과 스트레스 감소 워크북. 손정락 역. 서울: 하나
    의학사. (원서는 2000년 출판).

– 관련 영상
  1. KBS 비타민 〈분노. 그것이 궁금하다〉

2. EBS 헬스 투데이 〈내 몸을 살리는 요가〉
3. EBS 집중기획 〈삶을 바꾸려면 화를 다스려라〉
4. EBS 다큐프라임 〈당신이 화내는 진짜 이유〉 3부. 나를 바꾼다. 분노디자인

6차시 내 마음의 소방관

Alschuler, C. F., & Alschuler, A. S. (1984). Developing healthy response to anger: The counselor's role. *Journal of Counseling and Development, 63*, 26-29.

Merrell, K. W. (2007). *Strong kids (Grades 6-8): A social & emotional learning curriculum.* Baltimore: Paul H. Brookes Publishing Company.

- 관련 영상
  1. EBS 다큐프라임 〈당신이 화내는 진짜 이유〉 3부. 나를 바꾼다. 분노디자인

〈파트 4〉 좋은 관계 맺기

1차시 네 맘 알아

권정안 (2000). 중학생을 대상으로 한 공감훈련 프로그램의 개발. 계명대학교 교육대학원 석사학위논문.

- 관련 영상
  1. Tooniverse의 〈아따맘마〉 엄마, 맞장구치기
  2. EBS 포커스-7회 공감
  3. EBS 다큐프라임 〈퍼펙트 베이비〉 3부. 공감, 인간관계의 뿌리

2차시 이젠 내가 말할게!

Gordon, T. (2002). 부모역할훈련. 이훈구 역. 서울: 양철북. (원서는 2000년 출판).

3차시 우유부단 장벽 넘기

변창진, 김성회 (1980). 주장훈련프로그램. 경북대학교 학생생활연구소.

Rakos, R. F., & Schroeder, H. E. (1980). *Self-administered assertiveness training.* New York: BMA Audio Cassettes.

4차시 어디가 꼬인 걸까?

서진 (2009). 초등학교 저학년의 역할놀이를 통한 갈등해결 중심 학교폭력 예방 프로그램 개발. 한국교원대학교 대학원 석사학위논문.

송주연 (2009). 갈등해결프로그램이 아동의 갈등해결전략과 친구관계의 질에 미치는 영향 연구. 전주교육대학교 대학원 석사학위논문.

이수진 (2008). 사회적 기술훈련을 적용한 ADHD 아동의 또래관계 개선을 위한 사례 연구. 진주교육대학교 대학원 석사학위논문.

Moore, C. W. (1986). *The mediation process: Practical strategies for resolving conflict.* San Francisco: Jossey-Bass.

– 관련 영상

1. 넌 내게 모욕감을 줬어(생활의 다툼) 동영상 http://tvpot.daum.net/clip/ClipView.do?clipid=42582998
2. 180도의 진실(지식채널e) 동영상 http://tvpot.daum.net/v/lI026G580JY$
3. 배고픈 친구(생활의 다툼) 동영상 http://tvpot.daum.net/clip/ClipView.do?clipid=42495547

5차시 너와 나의 꼬인 마음 풀기

서진 (2009). 초등학교 저학년의 역할놀이를 통한 갈등해결 중심 학교폭력 예방 프로그램 개발. 한국교원
대학교 대학원 석사학위논문.

송주연 (2009). 갈등해결프로그램이 아동의 갈등해결전략과 친구관계의 질에 미치는 영향 연구. 전주교
육대학교 대학원 석사학위논문.

이수진 (2008). 사회적 기술훈련을 적용한 ADHD 아동의 또래관계 개선을 위한 사례 연구. 진주교육대학
교 대학원 석사학위논문.

– 관련 영상

1. 부정적인 갈등해결 방법 관련 동영상: 파괴적 갈등해결 유형 6가지 동영상
   https://www.youtube.com/watch?v=lRg0vcp-qz8

저자 소개

신현숙 (Shin Hyeonsook)
전남대학교 교육학과 교수
University of Minnesota Ph.D. (학교심리학 전공)

류정희 (Lyu Jeonghee)
전북과학대학교 유아교육과 교수
전남대학교 교육학과 교육학박사 (학교심리학 전공)

박주희 (Park Juhee)
광주 건국초등학교 교사
전남대학교 교육학과 교육학박사 (학교심리학 전공)

이은정 (Lee Eunjeong)
광주 진월초등학교 교사
전남대학교 교육학과 교육학박사 (학교심리학 전공)

김선미 (Kim Sunmi)
목포가톨릭대학교, 광주보건대학교 강사
전남대학교 교육학과 박사과정 수료 (학교심리학 전공)

배민영 (Bae Minyoung)
전남 능주초등학교 교사
전남대학교 교육학과 교육학박사 (학교심리학 전공)

윤숙영 (Yun Sukyeong)
광주 용두중학교 교사
전남대학교 교육학과 교육학석사 (학교심리학 전공)

강금주 (Kang Keumjoo)
광주 운리초등학교 교사
전남대학교 교육학과 박사과정 (학교심리학 전공)

중학생을 위한
사회정서학습 프로그램 (교사용 지도서)
A Social and Emotional Learning Program for Middle School Students

2015년 11월 10일 1판 1쇄 발행
2024년 9월 25일 1판 2쇄 발행

지은이 • 신현숙 · 류정희 · 박주희 · 이은정 · 김선미 · 배민영 · 윤숙영 · 강금주
펴낸이 • 김 진 환
펴낸곳 • ㈜ 학지사

04031 서울특별시 마포구 양화로 15길 20 마인드월드빌딩 5층

대표전화 • 02) 330-5114   팩스 • 02) 324-2345

등록번호 • 제313-2006-000265호

홈페이지 • http://www.hakjisa.co.kr
인스타그램 • https://www.instagram.com/hakjisabook

ISBN 978-89-997-0834-3 94370
      978-89-997-0833-6 (set)

정가 17,000원

출판미디어기업 학지사

간호보건의학출판 학지사메디컬 www.hakjisamd.co.kr
심리검사연구소 인싸이트 www.inpsyt.co.kr
학술논문서비스 뉴논문 www.newnonmun.com
원격교육연수원 카운피아 www.counpia.com
대학교재전자책플랫폼 캠퍼스북 www.campusbook.co.kr

교사용 지도서에 있는 가정 통신문과 학급 게시물은 학지사 홈페이지(www.hakjisa.co.kr)
해당 도서의 상세 페이지 검색 후 'PPT/도서자료' 항목에서 다운로드 받으실 수 있습니다.